광주에서 활동가로 살아가기

이 책은 비목재지 사용비율이 높은 두성 루프잉스웰과 전주페이퍼 그린라이트 종이를 사용해 콩기름으로
인쇄되었습니다.

가현, 여는 말

나는 아무리 좋게 말해도 능숙한 활동가 타입은 아니다. 주목받는 것을 부담스러워하고, 서류 작업을 선호한다. 발칙한 퍼포먼스를 상상하지도 못한다. 그래서 나는 내가 활동가로 살아갈 수 없을 거라고 생각했다. 나는 주목받는 곳의 이면에서 펼쳐지는 일들을 미처 살펴보지 못했다. 말하자면 나는 '활동'을 몇몇 뛰어난 사람들의 일로 여겨왔다. 그렇지만, 가장 좋아하고 잘할 수 있는 일로 인식을 바꿔나가고 싶었다. 글을 쓰고 책을 냈다. 필요하다면 시위에 참여했다. 나와 같은 사람들도 '활동가'로 불릴 수 있다는 것을, 나는 뒤늦게 알게 됐다.

어떤 분야든, 주목받는 사람들과 그렇지 않은 사람들이 있다. 얼굴을 드러내고 발언하는 이들이, 퍼포먼스를 진행하는 이들이 있는가 하면 그 행동을 계획하는 이들이 있고, 그들과 함께하기 위해 모여있는 이들이 있다. 꼼꼼히 예산을 짜거나 더 효과적인 퍼포먼스 방안을 고민하는 사람도 있다. 혹은 그러한 단체에 속해있지 않더라도, 자신만의 언어를 통해 고민을 이어가는 사람들이 있다. 금전적 지원을 해주는 사람도 있다. 각자가 제 위치에서 애쓰는 덕분에 사회는 변해간다.

인터뷰를 진행하며 나는 자주 감명받았다. 소중하고 고귀한 말과 생각들이 있었다. 하지만 그중에서도 가장 기억에 남았던 것은 청년부채 운동을 하는 세연님의 말이었다. 인터뷰를 해달라는 요청을 받고, 내가 그래도 잘하고 있구나 싶었다는 거. 자신의 부족함을 탓하고 자책하는 활동가들이 있다. 예민하고 민감하다는, 부담스럽다는 사회적 시선을 받으며 살아가기 때문일 것이다. 그래서 나는 이 인터뷰집을 읽는 사람들이, 또 각자가 가장 잘할 수 있는 일을 하며 애쓰고 있는 사람들이, 활동가라는 명명이 조심스러울 사람들이 자신의 가치를 알아주었으면 좋겠다.

이 인터뷰집은 광주의 현재를 기록하기 위해 만들어졌다.

2021년에도 이처럼 변화를 꿈꾸는 사람들이 있었다는 것을, 우리 주변에서 열심히 일상을 살아가면서 저마다의 가치를 이루어가는 사람들이 있다는 것을 기록하고 싶었다. 광주청년유니온 사무실에서 온돌을 때며 누워있던 사람들에 의해 상상되었던 이 인터뷰집이 누군가에게 감동을 줄 수 있다면 더할 나위 없다. 질문을 하고 속기를 하던 내가 속으로는 뭉클한 기분을 느꼈던 것처럼, 이 책이 누군가에게 그처럼 뭉클한 책이 되었으면 좋겠다. 무엇보다 신이 나서 볼펜을 꺼내 들고 회의록 뒷면에 인터뷰 기획서를 적던 나 자신에게 뿌듯한 책이 되기를 바란다.

선뜻 인터뷰를 수락해 주신 열여섯 활동가들과, 끝까지 작업을 함께한 동규님께 감사드린다. 마지막으로 인터뷰를 요청하지 못했던 많은 분께 응원의 말을 보내고 싶다. 기획은 어쩔 수 없이 선택과 집중이다. 우리 역시 괴로운 선택을 내려야 했으나 당신이 만들고 있는 작은 변화들 덕에 사회는 점차 좋은 방향으로 변하고 있다. 당신 덕분에 나는 많은 것들을 사랑하고, 아끼게 되었으며 변화를 위해 행동하게 되었다. 우리가 모두 지치지 않고, 자책하지 않고 살아가기를 진심으로 바란다.

5

동규, 여는 말

나는 올해로 9년 차 활동가가 되었다. 지역에서는 엮여서 좋을 일 없는 싸움꾼으로 통한다.

활동을 시작한 이유는 '5·18'이었다. 그날의 아픔으로부터 연원한 분노와 증오의 마음을 해소할 수단이 필요했다. 당시 내 마음은 날카롭게 불타고 있었다. 그러나 활동의 시작점이 되었던 청소년 단체에서 부당한 폭력을 목격했다. 그 어떤 억압도 용납하고 싶지 않았기 때문에 비판의 목소리를 냈다. 그날 이후, 그 단체의 누구도 나를 만나 주지 않았다.

얼마 후, 친하게 지내던 지인이 특성화고 현장실습생으로 취업한 휴대폰 가게에서 폭행과 폭언을 당하고 임금 205만 원을 체불당했다는 소식을 들었다. 그래서 회사 측에 맞서 싸웠다. 회사 측은 내 지인과 합의한 직후 우리 둘을 정보통신망법상 허위사실 유포에 의한 명예훼손죄로 고소했다. 경찰과 검찰에 출석해서 조사받았다. 가슴이 타들어 가는 듯한 분노감은 이내 허무한 슬픔으로 이어졌다. 그즈음 나는 심리적 정당화를 위해 사건 내용을 매일 복기했다. 분명, 나에게는 잘못한 것이 없었다. 그러나 그 누구도 그렇게 이야기해 주지 않았다. 사건은 몇 달 뒤, 검찰에서 무혐의 처분을 결정함에 따라 종결되었다.

그날 이후 광주청년유니온에서 활동하기 시작했다. 다시 한번 칼을 쥐고 제대로 싸워보고 싶었다. 얼마 후 전남 모 대형 식당에서 청소년 노동자 18명이 임금을 체불당했다는 소식을 접했다. 해당 식당에 맞서 싸웠다. 2018년 지방선거 당시에는 모 후보의 성희롱 사건을 폭로했다. 광산구 선거관리위원회에서 공직선거법상 허위사실 공표 혐의로 조사받았다. 2019년에는 광주의 이름으로 홍콩에 연대했다. 전남대에 연대의 메시지를 담은 대자보를 부착했고, 그 대자보를 용납하지 못한 중국인 유학생들과 대치했다. 찢어진 현수막과 대자보를 전남대학교 박물관에 기증한 후 활동가들을 모아 홍콩에 다녀왔다.

2020년 2월 5년간 신천지에 몸담았던 친구가 마침내 그곳을 빠져나오자, 그와 함께 사이비 종교 신천지를 비판하는 활동을 했다. 나 역시 그에게 전도 당했던 경험이 있었다. 그래서 그 친구와 함께 〈나는 신천지에서 20대 5년을 보냈다〉라는 제목의 책을 썼다. 그해 5월부터는 광주의 비리사학 '도연학원'에 맞서 싸웠다. 광주 명진고등학교를 운영하는 도연학원 측이 전직 이사장의 비리를 수사기관에서 증언한 교사를 부당한 사유를 들어 해임했다. 그야말로 저돌적으로 재단에 맞서 싸웠다. 재단 관계자들은 나를 명예훼손죄를 이유로 4차례 고소했다. 손해배상금 1억 원을 요구하는 내용의 민사소송도 제기했다. 그러나 재단 관계자들이 제기한 4건의 형사소송은 모두 검찰에서 무혐의 처분되었다. 재단 측은 민사소송에서도 패소했다. 이로써 명진고와의 모든 법적 분쟁에서 승리했다.

스스로를 위험한 상황에 노출할 때면, 언제나 광주 생각을 하며 버텼다. 1980년 5월 27일 새벽, 전남도청에는 계엄군의 최후통첩을 받고도 떠나지 않은 시민들이 있었다. 그날 그들이 느꼈을 감정은 내 가슴속으로 옮겨와 꺼지지 않는 불꽃이 되었다. 모두가 돌아선다고 해도, 나만은 끝까지 부당한 억압에 맞서는 사람이고 싶었다. 꼿꼿한 한 자루 검이 되어 부러짐의 운명을 명예롭게 감내할 생각이었다.

나는 광주정신을 오해하고 있었다. 나는 그동안 광주항쟁을 스스로의 분노와 증오감을 고양시키기 위한 수단으로 동원해왔다. 그러나 그날 도청을 지킨 시민들이 진정으로 위대했던 이유는, 증오에 있지 않았다. 그들이 남긴 긍지와 낙관에 있었다. 그날 도청을 지킨 이들은 내일의 어느 날, 나 자신이 존재하지 않는 세상을 내일의 누군가가 더 나은 공간으로 바꾸어 줄 것임을 신뢰했다.

부끄럽게도, 나는 그동안 같은 지역에서 동료 활동가로 살아가고 있는 이들을 마음 깊이 존중하지는 않았던 것 같다. 왜 더 격렬히 싸우지 않느냐는 삐뚤어진 원망의 마음이 있었기 때문이었다. 그러나 문득 마음의 문을 열고 시선을 돌려보니, '그날'을 각자의 방식으로 이어가고 있는 사람들이 눈에 들어왔다. 그들의 이야기가 몹시 궁금해졌다. 그들이 끝내 현실로 만들어낼 광주의 더 나은 모습을 미리 체험하고 싶어졌다. 그래서 광주청년유니온에서 함께 활동하고 있던 가현님과 함께 그들의 이야기를 듣기 위한 모험을 시작했다.

이 책에는 나와 가현님의 인터뷰에 응해주신 열여섯 활동가들의 이야기가 담겼다. 1980년 5월의 광주처럼. 2021년의 광주에는 여전히 더 나은 세상을 꿈꾸는 사람들이 있다. 이들은 더 이상 스스로를 지키기 위해 카빈 소총을 들지 않는다. 죽음을 무릅쓰고 도청의 새벽을 버텨내고 있지도 않다. 그러나 그날 광주를 지켰던 시민들처럼, 오늘도 각자의 방식으로 더 나은 세상과 사회를 위한 싸움을 이어가고 있다. 이들의 이야기가 더 많은 이들에게 닿았으면 한다. 이 자리를 빌려 인터뷰에 응해주신 장도국, 도담, 정욱, 도연, 이세형, 민김이, 박가영, 박고형준, 승옥, 민수, 윤영대, 문길주, 김다정, 주세연, 이상석, 문정은 열여섯 활동가들께 다시 한번 감사의 인사를 드린다.

광주에서 문화예술권리운동 하기

배우
광주시립극단 부조리 문제 해결을 위한 대책위원회

* 간단한 자기소개를 부탁드려요.

안녕하세요. 저는 예술인권리보장법이 제정되어야 하는 이유를 무대 밖 관객(시민)들에게 전달하고 있는 무대 밖 배우 장도국입니다. 최근 MBTI 심리유형검사가 유행인데요. 재미로 말씀드리자면, 저는 'ENFJ' 정의로운 사회운동가 유형입니다(웃음). 일과 사람을 진심으로 대하고 사람들과 잘 어울리는 유형이라고 하네요.

* 연극을 쓰고 또 직접 만들기도 하시는군요?

네. 연극을 만드는 과정에서 대본을 쓰거나, 연출 혹은 조연출로 참여하고 있어요. 가끔 연극을 쓰는 일을 어쩔 수 없이 맡는 경우도 있어요. 쓰는 일의 경우에는 취미로 시작했지만, 5년 이상 하니까 그래도 작품이 1년에 하나씩은 나오더라고요. 물론 전문적으로 희곡을 쓰는 분들께는 미치지 못하겠지만, 그래도 5년 차라 조금(?) 쓰이기는 하는 거 같아요. 제가 쓴 대본이 공모전이나 연극제에서 참가작으로 선정되는 경우도 있었어요.

* 지금까지 쓰셨던 작품 중에 기억에 남거나 자랑할 만한 작품이 있다면요?

다 소중한 작품들인데요. 그래도 꼽자면 작년에 광주국제평화연극제 참가작으로 선정되었던 '민주고시원'이 생각나요. '민주고시원'은 2016년 국정농단 사태 당시 평범한 사람들이 짧은 시간 동안 겪었던 이야기를 담은 연극이에요. 배우들이랑 정말 힘들게 작업했는데, 그래서 더 기억에 남는 일들이 많아요.

* **쓰는 연극 안에 사회 문제에 대한 메시지를 담는데, 원래부터 관심이 있으셨나요?**

관심은 늘 있었죠. 평소 여러 사회문제에 대해 생각하고 말하다 보니까 쓰는 것도 그런 방향으로 써진 거 같아요. 특별히 사회문제를 다룬 작품을 통해서 메시지를 던지고 싶다는 생각에서 출발한 건 아니었는데요. 계속 그 생각을 하다 보니까 자연스럽게 그 방향으로 써졌어요.

그래도 연극 제작과정에서 가장 재미있는 역할은 배우예요. 유일하게 원해서 하는 게 배우니까요.

* **어쩌다 배우가 되셨나요?**

솔직하게 이야기를 해야 하나, 고민했어요. 조금 부끄러워서요. 그래도 솔직하게 답변하자면, 청소년기에 공부를 하고 싶지 않았고, 대신 연애를 하고 싶었어요. 연기학원에 다니면 연애도 하고 학교 수업도 빠질 수 있겠다는 생각에서 연기학원에 들어간 게 첫 시작이었어요. 제대로 예술 활동을 시작한 건 지역에서 활동하던 놀이패 '신명'이라는 단체에 2009년 입단하면서부터였어요. 그때부터 좀 더 본격적으로 하게 되었죠.

* 연극의 어떤 점이 매력적이라고 생각하세요?

어떤 역할을 부여받았을 때 그 인물에 대해 탐구하고 접근하는 과정이 놀이처럼 재밌는 거 같아요. 그 과정에서 인물만 탐구하는 게 아니라 그 작품이 담고 있는 시대나 사건들, 상황들에 대해서도 공부하게 되면, 그 인물이 행할 것 같은 행동들, 그 인물의 마음과 생각을 제가 갖게 되는 거잖아요. 그 과정이 즐거워요.

무대라는 현장이 주는 즐거움도 컸던 거 같아요. 온전히 공연 시간만큼은 끊임없이 집중해서 연극이 이어지잖아요. 한창 연극에 집중하던 시절에는 사회의 이야기를 무대로 가져왔을 때 가치가 있었고 관객들이 찾아줬어요. 그런데 요새는 무대 안에서 풀어내는 이야기가 무대 밖 세상의 이야기를 따라잡을 수 없는 거 같네요.

* 무대 밖 세상의 이야기라면 도국님이 무대 밖에서 하시는 활동들이 떠오르네요. 광주 시립극단 사건에 대해 이야기해 주시겠어요?

광주에는 시민의 세금으로 운영되는 '광주문화예술회관'이 있어요. 이 문화예술회관 산하에 8개 예술단이 있는데요. 그중 하나가 광주시립극단이에요.

2020년 6월에 광주시립극단에서 연극 〈전우치〉 공연을 하려고 배우들과 스태프들을 오디션으로 뽑았어요. 저는 조연출로 연극에 참여하게 되었어요. 6월 22일부터 연습이 시작되었는데요. 제가 이때부터 극단 측에 계속 요구했던 게 있어요. 바로 '계약서 작성'과 '보험 가입'이에요. 극단 측이 한 달 동안 이 두 개를 추진하지 않았거든요. 그러니까, 어떤 권리를 보장받는지, 보험 가입은 되어있는지, 보상은 어떻게 되는지 등이 정해져 있지 않은 상황에서 한 달 동안 연습을 한 거예요. 그리고 이때부터 극단에서 직장 내 괴롭힘이 있었어요. 배우 한 분과 제가 주로 지속적인 폭언에 노출되었어요. 심지어 한 배우분은 연습 도중에 부상을 입고 수술을 받으셨는데요. 이분이 수술을 결정하고 보험처리를 위해 극단 사무실에 오니까 무대감독이 하는 말이 "살을 좀 빼지 그랬냐"였어요. 본인이 무대감독을 맡고 있는 극단의 배우가 수술이 필요한 부상을 입었는데도 신체 평가를 하고 있는 거죠. 심지어는 3주 후에 수술을 마치고 그 배우분이 돌아오니까, 무대감독이 이번에는 "살이 더 찐 것 같다"라고 이야기해요.

* **사람이 다쳐서 수술까지 받게 되었으면 위로를 하는 게 보통인데, 신체에 대한 평가를 했다는 게 정말 황당하네요. 계약서 관련해서는 어떤 문제가 있었나요?**

배우 및 조연출과의 계약서 작성이 7월 14일, 15일에 진행되었는데요. 계약서에 서명하기 직전에 연출자가 저를 따로 불러냈어요. 이때, "네가 음향 오퍼레이터 일을 좀 해야겠다"라고 업무 지시를 받아요. 계약서에 기입되어 있지 않은 내용을 갑자기 지시한 건데, 음향 오퍼레이터 업무가 상황에 맞는 음악을 차례로 틀어야 하는 일이거든요. 그래서 계약서에도 없고 전문적인 음향 장비를 다뤄야 하는 일이기에 거절했어요. 그러자 연출자가 작품 출연진이 다 모인 자리에서 "너 이번 공연하고 얼마(구체적 액수) 받지? 그거 너 오퍼레이터까지 시키려고 준 거야"라고 이야기해요. 제 급여가 모두에게 공개된 거예요. 결국 이런 문제들에 분노한 〈전우치〉 출연진이 8월 14일에 문제제기를 해요. 이때 이미 〈전우치〉 출연 배우 13명 중 4명이 크고 작은 부상을 입은 상황이었어요.

* 문제 제기 이후 상황은 어떠했나요?

저희가 광주문화예술회관 측에 문제제기를 했는데요. 관리 감독 주체인 광주시가 책임을 회피하고 문제 해결에 적극적으로 나서지 않아서 광주시인권옴부즈맨과 광주지방고용노동청에 진정을 넣었어요. 이게 노동청에서 인정되어서 2020년 12월에 연극 〈전우치〉 출연진의 노동자성이 받아들여졌어요. 프리랜서 공연예술인의 노동자성이 인정된 최초의 사례라고 하더라고요. 가해자들의 가해 행위도 인정되었어요. 그럼에도 가해자들이나 기관 측은 진정 어린 사과를 하지 않았고, 엄중한 중징계 처분을 약속했던 광주문화예술회관은 가해자가 받을 수 있는 가장 가벼운 징계를 내린 상황이에요.

* 광주시립극단 부조리 문제 해결을 위한 대책위원회(이하 대책위)를 조직해서 활동해오고 있다고 들었습니다. 대책위 활동을 하며 자랑할 만한 일이 있었다면요?

자랑은 제대로 하고 싶네요. 저희들이 지역 공공예술기관에서 발생했던 예술인 노동인권 침해 사건에 대해 문제제기를 하니까, 지역 예술계 전반이 침묵했어요. 그래서 지역 시민사회단체, 청년단체, 여성단체, 노동계,

정당, 그리고 개인들을 모아서 '광주시립극단 부조리 문제해결을 위한 대책위원회'를 구성했어요. 이후 예술인의 노동 문제, 권리 문제에 대해서 각자가 할 수 있는 역할을 수행했는데요. 이러한 활동에 힘입어 2020년 10월에 있었던 국정감사에서 두 명의 국회의원이 저희 광주시립극단 부조리 사건 피해자들의 노동자성에 대해서 질의했어요. 이때 정의당 강은미 의원의 질의를 받은 광주전남고용노동청장이 "피해자들은 기간의 정함이 있는 근로자이기 때문에 노동자성이 인정된다"라고 답해요. 그리고 노동청에서 두 달 후인 12월에 정식으로 노동자성을 인정해주었는데, 이게 광주 예술인의 노동자성을 인정받아낸 첫 사례를 남기게 된 거더라고요. 물론 이걸로 끝은 아니지만, 앞으로 남은 문제들을 해결하는 데 있어 큰 힘이 될 근거를 남기게 된 거예요. 그리고 이 과정에서 대책위의 모든 활동이 서로에 대한 존중과 배려를 바탕으로 진행되었다는 것, 참여 정도와 관계없이 그 누구도 소외당하지 않고 문제해결의 주체가 되었다는 것, 이것도 정말 자랑할 만한 일이라고 생각하고, 대책위에 감사의 인사를 드리고 싶어요.

* 대책위가 서로 존중하고 배려할 수 있었던 이유가 뭐라고 생각하세요?

저희들은 사실 서로를 몰랐어요. 서로가 어떤 삶을 살았는지 모르는 상태에서 피해 당사자들의 호소를 듣고 노동, 인권, 청년, 여성, 문화예술의 문제를 감각했던 개인과 단체들이 관심을 갖고 직접 연락을 주셨어요. 그렇게 만들어진 대책위에요. 먼저 각자 역할을 잘 나누었던 거 같아요. 대책위가 나아가야 하는 방향을 두고 피해자들의 피해 해소에 대한 부분,

근본적으로 문제를 해결해야 할 부분을 분리해서 계획을 세웠어요. 저희는 특정 개인이 단체를 이끌어가는 형태가 아니라 대표자가 없어요. 그냥 각자가 할 수 있는 역할과 시간 안에서 해야 할 일을 했어요. 이 때문에, 서로가 각자의 몫을 온전히 감당하고 있다는 걸 알아서, 서로를 존중하고 배려할 수 있었던 거 같아요. 피해자분들의 역할도 컸어요. 사실 저도 피해자이지만, 어떤 사건이든 피해자가 주체적으로 대책위를 만들고 문제해결을 위해 적극적으로 움직이는 건 어려운 일이라고 생각해요. 그런데 이 사건에서는 피해자분들이 정말 억울하고 힘든 피해를 당했음에도 불구하고 대책위에 참여하고 함께 노력해주었어요. 거기서 나온 힘도 컸던 것 같아요.

* 대책위에 참여했던 분들이 앞으로 광주에서 계속 일할 수 있을까, 걱정이 되네요.

그렇죠. 어떤 조직이든, 문제제기를 한 당사자가 조직 내에서 끝까지 버텨내는 건 쉽지 않은 거 같아요. 저희는 그보다 상황이 더 어려워요. 왜냐면, 피해를 당한 곳이 회사라면 부서라도 달리할 수 있잖아요. 하지만 저희는 작품을 창작하는 과정 속에서 끊임없이 가해자를 마주해야 하고, 그들과 소통해야 하고, 얼굴을 마주한 상태에서 작업을 함께해야 해요. 그 과정이 너무나 어렵고, 그런 상황 속에서 자연스럽게 피해자들만 배제돼요. 가해자들이 배제의 환경을 조성하기도 해요. 눈으로 보이지는 않지만, 분위기라는 게 있잖아요. 암묵적 약속들, 카르텔이 형성하는 흐름들. 이런 것들이 작용하는 거죠. 이번 광주시립극단 사건 당시 피해 주장을 한 분이 네 분이에요. 이 중 한 분은 원래 서울에서 오셨던 분이라 서울로 돌아가셨는데, 극단에서 입은 부상 때문에 본업을 이어가기 어려워지셨어요. 저는 대책위 활동을 하면서 작품활동을 9개월 넘게 전혀 못 하고 있어요. 일상으로 돌아가기가 너무 어려운 상황이에요. 다른 두 분은 심리적으로도 체력적으로도 지쳐서 다른 곳에 가서서 조금씩 작품활동을 하고 있다고 들었어요.

* 그렇다면 가해자들은 어떻게 지내고 있나요?

정말, 지금 생각해도 믿기 힘든데요. 광주문화예술회관 측이 "가해자들을 중징계하겠다"고 발표했는데, 징계 내용이 가해자 두 사람에 대한 '감봉 1개월' 경징계였어요. 이 사람들은 정규직이고 계속 극단에서 일하는 사람들이에요. 반면 저희 같은 예술인들은 '연극'이 있을 때마다 오디션을 보고 특정 공연에 합류해서 연습을 하고 무대를 만들어요. 그다음 연극을 하려면 다시 그분들에게 오디션을 보고 뽑혀야 하는 구조인 거예요. 프리랜서라는 게 정말 심각한 사각지대인 거 같아요. 전국적으로도 광주시립극단처럼 기형적인 고용 형태를 가진 데가 거의 없어요. 보통 프리랜서라고 함은 일반 정규직이나 비정규직 노동자보다 더 자유로운 조건에서 계약하고, 본인의 자유 의지대로 활동하면서 계약을 이행하고, 비정기적으로 일거리가 있기 때문에 더 높은 보수를 받아야 하잖아요? 여기는 정반대예요. 철저히 종속적인 관계에서 사용자의 지시사항을 수행해야 하고, 작품 창작 과정에서 일정한 근무시간, 근무 일정을 가지고 일해야 돼요. 이 구조를 유지하는 핵심이 '작품별 오디션제'예요. 〈전우치〉 작품에서 미움을 사면 다음 작품에 합류시키지 않을 권력이 그들에게 있으니까, 시키는 대로 하는 수밖에 없어요. 그들은 계속 극단에서 일하고, 저희는 작품이 있을 때마다 새롭게 오디션을 봐야 하잖아요.

사실 직장생활 하다 보면 아프다고 말하는 게 누구나 어렵잖아요. 여기도 똑같아요. 아프다는 말 한마디를 못해요. 아픈 날에는 연습을 쉬어야 하는데, 이런 당연한 것조차 보장이 안 되어있어요. 특히 〈전우치〉 공연 당시 오랜 기간 연습을 하는 과정에서 여성 배우분들이 부상을 많이 입으셨는데, 부상 이후에도 부상과 관련된 희롱과 차별이 이루어졌잖아요.

* 많이 힘드셨겠어요.

돌이켜보면, 문제 제기의 정당성을 훼손하고, 저희들의 진심을 왜곡하는 주변의 2차 가해가 가장 힘들게 다가왔던 거 같아요. 극단의 잘못된 운영시스템을 바로잡기 위해 노력하는 과정에서 사실관계를 전혀 알지 못하는 개인이나 조직이 가하는 2차 가해. 여기에 일일이 맞서면 자칫 문제의 본질이 훼손될 수 있고, 외부의 제삼자가 봤을 때 '내부 갈등'처럼 보일 수 있겠다고 판단했어요. 그래서 모든 외부의 목소리에 대해서 예민하거나 날카롭게 반응하지 않고 대신 끊임없이 진실을 통해서 대응했어요. 이게 정말 힘들더라고요.

그리고 지역에 있는 숱한 예술 조직이나 협회에 소속된 분들의 침묵을 지켜보는 것도 힘든 지점이었어요. 대부분의 지역 연극인들이 공공예술기관에서 피해를 입은 상황이 드러났음에도 불구하고 사실관계 파악을 이유로, 조사 결과를 기다린다는 이유로, 계속 침묵이 이어졌어요. 가해자들의 잘못이 명백하게 인정된 조사 결과 발표 이후에도 침묵은 계속되고 있어요. 이런 부분까지도 이해하고 더 다가가기 위해 노력하는 과정이 쉽지만은 않네요.

3년 전에도 횡령, 배임 문제가 있어서 광주문화예술회관, 광주시립극단 운영의 정상화를 촉구하는 운동이 있었어요. 당시에는 특정 개인의 횡령, 배임이 지역 예술계와 얽혀 있었고, 그 과정에서 지역 예술인들을 배제하는 문제가 드러났어요. 이때 시립극단 운영과 관련해서 여러 지역의 예술단체들이 공동 성명서를 냈거든요? 저도 성명서를 봤었고요. 그런데, 그 성명서에 있었던 요구사항이 저희의 요구사항이랑 다를 바가 없어요. 3년 전의 요구가 지켜지지 않았기 때문에 2020년 〈전우치〉 공연에서 같은 문제가 완벽하게 되풀이되었다고 생각해요.

그래서 저희는 몇몇 개인에게만 반성의 책임을 부여하는 게 아니고, 만약 가해자가 혼자서 혹은 조직적으로 반성하는 것이 어렵고 힘들다면, 피해자이긴 하지만 저희도 같이 반성해주고 같이 바꿔가자는 마음을 가지고 있어요. 그동안 마음속에 용서라는 두 글자를 품고 살았어요. 그런데, 용서라는 걸 피해자가 가해자의 사과도 받지 않고 하는 건 어려운 일이잖아요? 그럼에도 지역 연극계와 대화하고 함께 문제를 개선하기 위한 노력은 앞으로도 계속할 생각이에요.

* 그동안 이 운동을 하면서 부족한 자원이라고 느끼셨던 게 있나요?

같은 이야기이지만요. 개인의 피해 해소만을 위해 시작한 문제제기가 아니에요. 그래서 이 문제를 더 많은 사람들에게 알리고, 공감이나 지지를 받고 또 그들을 변화를 이끌어가는 주체로 참여시켜야 해요. 이 과정을 통해서 광주시립극단 문제가 본질적으로 해결될 수 있도록 제도적인 변화를 만들어야 하고요. 그러다 보니 각자의 일터에서 일을 하고 있고, 다른 삶을 살고 있는 사람들에게 대책위의 이야기를 전달하는 자원이 부족했던 거 같아요. 물론 여러 언론에서 저희들의 이야기를 다루어주었지만, 집중적인 취재나 상세한 보도는 부족하다고 느꼈어요. 저희들이 발표한 입장문이나, 저를 포함한 피해자들의 이야기를 단순히 복사, 붙여넣기를 하듯이 보도한 거죠. 이 부분과 관련된 지역의 자원이 부족한 거 같아요.

그리고 한 가지 더. 문화예술을 관리·감독하는 행정기관 담당자들의 예술계에 대한 이해가 너무 부족한 거 같아요. 문화예술을 담당하는 공무원분들이 매일 출근해서 하는 일이 관련 정책을 다듬고 집행하는 일인데, 실제 공연을 본 경험은 얼마나 될까요? 문화예술에는 너무나 많은 분야가 있잖아요. 과연 그것들을 평소에 끊임없이 감각하지 않고서 그들의 실태나 현장을 어떻게 알 수 있을까요? 실태조사서로만, ARS로만 들어서 알 수 있는 문제가 아니잖아요.

활동 과정에서 광주시의회에서 문화예술 분야를 담당하는 교문위 소속 시의원분들을 찾아뵙고 끊임없이 정보를 공유했어요. 하지만 문제 해결에 대한 적극적 의지를 찾아보기 어려웠고, 문화예술 관련 제도의 중요성에 대한 고민이 부족해 보였어요. 최근 광주시의회 김나윤 교문위원장님과의 만남에서 의회의 적극적 개입과 조례 제정을 위한 노력을 약속받았어요. 더 이상 무책임한 유행의 행정, 유행의 정치가 아니었으면 해요. 그 누구도 문화예술을 이용하지 않았으면 좋겠어요. 문화예술의 미래를 이끌어 갈 모든 세대가 주목하고 있다는 것을 여러 주체가 명심해 주셨으면 좋겠어요.

* 다른 지역의 문화예술 관련 문제에 대해서도 연대하고 있다고 들었습니다. 어떤 활동이 있었나요?

이번 사안을 계기로 전국의 문화예술기관에서 근무하는 예술인들이 당하고 있는 피해에 대해 알아봤어요. 그러다가 경기도 파주 사례를 알게 되었는데요. 파주시립예술단 산하에 뮤지컬단이 있어요. 이 뮤지컬단에서 직장 내 괴롭힘, 성희롱 사건이 있었어요.

그래서 피해자분들을 만나 뵙고 이야기를 나누었는데요. 여기도 저희랑 완벽하게 똑같아요. 다른 게 하나도 없어요. 상근단원인 연출자와 안무 감독이 10년간 권력을 쥐고 예술극단에서 정규직으로 일하고 있었고, 그 막강한 권력을 통해 단원들에 대한 갑질, 편 가르기, 성희롱을 저질렀어요. 그래서 참다못한 피해자분들이 문제제기를 했어요. 그러자 가해자들이 "우리 성희롱한 거 아니다. 우리가 했을 때 피해자들도 맞받아쳐서 성적인 농담했다"라며 억울하다고 진정을 넣어요. 그런데 이걸 판단하는 위원회 관계자들이 권력·위계 관계는 고려하지 않고 몇 마디 대꾸했던 여성 단원들에게 똑같이 '성희롱' 판정을 내려요. 성인지 감수성이 부족했던 거 같아요. 이 판단이 나온 직후에 파주시가 피해자와 가해자를 전부 해고했어요. 똑같이 문제를 일으켰다는 거죠. 그래서 이분들이 국가인권위에 진정을 넣고, 기자회견도 하고 활동을 하고 있으세요.

이분들이 저희보다 조금 나은 게 있었다면, 이분들에게는 노동조합이 있었어요. 이 사실을 알고 부끄럽더라고요. 파주시에는 예술단이 딱 두 개 있거든요. 반면 저희 광주는 전국에서 가장 많은 여덟 개 예술단이 있는데도 노동조합을 만들 수 없는 기형적인 고용 형태가 줄곧 유지되어 왔어요. 광주가 정말 부끄러워해야 할 일이라고 생각해요. 파주 뮤지컬단 분들은 2018년도에도 한 번 문제제기를 하셨는데요. 그때 노동조합을 결성해 두었다가, 이번 사건 대응을 노조 차원에서 했어요. 그래서 노조 측에서 요구한 재심의가 받아들여졌고, 2021년 2월 2일에 '정직'으로 징계가 바뀌었어요. 피해자와 가해자를 분리해서 정확한 판정을 내려야 하는데, 그것은 여전히 제대로 이뤄지지 않고 있는 상황이에요. 근본적인 문제는 똑같아요. 안정적인 고용 형태가 조성되지 않는 것. 안정적인 고용 형태를 만들지 않으면 전국 어느 공공예술기관에서나 이러한 문제들이 반복될 거예요. 저희 대책위는 파주 활동가분들과 연대하고 있고, 앞으로도 함께 노력해서 근본적으로 문제를 해결해보고 싶어요.

경기도 안산 사례도 생각나네요. 안산시립국악단에서 발생했던 성희롱 문제가 아직도 해결되지 않고 있어요. 거기는 안산시의회에서 문화예술분과 위원장을 맡고 있는 의원이 여성 단원을 지속적으로 성희롱했어요. 술자리에 불러내서 옆에 앉게 하고, 5만 원짜리 지폐에 "나중에 힘들 때 찾아오면 100배로 불려줄게"라고 적어서 건네는 일이 있었어요. 더불어민주

25

당 소속 의원이었고, 당에서는 그 의원을 제명했지만, 여전히 무소속 의원으로 일하고 있어요. 당에서 제명으로만 사건을 끝내는 것도 문제라고 봐요. 당 소속 의원이 문제를 일으키면 제명을 하고 문제를 털어버려요. 그 사람이 저지른 문제에 대해서 다 같이 반성하고 변화를 만들지는 않고요. 어쨌든 이렇게 두 지역 사례가 생각이 나고, 앞으로도 계속 타 지역의 문제에 연대할 생각이에요.

* '연극인'으로서 힘든 점이 있다면 무엇일까요?

지난해부터 이어져 온 코로나19 상황으로 인해 실시하고 있는 객석 거리두기에 따른 수입 절감이 가장 힘들죠. 사실 극장에서 발생한 확진자는 0%예요. 왜냐면, 저희가 밥을 먹거나 카페에 가면 마스크를 벗고 대화를 하잖아요. 극장은 열체크를 하고 들어와서 나갈 때까지 대화하지 않고 정면만 바라보는 곳이에요. 그런데도 자리를 너무 많이 띄어 앉게 하니까 공연을 정말 사랑하지 않으면 애초에 방문 자체를 안 해요. 원래 극장에는 친구, 연인, 가족 단위로 많이 가잖아요. 함께 갈 수 없다 보니 오지 않는 거죠. 이런 상황에서 겪은 생활고가 많이 어렵네요. 문을 닫은 극장이나 해체되는 극단들이 늘어나는 과정에서 설 자리를 잃은 배우들을 바라보는 것도 마음 아파요. 예술산업 당사자들이 노동자로서 최소한의 권리도 보장받지 못하고 있다는 게 이번 상황을 통해서 드러난 거 같아요. 이것을 정부가 심각하고 긴급한 사안으로 생각하고 예술인들의 권리를 보장하는 제도를 만들어야 해요. 21대 국회에 계류 중인 예술인권리보장법이 통과되어야 할 거 같아요. 그렇지 않으면 코로나19가 끝나도 예술계의 문제는 지속될 거라 생각해요.

* **예술계 내부에 스스로의 노동자성을 인정하지 않는 분위기가 있다는 생각도 드는데요. 이것을 바꾸기 위해서는 어떤 것이 필요할까요?**

늘 마주하는 생각이에요. 예술가들끼리 첨예하게 맞서는 지점이기도 하고요. 그런데 최근에 이게 첨예할 이유가 없겠다는 생각을 했어요. 저희들은 예술 활동을 직업으로 삼고 '일'을 하는 사람들이잖아요. 그래서 권리의 문제에 대해서는 함께 이야기하는 과정이 많아지면 변화가 있을 거 같아요. 지금의 청년 세대에게 새로운 교육을 통해서 이런 문제들을 감각하게 하면 좋을 거 같아요. 예술고등학교 학생들, 예술대학의 학생들이 사회에 나오기 전부터 이런 부분에 대해 명확한 교육을 받았으면 좋겠어요. 교육부에서도 교육기관에 이러한 과목들을 어느 정도 개설해야 한다, 이런 수업을 어느 정도는 해야 한다, 강제했으면 좋겠어요. 이런 이야기를 나눌수 있는 자리도 많이 필요할 거 같아요. 저 역시 지역에서부터 "예술인도 노동자"라는 인식을 확산시키기 위해 노력할 계획을 가지고 있어요. 저희는 굳이 예술가로만 정의될 필요가 없어요. 예술인이면서 동시에 직업인이기 때문에, 저희가 하는 일은 노동으로써 권리로써 보호받아야 해요.

* **지역에서 활동하는 예술인으로서 힘든 점이 있다면요?**

제일 재밌는 질문이에요. 고민도 많이 되네요. 아마 지역에서 예술 활동을 하는 분들이 가장 자주 듣는 질문일 거예요. 저는 사실 거주지는 광주이지만 다른 지역에서의 활동도 겸하고 있어요. 항상 이곳저곳으로 이동을 많이 해요. 그래서 광주에서 활동해서 힘들다기보다는, 한곳에 정착하지 못하고 작품과 상황에 따라 이동이 잦다는 점 때문에 힘들어요.

저는 그동안 지역에서 예술 활동을 하는 게 힘들지 않으냐는 질문을 매우 많이 받아왔어요. 어쩌면 이 질문에 답이 있는 거 같아요. 왜냐면 대부분의 사람들이 수도권이 아닌 곳에서 예술 활동을 하면 힘들다고 생각하거든요. 많은 분들이 가진 이러한 인식이 지역 예술을 비주류로 만드는 건 아닐까요?

작년에 전국 예술인들의 네트워크에 참여했을 때 다른 지역 예술인에게 들었던 말이 생각나요.

"수도권은 도전의 공간으로 인식되지만, 지역은 도전에 지치고 패배한 개인을 받아주는 곳으로 여겨진다. 정작 지역에서 활동하는 우리들이 이곳에 있는 이유는 나고 자란 이곳이 좋고 편하기 때문임에도."

저도 마찬가지예요. 굳이 불편함을 무릅쓰고 타지에서 먹고 자고 사는 삼중고를 견디고 싶지 않았어요. 그래서 집이 있는 광주에서 계속 살아가고 있어요.

* 다른 예술인분들도 여러 지역을 왕래하나요?

저랑 같이 활동하는 동료 배우분들은 주로 여기에서 활동해요. 역량이 안돼서 그렇다기보다는 서울에서 거주할 때 직면하게 되는 어려움에 대한 걱정이 제일 크게 작용하는 거 같아요. 물론 그곳은 인프라도 잘 갖춰져 있고, 돈도 많이 돌아요. 하지만 그렇다고 해서 이곳이 부족한 건 아니거든요. 저는 항상 동료들한테 말해요. 우리는 늘 잘하고 있다고요. 예전에는 조금 어쩔 수 없는 부분이 있기도 했어요. 정보라든지, 혜택이나 지원이 그쪽에서 출발하잖아요. 요즘은 그런 것도 많이 줄어들었어요. 그래서 이제는 개인의 선택인 거 같아요.

* 도국님에게 광주는 어떤 도시인가요?

'그동안 제가 학습하거나 들어왔던 모습과는 조금 다른 도시'요. 최근 겪고 있는 여러 혼란스러운 상황 때문에 광주라는 도시를 정의하는 게 참 어렵더라고요. 그럼에도 불구하고 개개인들의 문제의식과 타인에 대한 존중과 배려심이 강한 도시이긴 한 거 같아요. 그래서 끊임없이 나아질 수 있는 희망이 있는 도시라고 생각해요. 하지만 지금의 저에게는 굉장히 혼란스럽네요. 무대에서 작품활동만 하다가 세상에 나와서 직접 사회를 바라보고 마주하며 느꼈던 혼란스러움, 연대하며 느꼈던 배려의 태도들, 조금이라도 변해가는 것에 대한 희망이 광주에 대한 생각 속에 어지럽게 섞여 있어요. 청년 세대가 감각하는 문제들이나 청년 세대가 가지고 있는 시대정신도 5·18 정신과 같은 시선으로 바라봐 주었으면 좋겠어요.

* 그렇다면 도국님은 광주가 어떤 도시가 되었으면 하나요?

시민의 존엄을 최우선으로 생각하는 도시가 되었으면 좋겠어요. 불공정과 불평등, 차별과 혐오가 없는 도시가 되었으면 좋겠어요. 특히 사회적 보호가 필요한 분들, 성소수자, 청소년, 청년들이 말하는 담론에도 귀를 기울여주는 광주가 되었으면 좋겠어요. 우리가 살아가는 공간, 일터, 그리고 사람 사이의 관계에도 늘 사각지대가 존재한다고 생각해요. 그 사각지대 때문에 소외받는 사람들을 외면하지 않는 광주가 되었으면 좋겠어요. 이것이 먼저 이루고 나서 "문화와 인권의 도시 광주"라는 타이틀을 내걸었으면 좋겠어요.

* 한국 사회가 어떤 사회가 되었으면 하나요?

우리 사회가 예술인들을 단순한 복지의 대상으로만 여기지 않았으면 좋겠어요. 예술인들은 복지를 바라는 게 아니에요. 적절한 권리 보장을 바라는 거예요. 예술 중에서도 기초 예술의 영역들은 아직 산업이라고 할 만큼 발전되지 않았어요. 자본이 돌지 않고 적절한 수요, 공급도 이루어지지 않고 있어요. 그동안 우리 사회는 이 문제를 해결하기 위해서 예술인들을 단순한 복지의 대상으로 여기는 방식을 선택했어요. 저는 우리 사회가 예술인들을 단순한 복지의 대상이 아닌 권리의 주체로 생각해 주었으면 좋겠어요. 그런 의미에서 모든 분야의 예술인들이 각자의 권리를 이야기할 수 있도록 예술인권리보장법이 꼭 제정되었으면 좋겠어요. '예술인권리보장법'은 지난 2016년 예술계 '블랙리스트' 사건을 계기로 예술인들이 직접 참여하여 발의한 법률이에요. 이 법률에는 예술인의 표현의 자유, 직업적 권리의 보장, 성희롱·성폭력 없는 안전한 창작 환경 조성 등의 내용을 담겨 있어요.

이 법률이 지금까지 논의된 대로만 통과돼도 예술인의 표현의 자유, 노동자로서의 권리, 활동을 하면서 겪는 여러 문제들의 해결, 그리고 예술인의 복지에 대한 부분이 제도를 통해 최소한의 보호를 받게 될 거예요. 그래서 이 법률이 훼손 없이 통과되었으면 좋겠어요.

그리고 작년에 기자회견장에서 이야기한 건데요. 진심보다 한 단계 더 나아간 '찐심'으로 사는 사회가 되었으면 좋겠어요. 어떤 뛰어난 한 사람, 혹은 권력을 독점한 특정 집단에 의해서 돌아가는 사회가 아니라, 때로 한 걸음 멈추거나 조금 느리게 걷더라도, 시민들이 함께 진보하고 같이 나아가는 사회가 되었으면 좋겠어요.

* 앞으로 하고 싶은 일이나, 이루고 싶으신 목표가 있으시다면요?

공연 활동을 게을리하지 않는 것. 제일 큰 목표죠. 당장 올해에도 반드시 두 편의 작품에 출연하고 싶어요. 함께해 준 사람들에게 일상 복귀 소식을 작품을 통해 알려드리고 싶어요. 그리고 여러 사람들과 함께 이뤄내고 싶은 것은 안전하고 공정한 지역 예술 생태계 조성, 관련 조례 제정과 예술인권리보장법 국회 통과에요.

그리고 제가 살고 있는 광주의 모든 시민들과 함께 이뤄내고 싶은 목표도 하나 생각해 봤어요. 공정하고 안전한 예술 생태계 조성을 위한 범시민연대체를 만들고 싶어요. 저는 관객분들께 배우이고, 저희에게 관객분들은 독자든, 관람객이든 모두 시민이에요. 이제는 관객들에게 새로운 역할이 부여되어야 할 시대가 왔어요. 관객들은 이미 문화를 창조하는 주체예요. 이제 저희들은 그들에게 단순히 우리가 만든 것들을 소비해달라고 할 게 아니라, 우리의 제작 과정에 개입해달라고 요청해야 돼요. 공정한 과정 속에서 저희의 작품이 유통될 수 있도록 감시해달라고 요청해야 돼요. 이러한 일들을 할 수 있는 조직체를 만들고 싶어요.

만약 범시민 조직체가 성공적으로 만들어진다면, 공공예술기관과 협회 차원에서 할 수 없는 일들을 시민들의 힘으로 이뤄낼 수 있을 거예요. 해결되지 않는 문제에 대한 제도화도 고민할 수 있을 거고요. 지금 저의 고민은 '어떤 식으로 이걸 시작할까?'예요. 모두가 참여할 수 있었으면 해요. 그 누구도 배제하지 않으려면, 시립극단에서 문제를 일으켰던 분들도 함께할 수 있어야 한다고 생각해요. 물론 적절한 사죄와 자기반성, 그리고 용서의 시간이 전제되어야 하겠지만요.

지금 이 순간에도 계약서를 쓰지 않고 이뤄지는 공연들이 있어요. 이건 특정 예술인 혹은 단체, 전국 예술인들만의 힘으로 바꿔낼 수 있는 문제가 아니라고 생각해요. 지금까지 예술인들은 부족할지라도 여러 사회적 문제에 대해서 목소리를 내고 연대해왔어요. 그러다 보니 스스로의 이야기를 할 시점들을 많이 놓쳐온 거 같아요. 이제야 힘겨운 상황들 속에서 저희들의 현실이 드러나고 있어요.

더 많은 분들이 저희들의 문제에 관심을 가져주셨으면 좋겠어요. 개개인의 삶이 있으니까, 함께 행동하는 건 힘들 수도 있겠지만 할 수 있는 범위 내에서 함께해 주시길 요청하고 싶어요. 저희는 여러 활동들을 계획하고 있어요. 저희들의 문제를 감각하는 모든 사람들이 이전 시대와 다른 새로운 운동을 만드는데 함께 했으면 좋겠어요. 간곡히 부탁드리고 싶어요.

광주에서
여성운동 하기
도담
광주여성민우회

* 간단한 자기소개를 부탁드려요.

안녕하세요. 저는 광주여성민우회 활동가 도담입니다. '도담도담'이라는 단어는 어린아이가 탈 없이 잘 놀며 자라나는 모양을 뜻해요. 민우회가 운영하는 성폭력 피해자 쉼터에서 일할 때, 따뜻한 활동명을 짓고 싶었어요. 그래서 도담이라는 활동명을 사용하게 되었어요.

* 어쩌다 활동가가 되셨나요?

계기가 잘 기억나지 않아요. 제가 딸이 둘 있는 집에서 자랐는데요. 그러다 보니 아들 때문에 차별받았던 경험도 없었고, 아빠한테 여자라서 안 된다는 말을 들어본 적도 없었어요. 엄마는 결혼한 이후에 페미니스트가 되었다고 할 정도로 관련 서적을 즐겨 읽으셨고 소꿉놀이, 인형, 공주 이야기 같은 거 안 좋아했어요. 그래서 보통의 여자아이들에게 해주는 걸 저한테는 안 하려고 하셨고요. 저는 차별받으면서 자랐다고 생각해 본 적이 없었어요. 그래서 처음 민우회에 들어올 당시에는 기계적인 평등에 대해 많이 고민했던 거 같아요. 이후에 활동하면서 성장한 케이스예요.

* 민우회 활동은 어쩌다 시작하셨나요?

저는 대학을 전주에서 나왔는데요. 사회복지를 전공했어요. 그러다 보니까 전북여성단체연합과 함께 일할 기회가 생겼고, 하다 보니까 제 성향이랑 잘 맞더라고요. 사회복지에는 다양한 영역이 있는데요. 제가 당시에 생각했던 사회복지는 서비스, 지원에 가까웠던 거 같아요. 운동하는 단체를 경험해보니까 액션도 하고 고군분투하는 모습이 되게 재밌고 좋았어요. 광주에 돌아가서도 여성단체에서 일하고 싶다고 생각했죠. 대학 졸업하고 일자리를 구하는데, 마침 그때 광주여성의전화랑 광주여성민우회에서 성폭력 상담사 양성과정을 하고 있었어요. 광주여성민우회에서 진행하던 페미니즘 연극 소모임에 참여하게 되면서 회원으로 가입했다가, 성폭력 피해자 쉼터에서 일하게 되면서 활동가가 되었어요.

* 쉼터에서는 어떤 일을 하셨나요?

저희 광주여성민우회에는 사무처, 성폭력 상담소, 쉼터가 있어요. 민우회 활동가들은 이 세 곳에서 순환 근무를 해요. 한 기구에만 있다 보면 매너리즘에 빠질 수 있기도 하고, 우리는 어떤 일이든 할 수 있다는 생각을 위해서 순환 근무하는 거예요. 제가 처음으로 간 곳이 쉼터였는데요. 쉼터는 성폭력 피해자들을 24시간 케어하는 곳이어서 어려움이 많았어요. 쉼터에서는 일상적인 상담이 이루어지는데요. 상담도 어려웠던 거 같아요. 제가 제대로 지원하지 못했을 때 오는 죄책감 있잖아요? 좀 더 능력이 있었으면 좋았을 텐데, 하는 고민이 들기도 했어요.

최근에 순환 근무 때문에 다른 곳에서 있다가 다시 쉼터로 왔는데요. 요새는 더 열심히, 적극적으로 하려고 하는 거 같아요. 위급한 상황이 생기면 지원을 해야 돼서 새벽 근무도 하고, 쉬운 일은 아니에요. 쉼터 정원은 10명인데, 현재는 7명이 있고요. 다 차 있는 경우는 드문 거 같아요. 보통 경찰이나 광주해바라기센터에서 연계돼서 오는 경우가 있고, 성폭력 상담소에서 상담원이 입소가 필요하겠다고 판단해서 이야기를 꺼내 보는 경우도 있어요.

* 쉼터 내부는 어떤가요?

내부에서는 나잇대별로 다양한 어려움이 있는 거 같아요. 아무래도 공동생활을 하다 보니까 정해진 규칙에 따라야 하거든요? 비청소년분들은 그런 규칙을 못 견뎌 하셔서 적응을 못 하는 경우가 있어요. 생활패턴을 바꿔야 해서 어려움을 겪는 분도 계세요. 또 청소년분들이 쉼터에 오는 건 이분들이 사회적 자원이 없는 경우잖아요? 대부분 친족 성폭력 피해자분들이 많아요. 가족과의 갈등도 굉장히 심각해요. 아버지가 가해자면, 아무래도 그에게 경제적으로 많이 의존하다 보니까 어머니가 피해자인 자녀를 설득하려고 하는 경우가 많아요. 가장 위로받고 이해받고 싶은 대상이 엄마일 텐데, 이 과정에서의 어려움이 있죠.

* 상담소 업무에 대해서도 말씀해주세요.

상담소에서 상담만 한다고 생각하실 수 있는데, 생각보다 많은 지원들을 하고 있어요. 대부분의 분들이 고소를 결심하고 전화를 주세요. 저희가 전문가는 아니지만, 그래도 법률적인 지원을 하고 있어요. 이분들이 경찰, 검찰 조사에 가야 한다면 신뢰관계인으로 동석해서 좀 더 편안한 분위기에서 조사받으실 수 있도록 해요. 조사받을 때 긴장해서 말씀을 못

하시면 상담 과정에서 알게 된 사실 중 어필하면 좋을 내용을 바탕으로 의견서를 작성해서 제출하기도 해요. 또 트라우마 때문에 잠을 못 주무시거나, 밥을 잘 못 먹는다거나, 일상생활이 안되시는 분들이 있어요. 이 경우에는 연결되어 있는 의료기관에 연계하고 의료비도 지원해요. 또 성폭력 추방 주간에 캠페인을 한다거나, 관련 정책 토론회를 열기도 해요. 지원 과정에서 정책이나 제도의 허점들이 많이 보여요. 그런 것들이 개선될 수 있도록 작업하는 거예요.

* 사무처 업무는 어때요?

사무처는 중요한 법인 업무뿐만 아니라, 다양한 단체들과의 협업을 진행하고 있어요. 저희가 시민단체협의회, 광주전남여성단체연합에도 들어가 있거든요? 거기서도 활동하고 있어요. 연대사업도 하고 자체적으로 프로젝트도 진행해요. 사실 사무처야말로 민우회의 정체성을 담보하는 가장 중요한 기구가 아닌가 싶어요. 진짜 신기한 게, 제가 어디 가서 "민우회 활동가예요"라고 말하면, 그럴 줄 알았다는 이야기를 많이 들어요. 민우회만의 정체성이 있고, 그게 저한테 보이나 봐요. 민우회의 정체성을 만드는 역할을 하는 게 사무처라고 생각해요.

* 지금까지 활동하면서 기억에 남는 일이나 자랑할 만한 일이 있었다면요?

역시 제일 기억에 남는 일은 제1회 광주퀴어문화축제인 거 같아요. 광주에서 나고 자란 입장에서 우리 지역에서 퀴어문화축제가 열린다는 게 굉장히 색다른 의미로 다가왔어요. 퀴어문화축제를 하게 되면서 광주에 있는 퀴어 당사자들도 만나고 다양한 인권단체와 협업도 했죠.

퀴어문화축제를 개최할 때 어려운 점이 많았어요. 5·18 민주광장이 역사적 의미를 가지고 있는 공간이기 때문에 5·18 단체에 퀴어문화축제가 왜 필요한지 설명드리는 작업이 필요했고, 허가를 받는 과정에서 시청 쪽과의 이야기도 필요했어요. 시청 공무원들을 설득하는 과정에 어려움이 있었죠. 성소수자 인권운동에 반대하는 세력이 시장 면담을 했거든요.

개최하기까지의 연대 과정도 되게 의미 있었어요. 퀴퍼 1년 전에 '퀴어라이브인광주'라는 소규모 퀴어문화축제를 했는데요. 이때 민우회가 참여하고 있는 광주혐오문화대응네트워크에서 길거리 캠페인을 나가기로 했어요. 아이템 같은 게 필요하잖아요. 그래서 지역 사투리를 이용해보면 어떻겠냐 해서, 아이디어를 내봤죠. "평등은 뽀짝 와블고 차별은 저짝 가브러", "갠자네 우덜은 연결될수록 강항께", "왐마 그짝이랑 나랑 뭐시 다르다요", "써글것의 차별은 인자 잊아블고 시방 언능 차별금지법 맹글자" 같은 문구가 나왔어요.

* 경찰의 성차별적 포스터가 광주여성민우회 때문에 성평등 하게 바뀌었다고 들었어요.

저희가 광주지방경찰청 광고를 바꾼 적이 있어요. 저희 사무실이 광주 동구 예술의 거리 쪽에 있었는데요. 저희 활동가들이 지나가다가 경찰 광고를 본 거예요. 근육을 뽐내는 남성 경찰 옆에 "긴급 범죄 신고는 112"라고 쓰여 있었고, 상냥한 표정의 여성 경찰 옆에 "기타 신고, 상담은 182"라고 쓰여 있었어요. 굉장히 성차별적인 포스터라는 생각이 들어서 동부경찰서에 연락했어요. 동부서에서 이 포스터가 본청에서 내려온 거여서 조금 시간이 걸린다고 했고요. 얼마 뒤에 포스터가 교체됐어요. 일상과 분리될 수 없는 일을 하고 있다 보니까, 이외에도 이것저것 일상에서 변화를 만드는 일이 종종 있는 거 같아요. 돌아다니면서 성차별적인 포스터를 보면 "고조선이야 뭐야"라는 문구가 새겨진 스티커를 붙이는 일도 했었어요.

* 'N번방에 분노한 사람들'과 시위를 하셨던 것도 기억에 남아요.

네, 작년 여름에 'N번방에 분노한 사람들' 측에서 연락을 주셔서, 5·18 민주광장에서 퍼포먼스를 했어요. 광주여성단체연합이랑 진보정당 활동가들, 시민들이 함께해 주셨는데요. 검은 패널로 'N'자를 만들었고, 이 위에 빨간 천으로 'X'자를 만들었어요. 땡볕 아래서 했는데도 다들 도망가지 않고 끝까지 함께해 주셔서 되게 감사하더라고요.

* 민우회 회원들과는 어떤 일을 하시나요?

최근에는 여러 소모임을 만들어서 운영하고 있어요. 매주 토요일 저녁에는 넷플릭스 파티라는 프로그램을 해요. 영화를 보면서 채팅할 수 있는 프로그램을 운영하는데요. 되게 재미있어요.

광주여성민우회 여성주의 연극팀 '시나페'라는 것도 있는데요. 이건 생각보다 오래됐어요. 2008년에 시작했고, 여성운동의 하나의 방법으로 출발했어요. 그동안 여성폭력 문제를 비롯한 다양한 주제를 가지고 연극을 해왔어요. 성폭력 피해자와 관련해서 2차 가해나 편견 섞인 말들에 대해 다룬 연극도 있었고요. 비정규직 여성노동자들이 일자리를 얻기 위해 고군분투하는 상황을 다루기도 했어요.

〈몸몸몸〉 연극도 했는데요. 사회가 여성에게 바라는 이상적인 몸이 있잖아요. 이상적인 몸을 바라면서도 성형을 한 여성을 비난하는 이중적인 목소리를 다뤘어요. 〈몸몸몸〉은 대학교에서 대학생들을 대상으로 한 공연도 했고요. 교육청과 연계해서 광주지역 고등학교에서도 공연했어요. 재밌었던 건, 연극 끝나고 2부로 학생들에게 설문지를 돌렸는데요. 몸에 대한 생각, 살면서 들었던 편견의 말을 적어보라고 했더니 생각보다 잘 적어주었어요. 여학생들이 특히 그런 이야기를 많이 듣잖아요? 굉장히 공감하면서 잘 적어주어서 이야기를 나누는 게 재밌었어요.

〈다시 한번 트위스트〉라는 공연도 기억에 남아요. 월경, 그중에서도 완경기에 들어간 여성에 대한 이야기였는데요. 공연에 오셨던 관객분들이 공감을 많이 하셨어요. 완경기에 들어선 여성이 겪는 변화의 지점들이 있잖아요. 자기 자신의 정체성에 대한 고민들을 잘 담아내서 그 연극이 되게 기억에 많이 남아요. 관람하신 분들이 되게 좋았다고 또 했으면 좋겠다고 했는데, 많이 안 오셔서 아쉬웠어요.

* 학교에 강연도 나가신다고 들었어요.

성폭력 예방 교육이 의무화되어 있어서, 학교에서 요청해올 때가 있어요. 수업 때에는 아무래도 성폭력 피해에 대해 이야기하니까 진지하게 들었으면 하는데요. 여학생들은 자기 얘기가 될 수 있다고 생각하기 때문에 심각해져요. 분위기가 가라앉죠. 근데 남학생들은 웃으면서 장난치는 경우가 있어요. 잠재적 가해자 취급하지 말라는 이야기도 나와요. 아무래도 같은 반에서 지내는 친구들과 교육을 듣다 보니 그런 분위기가 더 강해지는 측면도 있는 거 같아요.

사실, 불편한 이야기잖아요. 그런 불편함을 넘기고 싶어 하는 마음이 느껴져요. 여성 강사가 남자반에 들어갔을 때랑 남성 강사가 남자반에 들어갔을 때 나타나는 태도가 다른 것도 있어요. 비슷한 이야기라도 남성이 하면 좀 더 진지하게 듣는 거죠. 그래도 최근에는 진지하게 들어주는 분들이 늘어난 것 같아요. 여기서 희망을 찾죠.

* 지방 활동가로서 힘든 점이 있다면요?

근데 사실 서울도 지방이긴 하잖아요? 그래도 '지방' 활동가로서 힘든 건 인적 자원, 물적 자원, 인프라가 부족하다는 거예요. 똑같은 이슈에 대응해도 서울에 있는 한국여성민우회는 후원금이 굉장히 많이 모이는 데 비해, 저희는 그만큼은 아닌 경우가 많아요. 시민단체 분들을 제외하면 민우회에 대해 잘 모르는 분들이 많기도 한 것 같아요. 그래서 후원을 결심하신 분들이 서울로 연락을 하세요. 지금은 지역으로 연결이 되는데도요. 광주에도 민우회가 있었냐는 반응이 많아요. 인적 자원도 조금 한정적인 거 같은데요. 아는 분들은 아시겠지만, 회의 나가면 비슷한 분들이 계속 앉아 계시거든요. 이 회의를 가도, 저 회의를 가도 구성이 비슷해요.

광주에는 여성학을 공부하신 분들이 많지 않아서 강의를 들을 기회도 많지 않아요. 서울에 계신 분들을 불러야 하니까 비용 문제도 고민되죠. 그래도 최근에는 코로나19로 온라인 강의가 많아져서 접근성은 더 좋아진 거 같아요. 광주여성민우회는 민우회 지부 중에서 그나마 재정이 제일 안정적인 편에 속해요. 최근에 재정 문제로 없어진 지부도 있어요. 재정적 어려움 때문에 상근 활동가를 구하지 못하는 지부도 있고요. 갑자기 침울해지네요.

사실 여성단체가 참 어려운 게, 노동조합의 경우에는 회원 숫자가 저희보다 적더라도 회비를 많이 내더라고요. 근데 저희 단체는 여성 회원이 대부분이라, 경제권을 가진 분들이 많지 않아요. 후원을 하더라도 금액이 적다는 한계가 있는 거죠. 저희가 재정적으로 그나마 안정적인 이유는 상담소와 쉼터에 보조금이 나오기 때문이에요. 그걸로 인건비를 충당하기 때문에 다른 지부에 비해 상황이 나은 편인 거죠. 이런 기구를 갖고 있지 않은 다른 지부들은 재정 상황이 매우 어려워요. 서울의 경우에도 상근자가 20명이 넘고 운영하는 팀도 많아서, 저희랑 1호봉이 같았을 때가 있었어요. 몇 년 동안 임금이 동결된 건데요. 서울에서 살아가기 정말 어려운 임금이 나왔어요.

* 그동안 활동하면서 힘들었던 일이 있었다면요?

생각해 봤는데, 너무 많네요. 우선 페미니즘 운동을 한다는 자체로 상당히 많은 편견이나 오해를 마주하는 거 같아요. 다른 시민운동에 비해 여성운동에 대한 이해도가 낮다고 생각해요. 시민사회 안에서도 여성단체들은 몹시 힘들었던 적이 많았던 것 같아요. 민우회가 시위 맛집이라고 유명하거든요? 지역에서 이슈 파이팅이 필요한 사안이 민우회로 많이 오게 되는데요. 그 과정에서 지역에서 굉장한 권력을 가진 분들과 관계된 사안들 때문에 힘들었던 상황이 많았어요. 민우회가 너무 공격받아서 쪼그라드는 게 아닐까 싶을 정도로 많은 이야기들이 계속 들려왔죠. 걱정하는 목소리들도 많았고요. 그런 상황들이 되게 힘들었던 것 같아요.

가끔 시민운동을 한다는 사람들의 성인지 감수성이 이렇게 떨어져도 되는 것인지 싶을 때가 있어요. 여성운동을 부문 운동으로 한정 짓는 것 같은 느낌도 많이 받아요. 이때의 절망감과 분노감도 조금 힘들었죠. 하지만 페미니즘은 인식론이기 때문에 어느 영역에서나 적용되는 거라고 생각해요.

최근에 변희수 하사랑 김기홍 씨가 돌아가셨을 때, 심리적으로 많이 힘들었어요. 제 주변 퀴어 친구들에게 잘살아 보자고 전화도 했는데요. 이게 현실에서 일어나고 있는 상황인가 싶었어요. 차별받지 않기 위한 운동을 하고 있고, 이게 내 업인데, 하루하루 일에 치여 사는 동안 누군가는 생사를 고민하고 있었다는 생각 때문에 심적으로 많이 괴로웠던 거 같아요. 이런 상황들을 몰랐으면 덜 괴로웠을 텐데, 왜 활동가가 되어서 힘들까 하는 생각도 들었어요. 저희들은 어떤 이상을 향해 달려가는 게 아니라, 현실의 문제를 바꿔가고 있잖아요. 그래서 일상과 가까운 일 때문에 무너지는 순간이 있는 거 같아요.

사실 최근에 고민이 많아요. '내가 잘하고 있나?'라는 고민도 있고, '내가 잘할 수 있는 건 뭐지?'라는 고민도 있어요. 처음에는 돈을 받으며 페미니즘 운동을 한다는 게 너무 좋다고, 농담 식으로 이야기하고 다녔는데 이 일을 계속해서 직업으로서 하다 보니 매너리즘에 빠진다고 할까요? 제대로 하고 있는 게 맞는지 하는 고민이 있어요.

* 광주에서 활동하시는 이유는 무엇인가요?

광주는 제가 태어난 곳이에요. 전주에서 대학을 나왔지만, 계속 전주에서 생활하려면 경제적으로 갖추어야 할 게 있잖아요. 그래서 광주로 돌아와서 활동하게 되었고요. 대학 졸업 직후부터 민우회에서 쭉 활동했어요. 제가 대학원에 다닐 때, 서울에서 활동하는 동기들이 서울에 오고 싶지 않냐고 물어본 적이 있어요. 제가 그때 입사 1년 차였는데, 서울에서 할 수 있는 거 광주에서도 할 수 있다고 패기 넘치게 말했죠. 그런 오기도 있는 거 같아요. 서울은 사람 많고, 자원 많고 보고, 배울 게 많은 곳이죠. 그렇다면 다른 지역에서는 누가 활동할까요?

저는 광주라는 지역이 재밌는 곳이라고 생각해요. 5·18 이후 여러 활동이 있었는데, 그 안에서 여성단체 활동가로서 주목하게 되는 것들이 있어요. '과연 5·18 정신으로 현재를 살아가고 있는가?' 하는 고민도 있죠.

* 도담님에게 5·18 정신은 무엇인가요?

요새는 5·18 정신은 공동체 정신이라는 생각이 들어요. 몇 년 전에 있

45

었던 5·18 전야제 때 세월호 유가족분들이 오셔서 발언하는 걸 보고 5·18 은 단순히 역사적인 이야기가 아니라, 아픔을 가지고 있는 사람들과 연대 할 수 있는 굉장한 힘이라고 생각했어요. 다양한 사람들을 인정하고 받아 들이고, 그들과 함께 살아가는 것. 그런 힘인 것 같아요. 광주가 함께할 수 있는 상황들이 있잖아요. 지금의 퀴어운동과도 맞닿아있다고 생각했어요. '빨갱이'를 배제했던 것처럼, '게이'라고 하면 사회에서 배제해버리잖아요. 다양한 사람들을 인정하고 품을 수 있는 게 5·18 정신이 아닌가 싶어요.

또 그 시대에 활약했던 여성상이 잘 드러나지 않는다는 지점에 안타까 움이 있어요. 누군가의 어머니, 누이로 호명되었을 때 빛나는 여성들, 그런 역사만이 기억되는 것에 대한 안타까움이 있어요. 민우회 들어와서 알게 된 건데요. 매년 오월이면 오월 여성제를 따로 진행해요. 1980년 당시에 활 동했던 분들이 오셔서 이런 것들을 했다고 이야기를 해주시는데, 처음 알 게 된 것들이 많았어요. 여성단체연합에서 구술사로 기록해서 책을 만들기 는 했지만, 여전히 주목받지 않는 역사인 것 같아서 아쉬움이 있어요.

* 앞으로 하고 싶은 활동이 있다면요?

다시 민우회를 자랑할 차례네요. 민우회에 정책센터가 있어요. 물론 이름 은 센터지만, 그 사람이 그 사람인 곳이긴 한데요(웃음). 그래도 정책 관련 활동을 민우회 초창기부터 해왔어요. 성별 영향 평가 컨설팅을 하거나, 성인 지 예산을 모니터링하는 사업을 했어요. 여성친화마을 사업도 했고요. 요새 는 안 해본 일을 해보고 싶어요. 그래서 정책센터에 자원해서 양성평등기금 사업 모니터링을 하기로 했어요. 제가 '쫄보'라서 안 해본 일에 걱정이 많은데요. 지금까지 해온 사업이 잘 진행될 수 있도록 열심히 해볼 생각이에요.

* 어떤 광주가 되었으면 하나요?

성평등 한 광주가 되었으면 좋겠어요. 어쨌든, '인권의 도시'를 표방하기 때문에 좀 더 인권적이어도 되지 않을까 싶어요. 아직 필요한 것들이 많잖아요. 저희가 정책사업 하면서 공무원들을 되게 귀찮게 하거든요? 그럼에도 반영되지 않는 것들이 많아요. 시장님이 좀 의지를 보여주셨으면 해요. 다른 많은 분들의 노력도 필요하죠. 법이나 제도들이 서울 중심적으로 만들어지다 보니 지역에서 손 놓고 있는 경우가 많은 것 같아요. 하지만, 포괄적인 성교육에 대해 교육감만 의지를 갖고 움직여주어도 할 수 있는 일들이 있잖아요. 그렇게 좀 더 많은 분들이 적극적으로 함께해 주시면, 좀 더 성평등 한 광주를 만들 수 있지 않을까 싶어요. 그날까지 많은 분들이 민우회를 후원해 주셨으면 좋겠어요.

* 운동에 목표가 있다면요?

지치지 않고 계속하고 싶어요. 예전에는 몸이 힘들든 말든 너무 재밌어서 계속했는데요. 말 그대로 몸이 불타다 보니까 육체적으로도 정신적으로도 힘들더라고요. 그래서 처음에 내가 어떻게 활동했는지 계속 상기하면서 은근하게 오래가보자. 그럴 수 있는 방법이 뭐가 있을까, 고민하고 있어요. 지치지 않고 멀리 가볼 생각이에요.

광주에서 성소수자권리운동 하기

정욱

제1회, 2회 광주퀴어문화축제 조직위원
제3회 광주퀴어문화축제 위원장
정의당 광주광역시당 성소수자위원회 위원장

* 간단한 자기소개를 부탁드려요.

안녕하세요. 저는 정의당 광주광역시당에서 성소수자위원장으로 활동하는 정욱입니다. 광주의 정당인 중 유일한 성소수자위원회 위원장이고, 제3회 광주퀴어문화축제에서 조직위원장을 맡고 있어요.

* 정의당에는 어쩌다 입당하게 되셨나요?

정의당에 입당하게 된 계기는 저에게는 웃긴 이야기예요. 집에서 유튜브를 보다가 우연히 '심크러쉬'라는 영상을 보게 됐어요. 정의당 심상정 의원이 고용노동부 장관에게 "노동자 목 조르는 장관! 필요 없어요. 사퇴하세요"라고 말하는 영상이었어요. 이 영상을 보고 정의당에 가입해야겠다고 생각했어요. 그다음 날 바로 온라인으로 가입했죠.

이후에 당의 요청을 받고 성소수자위원회를 만들게 되었어요. 광주의 정당 중에서 성소수자위원회가 존재하는 정당은 아직까지는 정의당뿐이에요. 아마 당사자가 별로 없다고 느껴져서 그런지 모르겠어요. 퀴어운동에서는 당사자가 나서는 게 중요한 문제니까요. 하지만 당사자가 나서는 것은 굉장히 위험하고 어려운 일이기도 해요. 누군가에게 나를 정당하게 인정받을 수 있게 하는 것은 언제나 나 자신을 이해시키고 설득시키는 일이니까요.

* 광주퀴어문화축제는 어떻게 시작되었나요?

2017년 무지개 행동 모임이 계기였어요. 전북에서 활동가들이 1박 2일로 워크숍을 하는 모임이었는데, 중앙당 성소수자위원회 위원장에게 초청을 받아 참석했어요. 이때 서울 활동가께서 저에게 "욱님, 저희가 퀴어문화축제가 열리지 않는 도시인 광주에서 퀴어라이브인광주라는 행사를 해볼까 하는데 어떻게 생각하세요?"라고 제안해 주셨어요. 이게 계기가 되어서 그해 11월에 광주여성민우회, 광주혐오문화대응네트워크와 함께 퀴어라이브인광주를 진행했어요. 이후에는 광주퀴어문화축제를 준비하게 되었죠.

시작은 간단했어요. "광주에서도 해야지, 그래, 그래, 하자" 식으로 의견이 금방 모였어요. 원래 광주퀴어문화축제를 맡아서 하고 싶지는 않았어요. 너무 힘들거든요. 시청과의 조율, 경찰과의 만남도 힘들고, 그다음엔 단체들을 설득하는 게 정말 힘들어요. 단체들에게 퀴어문화축제를 같이 해보자고 하면 "너무 좋아요. 그런데 우리 단체 사람들이 어떻게 받아들일지 모르겠어요. 우리도 축제 개최에는 동의하지만, 아직은 너무 이르지 않을까요?"라는 반응이 나왔어요. 5·18 단체에서도 어떻게 누군가가 죽어 나간 자리에서 축제를 열고 즐길 수 있냐는 반응을 보였어요. 끝내 설득하지 못한 단체들이 있었어요. 축제 당일에도 혐오 발언이 나왔어요.

예전에는 퀴어운동에 큰 관심이 없었어요. 내가 성소수자니까, "성소수자 운동을 해도 좋겠다" 정도의 생각만 있었어요. 내가 이 판에서 주도하고 싶다는 생각은 아니었는데 무지개 활동을 거치며 정의당 광주시당 성소수자위원회 위원장이 되었고, 주변 성소수자 단체들을 알게 되고 인권

단체에서 활동하게 되면서 폭이 넓어졌어요.

* 제1회 광주퀴어문화축제 때, 혐오세력이 상당히 거세게 반대 집회를 했잖아요. 그때 이야기를 해주실 수 있을까요?

2018년도 퀴어문화축제 당시에는 모든 지역에 "우리 할 수 있을까?"라는 걱정이 있었어요. 전주가 시작이었는데 혐오세력이 너무 강경하게 대응했어요. 전주는 이랬는데 다른 지역은 할 수 있을까? 걱정했죠. 그래도 해보자, 해보자, 하고 서울, 대구퀴어문화축제에 다녀왔어요. 대구퀴어문화축제도 상당히 험난했고 부산은 해운대구청이 허가를 내주었다가, 도로취소하는 바람에 행사가 열리지 못했어요. 광주퀴어문화축제 직전에 인천퀴어문화축제가 열렸는데, 혐오세력이 펜스 전체를 둘러싸 버려서 참가했던 사람들이 고립되는 사건이 있었어요. 이때 전국에 있는 활동가들이 제1회 광주퀴어문화축제 조직위원장에게 연락해왔어요. "광주 괜찮겠냐고, 할 수 있겠냐"고요.

제1회 광주퀴어문화축제 당시 상당히 많은 경찰이 동원됐어요. 3개 중대 이상의 경찰이 배치되었다고 들었어요. 그런데도 정말 심각했어요. 반대 집회에 직면하니까, 자꾸 눈물이 나더라고요. 당시 저는 참가자들의 안전을 지키기 위해 두 번째 차량에 타 있었어요. 그런데 앞에 서 있던 경찰관 두 명이 잊히지 않아요. 둘 다 제 또래였어요. 그런데 반대 시위하는 분들에게 짓눌려서 차에 부딪혔어요. 그 와중에 반대 집회를 하던 분이 차 와이퍼를 떼어가면서 "나중에 물어달라고 청구해 줘!"라고 말하면서 도망가 버렸어요. 그래서 우리가 쫓아가니까 "2만 원이야, 2만 원이면 돼!"라면서 도망갔어요. 나중에 이분을 김대중컨벤션센터에서 다시 만났어요. 거기 직원이었어요. 그래서 김대중컨벤션센터 측에 문제제기를 했는데 아무런 대응이 없었어요. 와이퍼는 결국 저희가 물어줬어요. 민주노총 공공운수노조에서 빌려온 차량이었거든요. 그래도 1회보다 2회 축제는 조용했죠.

* 제1회 광주퀴어문화축제 당시 경찰이 상당히 잘 대응했다는 반응이 많았어요.

1회 때 경찰들이 걱정을 정말 많이 하셨어요. 그래서 다른 지역 퀴어문화축제에도 다녀왔고, '우리는 철저히 준비해야겠다'라고 생각하셨다고 해요. 2회 때에는 1회 때의 경험이 있어서 그런지 이분들도 파이팅 넘치시더라고요. 자부심도 느껴졌어요. 1회 때 퍼레이드를 하겠다고 했을 땐 소통이 힘들었어요. 여러 달에 걸쳐 대화를 했었어요. 경찰들이 처음에는 걱정이나 우려를 많이 했는데, 1회 축제가 끝나고 나니 다음에는 더 잘할 수 있겠다고 하시더라고요.

이후에 저희가 경찰들을 불러서 시청에서 평가 회의를 한 적이 있어요. 참여하셨던 형사들이 참여해서 좋았다고 했고요. 다만 이렇게 심각할 줄 몰랐다고 다음에는 더 열심히 하겠다고 하셨어요. 타지에 비해서 광주 경찰들이 좀 더 열려있는 것 같고, 열심히 하신 것 같다는 느낌이 들어요.

* 제2회 광주퀴어문화축제 때 전남일보에서 무지개 제호가 찍힌 신문을 발행했다고 들었어요.

전남일보한테 고맙죠. 당시 전남일보랑 인터뷰를 했는데, 2회 축제 당일에 인터뷰 기사를 2면에 배치해 주었어요. 지역 사회에서 굉장히 중요한 이슈로 저희들의 축제가 다뤄진 거예요. 사실 무지개로 된 제목이 실릴 줄 몰랐어요. 사회면 한 챕터로 인터뷰 기사만 나갈 줄 알았는데, 아예 제목을 무지개로 찍었죠. 이때 무지개 제호로 발행된 전남일보가 빠르게 소진되어서 기자도 가진 게 없다고 하더라고요.

* 다음 퀴어문화축제는 어떤 식으로 하고 싶으세요?

2020년에는 코로나 때문에 축제를 진행하지 못했어요. 2021년에는 온라인이든 오프라인이든 반드시 열고 싶어요. 지난번에는 업체들을 끌어들일 수 없어서, 퀴어프렌들리한 카페나 음식점을 책자에 표기했었는데, 아쉬움이 남았어요. 우리의 접근이 부족했던 거 같아요. 가게들과 대화하고 친밀감을 쌓지 않은 상태에서, 갑자기 찾아가서 포스터를 붙여달라고 하면 업체 입장에서는 당연히 불편하잖아요. 1년을 보고, 장기적으로 보고 축제가 열리는 곳과 근접한 업체들과 얘기해보면 어떨까 해요. 그런 업체들과 푸드트럭을 열어볼 수도 있을 거예요.

* 지금까지 활동하면서 힘드셨던 일이 있었다면요?

힘들었던 일은 정말 많아요. 단체들에 협조를 구하는 일도 그렇고요. 인식 자체가 많이 부족한 거 같아요. 성소수자가 무엇인지, 성소수자에 대한 인지도 부족하고요. 접해보거나 공부해보지 않아서 그런 거겠죠. 이게 당장 필요한 일인가? 라는 의문도 있어요. 축제를 열더라도 이게 그냥 하루만 하고 끝나는 축제면 안 되는데, 어떻게 보면 다른 지역들도 그래요. 하루 동안 딱 터트렸다 끝나는데, 이어짐이 없는 느낌이에요. 고민되는 부분이 많아요. 지역에서, 지방에서 하는 축제는 폭이 너무 좁아요. 우리가 부를 수 있는 건 다른 조직위와 인권단체들뿐이에요. 서울은 천만의 도시니까 당연히 비교가 안 돼요. 대사관들도 오고 기업들도 참여해요. 그래서 지역에서 불러볼 수는 없을까? 하고 고민하고 있어요.

* 그동안 활동하면서 부족한 자원이라고 느낀 것이 있었다면요?

사람들의 인식이 많이 부족한 거 같아요. 그렇다고 그들을 탓할 수는 없잖아요? 아무도 그들에게 알려주지 않았어요. 아무도 그들에게 성소수자에 대해 일러주지 않았어요. 이런 게 성소수자라는 걸, 성소수자는 이런 존재라는 걸, 인권이라는 건 이런 거라는 걸 말해주지 않았어요. 소수자 중에서도 장애인권, 여성인권, 난민, 이주민, 청소년에 대한 이야기는 자주 접하지만, 성소수자에 대한 이야기는 그렇지 않다고 느껴요.

특히 정체성과 지향성에 대한 이야기는 더 부족해요. 그리고 사람들에게 성에 대해 이야기하는 걸 매우 창피해하는 심리가 있어요. 성에 대해 공부하고 토론을 하고 얘기를 하자는 게, 당신의 잠자리에 대해 이야기하자는 게 아니잖아요. 우리가 성에 대해 알아야 하는 이유에 대해서 말해보자는 건데, 아직까지 사람들은 섹스라는 단어만 들어도 부끄러워하고, 성에 대한 이야기가 필요하지 않다고 느끼는 것 같아요. 이러한 인식을 어떻게 하면 바꿀 수 있을지 고민돼요.

* 성 문제는 왜 이야기되어야 할까요?

성 문제는 실은 다들 잘 알지 못하는데 모두가 아는 것처럼 인식하기 때문에 이야기되어야 해요. 성소수자에 대한 토론을 하게 되면 로마 시대의 폭정을 많이 말해요. 그때는 동성애가 자랑거리였어요. 여성은 재산이고, 남성 노예는 나를 뽐내줄 수 있는 수단으로 여겨졌어요. 남성은 고귀한 존재로, 여성은 그저 아이를 낳고 키우는 수단으로만 여겨지던 시대죠. 기독교에서는 동성애가 죄인 이유로 7~8가지를 들어요. 대표적으로 소돔과 고모라 이야기가 있는데, 동성애 때문에 하나님이 유황과 산성비를 내렸다고 해요.

이처럼 성교육이 없으면 여성인권에 대해서도 무감각해지고 남성우월적인, 잘못된 생각이나 관념을 가지게 될 수 있어요. 그래서 성교육은 어디에서나 필요해요. 우리나라처럼 1년에 2시간 성교육하면 어떻게 되겠어요? 공무원들을 200명, 300명씩 모아놓고 강당에서 교육하는 정도로는 제대로 된 성교육이 이루어질 수 없어요.

임신중절에 대한 인식도 성교육과 관련되어 있어요. 제대로 교육받으면 왜 그걸 여성의 문제로만 생각하겠어요? 최신 통계를 보면 성관계를 처음으로 경험하는 연령대가 13.5세로 점점 낮아지고 있어요. 하지만, 우리의 인식은 오히려 퇴화하고 있어요. 성교육을 통해 인권감수성이 키워질 수 있는데 말이에요. 단순한 피임교육이 아니라 여성, 남성, 혹은 그 외의 성에 대해 서로를 인정하고 서로의 인권을 존중할 수 있는 방향으로 가야 해요.

사람들이 성에 대해 이야기하지 않다 보니까 내 성이, 내 젠더가 얼마나 중요한지 몰라요. 이게 얼마나 중요하고 또 얼마나 고귀한 건지 모르는 거죠. 그런데 알아야 해요. 내 자식이 100퍼센트 비성소수자일 리가 없어요. 그런 보장이 없어요.

HIV 이야기도 하고 싶어요. 우리는 HIV 바이러스를, 에이즈를 굉장히 무서워해요. 하지만 에이즈에 대해 잘 알고서도 무서워하는 사람은 드물거예요. 가끔, "왜 에이즈 감염인들에게 세금이 쓰이냐"라는 이야기를 접할 때가 있어요. 다른 질병도 세금이 쓰이는데, 사람들이 특정 질병에 대해 굉장히 다른 잣대를 들이댈 때가 있어요. 이건 되지만 저건 안돼.

사람들에게는 에이즈에 대한 불안감이 있어요. 미지에 대한 불안감, 새로운 것에 대한 불안감이에요. 에이즈는 보균자가 기침을 하거나, 보균자와 같이 밥을 먹는다거나, 보균자와 키스를 해도 전파되지 않는데 말이에요. 에이즈 보균자와 비보균자가 섹스를 해도 콘돔만 사용하면 감염되지 않아요. 이런 부분들에 대해서 교육받지 못했기 때문에, 사람들이 두려워하는 거라고 생각해요.

* 그동안 활동하면서 자랑할 만한 일이 있었다면요?

이 질문을 받고 새벽에 친구와 전화를 하면서까지 고민했어요. 그런데 자랑할만한 게 없는 거예요. 제가 광주 정당인 최초의 성소수자위원장이라는 사실은 자랑이 아니고 창피한 일이거든요. 민주·인권·평화의 도시인 광주에서 눈에 띄는 첫 성소수자라는 게 자랑할 만한 일인가 싶고요. 만약 제가 하지 않았으면, '2021년 정의당 광주시당에는 성소수자위원회가 있었을까?'라는 생각도 했어요. 그나마 자랑할 만한 게 있다면, 광주에서 퀴어문화축제를 두 번이나 열었다는 거죠.

저희들이 하는 여러 활동 중에서 소수자 인권 활동은 굉장히 범위가 좁은 활동이에요. 노동문제에 관심을 쏟아주는 사람들도 소수자 문제에 대해서는 아무리 말을 해도 잘 들어주지 않더라고요. 어떤 사람들에게는 지금 눈앞에 펼쳐져 있는 과제가 중요하니까요. 그래서 소수자 문제에 대해서는 "나중에 해도 괜찮겠지"라는 생각이 있는 것 같아요. 그런 의미에서 광주에서 성소수자 인권운동을 해서 뿌듯해요. 앞으로 우리 당(정의당)이 이 문제를 잘 끌고 나갔으면 좋겠어요.

* 지방 활동가로서 힘든 점이 있다면요?

정보가 부족해요. 정보의 홍수시대라고 하는데 저는 체감하지 못해요. 토론회도 대부분 수도권을 중심으로 이루어지니까요. 그래서 인터넷으로 정보를 얻어야 한다는 게 힘든 점이에요. 그러다 보면 사실관계가 확인되지 않았거나, 근거가 부족한 인터넷 뉴스나 트위터 발 정보들을 접하게 되어요. 성소수자들은 너무나 다양한데, 정보를 얻을 수 있는 곳이 너무 부족한 거 같아요.

지역에는 소모임이나 공부모임도 부족하고, 특히 이런 이야기를 자세히 풀어줄 강의가 열리지 않아요. 일례로 사람들이 트랜스젠더는 수술을 받은 사람을 지칭하는 용어라고 생각하는 경우가 많아요. 근데 수술을 하든 안 하든 트랜스젠더는 트랜스젠더거든요. 그런 것들을 알려주는 곳이 부족해요. 청년, 노동 문제와 관련해서도 지역에서는 수면으로 드러나지 않는 이슈들이 많아요.

그리고 사람을 만나는 게 어려워요. 가끔 활동가로서 이런 내용들을 나누고 대화할 수 있는 사람이 있었으면 좋겠어요. 깊은 이야기를 나누고 싶어요. 사람이 부족하다 보니 적극적으로 변화를 만들고자 하는 사람도 적어요. 당사자임을 드러내고 활동하는 퀴어 활동가들도 적고요. 그나마 사람들이 많은 알고 있는 게 저예요. 하지만 제가 다른 사람들에게 정체성을 드러내 달라고 할 수는 없잖아요. 함께 목소리를 내줄 사람을 찾기 어려워요. 게다가 저는 남성이에요. 여성 문제에 대해 목소리를 내어도 되는가, 하는 자기검열의 마음도 들어요.

* 욱님에게 광주는 어떤 도시인가요?

저는 솔직히 광주를 잘 몰랐어요. 경기, 인천, 서울, 충청, 강원은 가봤는데 호남권에 와본 건 처음이었어요. 그래서 미지의 세계였죠. 주변 친구들 중에도 호남 사람이 아예 없기도 했고요. 근데 조선대학교에 입학하면서 광주에 대해 알아봤더니, 민주·인권·평화의 도시, 5·18의 도시라고 해서 기대가 있었어요. '소수자를 위해 발언해주지 않을까?' 하는 기대감이 있었죠. 그런데 막상 와 보니 실상 아무것도 없더라고요. 광주가 민주와 인권의 문제에 대해서는 중요한 발언들을 해줄 것 같았는데, 너무 조용했어요. 다들 말을 아끼는 것 같았어요. 5·18의 경험 때문에, 사회적인 시선이 돌아온다는 게 불편하고 무서워서 이러는 게 아닐까 싶어요.

하지만 이런 생각도 들어요. 5·18 당시 광주 시민들이 무섭다는 이유로 목소리를 내지 않았나요? 그들도 무서웠겠지만, 사회를 바꾸기 위해 목소리를 냈는데 지금의 사람들은 왜 그렇게 하지 않을까요? 정작 중요한 문제에 대해서는 발언하지 않는 사람들이 왜 5·18을 팔고 다닐까요?

저는 끊임없이 목소리를 내야 한다고 생각해요. 기득권층들을 바꿔내야 해요. 5·18에 소수자의 목소리를 어떻게 녹여낼지 고민해요. 우리는 아무 때나 5·18을 소환하잖아요. 청년들을 위해서, 경제·사회 부문에서, 정치의 변화를 위해서도 5·18을 언급해요. 하지만 그 안에 정작 사회적 소수자들의 목소리는 얼마나 포함되어 있는지 모르겠어요. 5·18 당시 헌혈에 참여했던 황금동 여성들이 드러난 시기가 겨우 2, 3년 전이에요. 왜 5·18 때 남성들만이 활동한 것처럼 이야기될까요?

5·18 관련 활동을 해오신 김상호 선생님이 저에게 이런 말을 한 적이 있어요. "욱아, 이제부터 네가 어떻게 하느냐에 따라서 광주의 성소수자 인권운동의 방향이 결정될 거야. 그러니까 네가 열심히 공부하고 열심히 운동해야 돼"라고요. 그 말을 듣고 광주에서 5·18 정신과 그 안에 있는

인권을 재정의해야 하는 시대가 왔다고 생각했어요.

왜 5·18에는 여성이, 장애인이 보이지 않을까요? 우리가 흔히 아는 분들 중 장애인으로서 여성으로서 드러난 분들이 많지 않아요. 5·18은 민주주의와 인권을 외친 사건이에요. 그 안에 다양한 목소리들이 있었고, 소수자들을 위한 목소리도 있었어요. 그런데 5·18 안에서 또 소수자를 배제하고 없애려고 해요.

한편으로는 광주시민들에게 상처가 남아있기 때문에, 어떠한 '정상성'을 찾으려고 하는 게 아닐까 싶어요. 미움받거나 차별받지 않기 위해 남들 눈에 띄지 않고, 평범한 걸 찾는 거죠. 그런데 세상에는 진정한 정상과 비정상이 존재하지 않잖아요. 그런 건 누군가의 관점일 뿐이에요.

* 욱님은 왜 광주에서 활동하세요?

사실 항상 고민이에요. 왜 광주일까요? 수도권에서 할 수도 있을 텐데. 제가 예전에 진짜 힘들었을 때, 소중한 친구와 통화를 했어요. 광주를 떠나야겠다고, 다른 지역에 가야겠다고 했더니 그 친구가 이런 말을 해주더라고요. "욱이 광주에 필요해. 욱처럼 말해줄 수 있는 사람이 없어."

돌이켜보면, 제가 있었기에 성소수자의 삶을 알 수 있었다고, 제가 옆에 있었기 때문에 그 중요성을 알게 되었다고 했던 친구들이 있어요. 저의 오만인 것 같기도 하지만, 제가 떠나면 광주에서 퀴어운동을 하는 사람이 더는 없을 것 같아요. 저도 이렇게 힘든데, 남들이라고 하고 싶을까요? 누군가 다른 사람이 있었다면, 저도 안 했을 것 같아요. 하지만 광주에 누구

하나쯤, 성소수자에 대한 이야기를 하는 사람이 있어야 한다고 생각해요.

* 광주가 어떤 도시가 되었으면 하나요?

예전에 전 시당위원장님에게 이런 이야기를 들은 적이 있어요. 일본에는 성소수자 커플이 서로의 배우자로 인정받을 수 있는 배우자 조례가 있데요. 그렇다면, 적어도 광주광역시에는 성소수자 커플을 배우자로 인증해 주는 인증제가 있어야 하지 않을까요? 동성결혼 합법화를 외치는 이유는 배우자로서의 권리를 인정받기 위함이에요. 내가 아파서 쓰러졌을 때, 내가 배우자로 생각하는 사람이 병원에 달려와도, 그는 보호자로 인정받지 못해요. 친구일 뿐이지, 법적 보호자가 될 수 없어요. 입원을 하려면 응급수술이 아닌 이상 다른 가족이 와야 돼요.

이성애자들은 결혼제도를 통해 배우자의 지위나 보호자의 지위를 얻을 수 있어요. 하지만 동성애자들은 그렇게 하지 못해요. 생각나는 에피소드가 있어요. 이번에 국민연금에서 어떤 동성 커플을 배우자로 인정해 준 사례가 있었어요. 그런데 알고 봤더니, 이름을 보고 성별을 착각해서 이뤄진 해프닝이었어요. 사과까지 하면서 취소하더라고요.

성소수자 이슈를 이야기할 때, 사람들이 자연스럽게 토론하고 이야기할 수 있는 광주가 되었으면 좋겠어요. 혐오와 비하가 아닌, 각자의 생각을 편하게 나눌 수 있었으면 해요. 혐오주의자라는 낙인이 찍힐까 봐, 인권 문제에 대한 이야기를 꺼내지 않는 분들이 있어요. 이것도 문제라고 생각해요. 누구나 실수하면서 살잖아요. 말하면서 배워갈 수 있는 도시였으면 좋겠어요.

* 앞으로 하고 싶은 활동이 있다면요?

사실 인터뷰를 하다 보면 가장 많이 받는 질문이에요. 그런데 하고 싶은 게 없어요. 무언가를 해야겠다고 생각한 적도 없어요. 몇 년 뒤에 뭘 하지, 생각하기보다 그냥 '이 사람들과 어떻게 앞으로 나아갈 수 있을까?' 고민해요. 차별금지법 제정이나 관련 조례 제정이 목표가 될 수도 있겠지만, 그것보다도 성소수자의 권리에 대해 편하게 이야기할 수 있는 광주였으면 좋겠어요.

그리고 사회적 소수자를 위한 국가기관이 생겼으면 좋겠어요. 정치적으로 문제를 해결할 수 있는 기관이요. 저는 그런 게 필요하다고 생각해요. 소수자들을 관장하는 부처가 다 달라요. 장애인은 복지 관련 부서에서, 여성과 청소년은 여성가족부에서, 난민도 또 다른 곳에서 담당하잖아요? 그런데 그들의 공통점이 있어요. 차별받고 혐오 받는 존재라는 거예요. 이걸 풀어줄 수 있는 기관이 필요해요.

* 어떤 사회가 되었으면 하나요?

차별과 혐오 없는 사회가 올 수 있을까요? 민주주의와 인권의식이 계속해서 성장해왔지만, 우리나라에는 여전히 여성 비하 발언이 만연하고, 장애인 혐오도 심각해요. 과연 제가 바라는 사회가 된다고 해서 그러한 혐오나 차별이 온전히 사라질 수 있을까요? 우리 사회에는 순수함에 대한 믿음이 있어요. 한민족, 광주정신과 같은, 하나 된 것들에 대한 믿음 말이에요. 그런데, 어찌 보면 순수함이라는 건 굉장히 폭력적인 거라고 생각해요. 그들에게는 순수하지만, 누군가에게는 혐오와 차별이 되니까요. 순수함을 찾지 않는 사회였으면 좋겠어요. 저는 우리 사회가 혐오 없는 사회, 평등한 사회로 나아가기 전에, 우리들의 존재에 대해 인정이라도 해주었으면 좋겠어요. "그래, 성소수자 존재한다. 알겠다." 여기서부터, 시작되는 거잖아요.

광주에서 장애인권운동 하기

인권지기 활짝
전국장애인차별철폐연대

도연

* 간단한 자기소개를 부탁드려요.

안녕하세요. 저는 광주에서 꽤 오랫동안 장애인 인권운동을 해왔고, 지금은 인권지기 '활짝'에서 활동하는 도연이라고 합니다. 제가 1981년생인데요. 2001년에 장애인 인권운동을 시작했으니까, 올해로 딱 20년 차 활동가가 되었어요.

* 어쩌다 활동가가 되셨나요?

우연한 계기 때문이었어요. 한국의 장애인 인권운동에서 2001년은 굉장히 상징적인 해예요. 2001년 1월 22일에 서울 지하철 4호선 오이도역에서 장애인 노부부가 이용하던 수직형 휠체어 리프트가 추락해서 한 분이돌아가시고, 한 분이 크게 다치신 사건이 있었어요. 당시 활동가들이 이사건을 늘 벌어지는 의미 없는 일로 여기지 않았어요. 장애인 이동권이 제대로 보장받지 않기 때문에 일어난 사회적 사건으로 받아들였어요. 그래서 장애인도 이동권을 누려야 한다고 요구하기 시작해요.

그해 저는 대학교 2학년 학생이었고, 전공이 특수교육이었어요. 특수교육과는 장애학생들을 가르치는 교사를 양성하는 학과에요. 그런데 이 과에서조차 전공서적을 구할 수 없었어요. 점자로 된 교재가 없었거든요. 전공 필수, 교양 전부 다 교재 없이 수업을 들었어요. 그래서 학교 안에 있는게 너무 답답해서 다른 사람들을 만나보고 싶었어요. 2학년 때 아는 선배가 학생회 일을 하자고 제안했어요. 이때부터 과 학생회 연대사업부에서활동하게 돼요. 당시 각 대학 특수교육과 학생회들은 전국대학특수교육학

과학생회연합(이하 전특연)이라는 연대체로 묶여 있었어요. 전특연은 다른 운동에 연대하는 활동을 했어요. 이동권 투쟁이 벌어지고 있으니까 전특연도 함께해야 하는 거 아니냐는 이야기가 나왔죠. 이게 시발점이었어요. 투쟁 과정에서 지금 한국 사회에서 장애인 인권운동을 하고 있는 활동가들을 다 만났어요.

그러면서 오이도역 사고를 재해석하게 됐어요. 앞서 오이도역 사고가 언제 벌어져도 이상하지 않은 사건이었다고 했잖아요. 이 사건을 개인의 문제가 아닌 사회의 문제로 재해석하게 된 게 저에게 굉장히 큰 의미를 가졌어요. 대학에 오기 전에는 뭐든 잘할 수 있을 것 같았는데, 왜 내가 누군가에게 책 좀 읽어 달라고 사정하고, 그게 안 되면 수업을 못 듣는지 고민해왔거든요. 장애인 이동권 투쟁을 통해 구조적인 문제를 인식할 수 있게되었어요. 공명이 컸죠.

그 당시에는 경찰들이 굉장히 무식하게 진압했어요. 이때 현장에서 열심히 활동하면서 나도 의미 있는 일을 할 수 있는 존재라는 걸 감각하게되었어요. 한동안 서울에서 활동을 경험했고, 지역에도 장애인 인권운동이 필요하다는 생각을 가지게 되었어요. 21살, 22살 때 현장에서 경험했던 게 지역에 도움이 될 수 있었던 여러모로 운 좋았던 때였어요. 장애 문제는 개인이 노력해서 풀릴 문제가 아니라는 생각의 전환이 모든 걸 바꾼거죠. 올해가 2021년이잖아요? 그날로부터 20년이 지났지만 아직 해결되지 못한 문제들이 많아요. 그동안 잘 활동하지 못한 나와 다르게 전국 각지에서 잘 활동하고 있는 사람들이 있어요. 그래서 잘 먹고 잘 사는 길을택하면 부끄러울 거 같아서, 여전히 여기 있어요.

* 전국장애인차별철폐연대에 오래 계셨다고 들었어요.

2001년에 이동권 투쟁을 위한 이동권연대가 만들어졌고, 이게 2006년 즈음에 '전국장애인차별철폐연대(이하 전장연)'로 바뀌게 돼요. 장애인 인권운동을 진보적인 운동으로, 투쟁을 통해 해나가겠다고 한 거죠. 광주로 보면, 광주 이동권 연대가 잠깐 있었다가, 2004년부터 광주전남장애인인권연대라는 이름으로 활동했고요. 이게 나중에 광주장애인차별철폐연대가 되죠. 처음부터 전장연 활동을 할 생각은 아니었는데요. 하다 보니까 어느새 전장연 활동가가 되어있더라고요.

지금은 인권지기 '활짝'에서 활동하고 있는데요. 인권운동에 기반을 둔 인권교육을 하고자 하는 사람들이 모여있는 단체에요. 저희가 인권교육을 제일 잘하는 사람들이 모여있는 단체는 아닐 수 있는데요. 차별금지법 제정이나 성소수자 인권과 같은, 반드시 이야기되어야 하는 것들을 이야기하려고 해요. 활짝은 2000년대 중반 무렵 생겨났어요. 그 무렵에 지역 인권활동가들이 참여하는 모임이 있었어요. 각자 요소요소에서 고군분투하고 있었는데요. 저는 장애인 운동, 누군가는 학벌철폐 운동, 그렇게 각자의 공간에서 활동하다가 모임을 정기적으로 갖자는 제안이 나와서 인권활동가 모임으로 시작했어요. 그렇게 인권교육들을 하나둘 늘려갔죠. 교육을 중심으로 조금씩 조금씩 활동이 만들어진 거죠.

* 교육에 관심을 둔 이유가 있다면요?

제가 특수교육과를 나왔는데요. 교육에 관심이 있어서 간 건 아니에요.

저는 시각장애 특수학교에서 초·중·고를 모두 졸업했어요. 마치 비장애학생들이 스카이 대학이나 인서울을 강제 받는 것처럼, 장애학생들에게는 사회복지학과나 특수교육과에 가야만 먹고 살 수 있다는 분위기가 있어요. 그래서 특수교육과에 갔어요.

지금도 그렇지만, 제가 대학 시절에 장애인 운동을 이끌던 단체가 '노들 장애인야학'이었는데요. 장애인의 자립을 위한 교육과 장애인의 권리를 위한 투쟁을 이어온 단체에요. 2002년에 1년 휴학을 하고 서울에 가서 '노들'을 비롯한 장애인 운동에 참여했어요. 1년 뒤에 광주로 돌아오면서, 앞으로 뭘 하지 고민하다가 야학 교사가 돼서 뼈를 묻어야겠다고 생각했어요. 그래서 광주에 야학이 있으면 그 야학 교사가 되어야겠다고 생각했죠. 마침 저희 대학에서 야학 교사 모집을 해서 야학 교사가 되었고요. 졸업 후에는 장애인 야학에서 책임교사로 일했어요. 무언가를 설명하거나, 이야기하는 일이 적성에 잘 맞는 거 같아요. 기승전결 구조로 이야기해야 한다는 강박 같은 게 있어요. 그래서 말이 길어요(웃음).

사실 교사라는 직업 자체를 좋아한 건 아니었는데요. 같이 활동하다가 교사가 되겠다고 활동을 정리하고 임용을 보러 가는 사람들을 자주 접했어요. 그마저도 "운동은 무슨 운동이야?"라며, 쳐다보지도 않는 이들도 많았고요. 이들로부터 온 불편한 마음들이 마음 한편에 있었어요. 인터넷을 볼 때마다 장애인들이 연행되고, 투쟁하다 다쳤다는 소식을 접하는데, '혼자 잘 먹고 잘 살겠다고 떠나도 되나?'라는, 마음의 부담감도 있었어요. 현실적으로도 임용시험 준비를 다짐했다고 한들, 준비할 수 있었을까요? 그래서 이 길에서 벗어날 이유를 못 찾았던 거 같아요.

* 그동안 활동하시면서 기억에 남는 일이 있다면요?

저는 농성을 했을 때의 기억이 좋은데요. 광주에서 2010년, 2015년, 2016년에 농성을 했어요. 광주시청에서는 저희가 제일 많이 했을 거예요. 2010년에 했던 농성은 천막농성이었어요. 2010년에 장애인을 포함한 교통약자들을 위해서 일명 '새빛콜'로 불리는 '광주광역시교통약자이동지원센터'가 만들어졌어요. 초창기이다 보니까 운용하는 차량이 많지 않았는데요. 여기는 운용해야 하는 차량 대수가 정해져 있어요. 그런데 광주시에서 휠체어 사용자가 탈 수 있는 리프트가 장착된 특별 차량이 아닌 임차택시를 도입하겠다고 발표해요. 임차택시는 저 같은 시각장애인이나 휠체어를 이용하지 않는 분들이 타는 일반 차량이에요. 이렇게 되면 임차택시가 도입되는 만큼 리프트가 장착된 차량이 줄어들 수 있는 거죠. 지금은 광주에 저상버스가 200대 정도 있는데요. 당시에는 30대밖에 없었어요. 사람들이 난리가 났죠.

그래서 저희가 "임차택시도 필요한 건 사실이니까 그건 그것대로 도입해라. 단, 법정 도입 대수는 리프트가 도입된 차량으로 맞춰라"라고 요구하면서 천막을 쳤어요. 이전까지의 활동은 대표들이 뭔가를 결정하고 거기에 따라 개인 활동가들이 움직이는 방식으로 이루어졌는데요. 이때 저희가 농성에 들어가면서 합의했어요. "모든 걸 우리가 결정하고 모든 입장을 우리가 정리해서 발표하자. 인터뷰도 언어장애가 있더라도 당사자가 하는 걸로 하자."

저희가 천막 치고 다음 날에 기자회견을 했는데요. 농성은 시작했는데 요구안 정리가 안 된 거예요. 그래서 새벽 4시까지 요구안을 뭐로 할지 정리했고, 그 뒤에 기자회견문을 썼어요. 기자회견하고 나니까 시청 앞에서 해서 그런지, 꽤 반향이 있었어요. 이후에 인터뷰 요청도 많았는데, 그동 안 말할 기회가 주어지지 않았던 분들께 마이크를 돌렸어요. 당신의 목소 리를 내지 못했던 활동가들이 목소리를 내던 당시의 기억이 정말 좋았던 기억으로 남아있네요.

* 장애등급제 문제와 관련해서도 다양한 활동을 하셨다고 들었어요.

저희가 2010년에 '장애등급심사센터'를 점거한 적이 있었어요. 장애등급 제 폐지를 위한 투쟁이었어요. 장애등급제는 행정 측의 기준에 따라 장애 인들을 1등급에서 6등급으로 나눠 등급별로 다른 복지를 제공하는 정책이 에요. 이때 센터에서 현수막 걸고 농성 준비하는데, 가만히 있기 그래서 앰 프를 켜 놓고 돌아가면서 발언을 했어요. 이때 전국에서 활동가들이 모였 는데요. 서울 활동가들이 농성 준비를 했고, 지역 활동가들은 돌아가면서 발언을 했어요. 한쪽에서 활동가들이 부스럭부스럭 농성을 준비하는데, 심 사센터 직원들은 그냥 저희를 바라보기만 하셨어요. 이때 마이크를 넘겨받 았는데, 감정이 올라오는 거예요. 장애등급이 하락하면 활동지원 서비스가 끊기거든요. 2급 판정을 받으면 지원이 끊겨요. 일상생활하고, 신변처리하 고, 외출하는 데 필요한 모든 것들이 여기에서 나오는 간단한 행정적 결정 하나 때문에 끊기는 거예요. 당장 한 사람의 일상이 송두리째 무너져요.

이것 때문에 활동가들이 농성을 하려고 여기까지 찾아왔는데, 심사센 터 직원들이 묵묵히 일하시는 모습을 보니까 복잡한 마음이 올라와서 눈 물이 났어요. 이때 제가 울면서 발언하는 영상이 두고두고 회자되는, 요즘

말로 박제된 영상이 되었는데요. 장애등급제 폐지 투쟁을 떠올리면 가장 먼저 떠오르는 기억이에요.

다음으로는 장애등급제 폐지를 위해 활동가들이 1,842일 동안 진행했던 광화문 농성이 떠올라요. 광주 활동가들도 주기적으로 농성장을 지켰어요.

'이동권 투쟁'을 하다가 벌금형 형사처벌을 받았던 적도 있어요. 차가 많이 다니는 마포대교를 점거하는 투쟁이었어요. 활동가들이 차가 다니는 길에 쫙 서서 현수막을 펼쳤고요. 휠체어를 탄 장애인들이 앞으로 나갔고, 비장애인들은 뒤로 빠져 있었어요. 저는 장애 당사자라 시력이 전혀 나오지 않는 전맹인 대학 후배와 함께 대교에 서 있었어요.

그때 경찰이 경고방송을 하면서 해산하지 않으면 연행하겠다고 했는데요. 당연히 그러려니 하고 있었죠. 잠시 후에 저희들을 연행하려고 전투경찰이 들어왔어요. 휠체어 탄 사람들이 끌려가기 시작했죠. 저랑 같이 온 후배를 보니까, 그 친구가 지팡이를 막 휘두르면서 싸우고 있는 거예요. 저는 싸움을 잘하는 사람은 아니라서 몸에 힘을 주고 버티고 서있었어요. 잠시 뒤에 경찰 여섯 명이 저를 들고서, 전경버스에 태웠어요.

내가 어딜 가는 건가 싶었는데요. 버스에 같이 타 있는 분들이 다 비장애인들인 거예요. 제가 비장애인처럼 보여서 여기 태운 거죠. 그래서 그런가 보다 했는데, 같이 연행된 사람들이 막 항의하는 거예요. 이 사람은 시각장애인인데 왜 연행해가냐고 항의했어요. 굳이 그렇게 말씀 안 해주셔도 되는데, 조금 민망하더라고요. 근데, 항의받은 경찰관이 당황해서 저한테 진짜 장애인이냐고, 신분증을 보여달라고 하더라고요. 그래서 보여주니까, 내리라고 하더라고요. 혼자서 버스에서 내려서 터덜터덜 걷는데, 너무 부끄럽더라고요.

이후에 광주 내려오니까 조사받으러 오라고 출석요구서가 왔고요. 벌금 90만 원이 나왔어요. 그냥 노역 살 생각에 안 냈는데, 우편물이 몇 번 오더니 경찰이 집에 찾아왔어요. 집에 있는데 제 이름을 부르면서 집에 있냐고 물어봐요. 당연히 있다고 문을 열어주니까, 경찰이 당신 벌금 안내서 연행한다고 했어요. 그 길로 경찰서에 가게 됐어요. 당시 집에 애인과 함께 있었는데, 애인한테 단체 대표에게 연락만 해달라고 했어요. 90만 원 낼 바에는 노역으로 18일쯤 휴가 다녀올 생각이었어요. 근데, 단체 대표가 벌금을 대납해 줘서 바로 풀려났어요. 저는 아무런 저항도 하지 않았고 누굴 때리지도 않았는데 되게 쪽팔리는 방식으로 연행되었다가, 벌금까지 낸 거죠. 근데 제 옆에서 지팡이 휘두르던 후배는 연행도 안 됐고, 벌금도 안 나와서 그 뒤로 둘이 술 마실 일 있으면 그때 농성 이야기를 자주해요. 이제는 추억이죠.

* 그동안 활동하면서 힘들었던 일이 있었다면요?

조금 심각한 이야기인데요. 저는 함께 활동하는 사람이 사람 귀한 줄 모른다는 걸 느낄 때, 그리고 10년 전부터 진보적 사회운동을 했던 사람이 일정한 기득권을 갖게 된 모습을 볼 때, 힘이 드는 거 같아요. 사람 귀한 줄 모르는 건 단체 내부 분위기를 통해 느껴요. 늘 평가하죠. 같이 이야기하고, 어떻게 해야 하는지 이야기 나누지 않아요. 무언가를 시키고, 그 결과를 놓고 평가해요. 이런 게 부족하고, 뭘 더 해야 한다고요. 이런 문화에 지치기도 하고 회의감도 많이 느껴요.

기득권을 갖게 됐다는 건요. 단적인 예로 2003년에 저희가 장애인 이동권을 보장하라고 요구하면 요즘 말로 '듣보잡' 취급을 당했어요. "네가 누군데. 할 말 있으면 무슨 무슨 단체 통해서 해라"라는 거죠. 지금은 그렇지 않아요. 아무것도 아닌 제가 "저 전장연 누군데요"라고 이야기하면, 무시하지 않고 들어는 줘요. '전장연'이라는 이름이 일정한 존재감을 갖게 된 거죠. 이렇다 보니, 어떤 이들이 단체의 이익과 관련된 이야기를 시에 가서 이러쿵저러쿵하는 모습도 보게 돼요. 이런 것들을 알게 되었을 때, 회의감이 들고 부끄럽죠.

전장연이라는 이름이 그이들의 뒷배경처럼 행사되는 걸 볼 때, 내가 여기 일조한 것이 있지는 않을까? 이게 옳은 일일까? 생각해요. 하나의 목표를 향해 가지만, 함께 활동하면서도 연예인처럼 부각되는 사람이 있고, 아닌 사람이 있잖아요. 이런 것들이 되게 무서운 순간이 있어요. 저도 스스로 경계심을 갖지 않으면 스포트라이트 받기 좋은 캐릭터 같아요. 평범한 비장애인처럼 보이는 큰 키에 부족하지 않은 언어능력, 특수교육 전공과 같은 위치성 때문이에요. 마이크를 쥐고 있다는 사실을 의식하지 않으면 안 되겠더라고요.

* 지방 활동가로서 힘드신 점이 있다면요?

좀 외롭다는 거요. 이게 지역에서 활동하는 활동가이기 때문에 외로운 것인지에는 물음이 필요한 거 같아요. 어쨌든 서울 지역 활동가들은 많이 바쁘기도 하고, 상대적으로 사람들을 자주 만나는데, 다른 지역은 그렇지 못하잖아요. 사람들이 보고 싶죠. 힘들 때도 멀리 떨어져 있어서 힘든 거 같아요. 세미나나 학습의 기회가 상대적으로 적다는 점도 큰 어려움이죠.

* 도연님이 생각하시는 광주는 어떤 도시인가요?

과대평가 되어있는 도시예요. '인권의 도시'라고 이야기하다 보니까, 외견 상 갖추어진 것들이 있어요. 하지만 자세히 보면 실속은 없죠. 예를 들면, 2006년에 전국 최초의 '중증 장애인 자립생활지원 조례'가 광주에서 만들 어졌어요. 저희가 이걸 두고 2016년에 농성을 했는데요. "전국 최초로 조례 를 만들어놓고 도대체 지난 10년 동안 뭘 했냐"라는 내용이었어요. 조례만 있을 뿐, 구체적으로 자립을 지원할 수 있는 계획도 예산 편성도 너무나 부 족했어요. 전국 최초로 했다는 상징이 광주에 여럿 있어요. 장애 문제와 관 련해서도 많아요. 광주에서 살고 있는 활동가로서는 한숨이 나죠.

'인권의 도시'는 강운태 광주시장이 브랜드로 삼은 수사였던 걸로 기억 해요. 그래서 처음에는 활동가들이 인권도시 포럼에 불참했어요. 인권을 수사로만 활용하는 행사에 동참할 수 없다는 이유죠. 이렇듯, 광주는 밖 에서 보면 멋져 보이고 있어 보이는 도시이지만, 사실은 과대평가되어 있 어요. 말로만 인권의 도시예요.

조금 더 열심히 활동하면 지금보다 더 나은 상황을 만들 수 있는데, 활 동을 잘 못 해서 이 정도에 머물고 있다는 생각에 부끄럽기도 해요. 이건 누구의 탓도 아니고, 내가, 우리가 조금 더 성실히 활동했다면 다를 수 있 었을 텐데, 그렇게 해오지 못했다는 자기반성의 맥락에서 나오는 말이에요.

* 왜 광주에서 활동하시나요?

제가 10대 시절을 대전에서 보냈거든요. 광주는 대학 때 처음 왔어요. 태어난 곳은 서울이에요. 활동을 시작하고 여기서 이런저런 역할들을 하게 되면서, 떠날 이유를 찾지 못해서 이 도시에서 계속 활동하는 거 같아요. 어느 순간 '도연은 광주', 이렇게 연결되어서 계속 광주에 있는 거죠.

* 앞으로 하시고 싶은 활동이 있다면요?

사람들의 목소리를 모아내는 일을 해보고 싶어요. 글을 쓰고 그 글을 엮어서 책을 한 권 내고 싶어요. 논문 주제로도 생각했었는데요. 10년 전에 지역에서 장애인 인권운동을 했던 단체나 개인들이 10년 뒤인 지금, 어떤 모습으로 존재하는지 궁금해요. 이것을 활동가들에게 듣고 싶어요. 뜨끔할 수 있는 이야기이고, 필요한 목소리일 거 같아요.

* 광주가 어떤 도시가 되었으면 하나요?

한 사람 한 사람이 온전하게 서는 도시가 되었으면 해요. 제가 2016년에 동료 활동가들이랑 같이 이동권 연대회의라는 걸 급하게 꾸린 적이 있어요. 이동권에 대한 5개년 계획이 수립되는 시점이었어요. 이때, '무슨 단체에서 몇 명 참여' 식으로 조직을 꾸리지 않고, 관심 있는 사람들이 모여서 활동했어요. 다들 그때 좋았다고 해요. 그래서 활동가 한 사람 한 사람이 내가 이런 일을 할 수 있고, 또 이런 활동을 하고 싶다는 목소리를 많이 내었으면 좋겠어요. 시민으로서 정보공개청구를 한다든지, 각자의 영역에서 할 수 있는 일들이 골고루 있었으면 좋겠어요. 그래서 무슨 센터의 소장이나 대표 같은 사람들이 장애인 활동가 한 명 무서운 줄 아는, 그런 활동가들이 많아지는 광주가 되었으면 좋겠어요. 굳이 사무국장이라는 타이틀을 갖지 않아도 괜찮아요. 우리가 이쪽 방향으로 가자고 뜻을 모으면 언제든지 목소리를 낼 수 있는 그런, 단단한 활동가들이 많은 광주가 되었으면 해요.

* 우리 사회가 어떤 사회가 되었으면 하나요?

사람 귀한 줄 알고, 사람 무서운 줄 아는 사회가 되었으면 좋겠어요.

엄기호씨 표현을 빌리자면 귀하다는 건 '현존'이거든요. 그 사람이 어떤 것을 할 수 있기 때문에 귀한 게 아니고, 그 사람은 존재하는 것만으로 귀해요. 저에게는 저 자신이 쓸모 있어야 하고 무언가 할 수 있어야 한다는 강박이 있어요. 타고난 기질일 수도 있지만, 활동하는 과정에서 짙어진 생각이기도 해요. 그래서 저는 활동가들이 어딘가에 동원되지 않고, 스스로가 하고 싶어 하는 일을 했으면 좋겠어요. 그럼에도 그 사람이 무언가를 이야기하면 누군가는 그의 목소리를 들어주는, 그런 사람이 귀한 존재로 대접받는 사회였으면 해요.

그리고 사람 무서운 줄 알았으면 좋겠다는 건요. 사람들이 무시당하는 모습을 많이 보아와서 생겨난 바람이에요. 우리 사회에는 특정 사회적 능력을 갖추지 못한 것으로 보이는 사람들을 무시하는 경향이 있어요. 장애인, 성소수자, 여성, 이주민과 같은 소수자들은 단순히 장애인이기만 하지 않고, 단순히 이주민이기만 하지 않아요. 그럼에도 어떤 사람을 굉장히 납작한 존재로 보고 무시하는 경향이 있어요. 그래서 사람 무서운 줄 알면 좋겠어요. 정치인들이 내일을 선거 날로 생각하듯, 어떤 단체 활동가들이 내일을 단체 사업 날로 생각하듯 여겨주었으면 좋겠어요. 내일 당장 저 사람이 필요하면, 사람 무서운 줄 알고, 그 사람이 어떤 표정을 짓고 어떤 말을 하고 어떤 기분인지 궁금해하지 않을까요? 그래야 비로소 예민하게 귀 기울이고 신경 쓸 것 같아요.

* 앞으로 하고 싶은 활동이 있다면요?

요즘 꽂혀있는 키워드는 '인터섹셔널리티'에요. 이걸 한국어로 번역하면 '상호교차성'이라고 하는데요. 그냥 마구잡이로 모든 게 교차했으면 좋겠어요. 그렇게 광주지역 안에 있는 다양한 운동이 마구마구 뒤섞이면서 다채로워졌으면 좋겠어요. 저는 광주에서 퀴어운동을 기다려왔어요. 우리 지역에 내 옆에 성소수자 인권활동가가 있었으면 좋겠다고 생각해왔어요. 그런데 퀴어라이브인광주, 광주퀴어문화축제를 하면서 성소수자 인권활동가를 만나게 된 거예요. 그런 행사나 활동들이 정말 고팠을 때가 있었어요. 요새는 지역에서 이주노동자를 위해 활동하는 사람들을 만나고 싶어요. 2001년 여름에 마석에서 이주노동자 노동조합분들을 만난 적이 있어요. 그때 이주노조가 농성을 진행하고 있었는데요. 강제 추방에 반대하는 농성이었어요. 광주 지역에도 이주노동자들이 많이 일하고 계시잖아요. 이분들에게 노동조합이 있었으면 좋겠어요. 만약 노조가 만들어지면 정말 힘껏 힘이 되고 싶다는 마음이에요. 이런 순간마다 운동이 다채로워진다고 느끼는 것 같아요. 이게 목표에요. 우리 지역의 운동이 더 다채로운 빛깔로 빛났으면 좋겠어요.

광주에서
환경운동 하기
이세형

협동조합 이공

* 간단한 자기소개를 부탁드려요.

안녕하세요. 저는 '협동조합 이공'에서 일하고 있는 이세형입니다. 인터 뷰를 제안해 주셔서 감사합니다.

* '이공'은 어떻게 시작되었나요?

조금 옛날이야기부터 해야 할 거 같아요. 저는 전남 곡성에서 태어났고 광주에서 초등학교부터 대학까지 나왔어요. 그렇다고 해서 이 도시에 특 별한 미련이 있지는 않았어요. 그래서 대학을 졸업한 이후에 서울에 있는 출판사에서 일했어요. 어린 시절부터 사회문제에 관심이 있었다거나, 단체 활동을 했던 경험이 있었다면, 저도 쭉 광주에서 살지 않았을까요?

대학을 졸업하고 8년 정도 서울에서 살았어요. 굉장히 고독하고 외로운 나날이었어요. 서울살이라는 게 그렇잖아요? 그렇게 외롭고 힘든 시기를 보 내고 있는데, 누가 저한테 법륜 스님의 책을 선물했어요. 〈스님, 마음이 불편 해요〉라는 책이었어요. 저는 이 책을 보고 출가를 했어요. 법륜 스님이 만든 정토회라는 공동체가 있어요. 거기에 100일 출가 프로그램이 있어요. 100 일 동안 절에 살아보는 건데, 휴대폰 같은 것도 전부 내려놓고, 오롯이 나에 게만 집중할 수 있는 시간이었어요. 100일 출가를 시작할 때 만배를 해요. 그래서 3일 동안 만배를 했어요. 이후에는 절에서 정해진 하루를 보냈어요. 새벽 4시에 일어나서 예불하고, 발우공양하고, 500배 하고, 점심 만들어 먹 고, 오후에는 공부도 하고, '나는 어떤 존재지?', '나는 왜 외롭지?' 같은 고민 도 했어요. 이렇게 100일을 살고 나니까, 나는 되게 외로움이 많고 다른 사람과 함께 사는 공동체에 어울리는 사람이라는 걸 깨닫게 되었어요. 정토회는 수행공동체이긴 하지만 여러 분야의 NGO 활동을 하는 단체예요.

법륜 스님은 수행 지도도 해주시지만, 무엇보다 나에게 향한 시선을 밖으로 돌릴 수 있게끔 다양한 사회활동을 하시거든요? 통일운동을 하는 '평화재단', 빈 그릇 운동이나 지렁이 텃밭 등의 환경운동을 하는 '에코 붓다', 국제구호활동을 하는 JTS(Join together society) 같은 곳들이 있어요.

당시 저는 대형 출판사 취업이 확정되어 있었어요. 100일 만 살고 나와서 다시 일할 생각이었어요. 근데, 100일을 보내고 나니까, '출판사에서 일하는 게 내 삶에 무슨 의미가 있을까?' 생각하게 됐어요. 그래서 행자대학원이라는 곳에서 2년 더 살아보기로 해요. 행자대학원은 저희 때 처음 만들어졌는데, 2년 동안 인도에 가서 실습도 해보고 서울에서 NGO 활동도 하는 거예요. 다시 2년을 이렇게 살아보니까, 제가 정토회에서 얻은 게 너무 많고, 이전처럼 살 수는 없겠더라고요. 100일 출가 전에는 남들처럼 돈도 많이 벌고, 아파트도 마련하고, 좋은 차도 사고, 결혼해서 해외여행도 다니면서 사는 평범한 삶을 행복한 삶이라고 생각했어요. 그런데 법륜 스님을 만나고 정토회에서 생활하면서 행복의 기준이 바뀌게 된 거예요.

이전에는 내가 뭐라도 해내고 이루어야 행복했는데, 정토회에서 살아보니까 행복은 외부에서 찾는 게 아니고 마음속에서 찾는 거였어요. 행자대학원을 마친 이후에는 나에게 쓰고 남는 시간에 좀 생산적인 활동을 하면서 살아야겠다고 마음먹어요. 그래서 인도에 파견을 나가겠다고 지원하게 되었고, 한동안 인도에서 살았어요.

* 인도에서는 어떻게 지내셨나요?

인도에 불교 10대 성지가 있는데요. 그중 한 곳으로 부처님이 6년간 고행을 하셨던 정전각산이 있어요. 예전에는 시체를 버리는 산이었다고 해요. 그러다 보니 불가촉천민들이 모여서 터전을 이루었어요. '둥게르와리'라고 불리는 지역이에요. 인도의 '카스트 제도'가 법적으로는 폐지되었지만 관습적으로는 여전히 남아있거든요.

법륜 스님이 1년에 한 번씩 성지순례를 가시는데 그 지역 아이들이 구걸을 하더래요. 그래서 스님이 왜 학교에 안 가고 구걸을 하는지 물었어요. 아이들이 "학교가 없어요"라고 대답했다고 해요. 영국 식민지 시절부터 인도 부유층 자녀들은 사립학교에 다녔지만, 공립학교는 비리가 워낙 많아서 제대로 운영되지 않았거든요. 그래서 스님이 우리가 자재를 마련할 테니까 너희들은 땅과 노동력을 제공하라고 해서 1993년에 수자타 아카데미라는 걸 만들어요. 이외에도 비슷한 시기에 이 지역에 콜레라가 창궐해서 '지바카'라는 이름의 병원도 짓고, 마을에 우물도 파고 핸드 펌프도 설치하는 마을 개발 사업도 했어요. 스님께서 늘 "배고픈 사람은 먹어야 하고 아픈 사람은 치료받아야 하고 아이들은 제때 배워야 한다"고 말씀하셨는데 그 원을 이루신 거예요.

제가 이 정전각산에 위치한 수자타 아카데미에서 지냈는데, 처음에는 초등학교 아이들에게 기초 공부를 가르쳤어요. 그런데 아이들이 동생들을 데리고 와서 수업이 너무 안 됐어요. 그래서 수자타 아카데미 주변 16개 마을에 유치원을 만들었어요. 오전에 초등학생들이 수자타 아카데미에서 공부하고 있으면, 중학생들이 마을 유치원 교사로 일했어요. 오후에는 중학생들이 수업을 듣는 시스템이었어요.

저는 수자타 아카데미에서 2년 동안 교장으로 활동했어요. 원래 10년 정도는 해야겠다고 생각했는데, 건강 문제가 생겨서 돌아오게 되었어요. 외국 여행 가보신 분들은 아시겠지만, 동남아나 인도가 물이 되게 안 좋잖아요. 그래서 미네랄워터를 사서 마셔야 하는데, 저희는 워낙 현지에 살다 보니까 기본적으로 석회가 많이 낀 물을 마셨어요. 저 같은 경우에는 학교 교장이라 가정방문이 많았거든요? 마을에 가서 학부모들 어떻게 사는지 보는데, 그분들이 주시는 물을 거절할 수가 없잖아요. 그러다 보니까 결석이 생기고, 결핵도 생기고 몸이 많이 망가졌어요.

그래서 2013년 1월에 한국으로 돌아와요. 한국에 오니까 그동안 내가 배운 것들을 더 많은 사람들에게 나누어야겠다는 생각이 들더라고요. 근데 출판사 월급이 원래 박봉이거든요. 정토회에서 활동하던 5년 동안 그나마 모아둔 돈도 다 써버렸고요. 그래서 광주를 떠난 지 12년 만에 부모님이 계시는 광주로 돌아왔어요.

이때 6개월 정도 부모님 집에서 살면서 내가 뭘 좋아하지? 고민해 보니까 저는 사람 만나는 걸 좋아하고, 여행하는 것도 좋아하더라고요. 그래서 이 두 가지를 동시에 할 수 있는 게스트하우스를 기획하기 시작했어요.

저는 인도에서 꿈꿔오던 것들을 다 이뤘어요. 어렸을 때 꿈이 선생님이었는데 공부를 못해서 그 꿈을 이루지 못했지만 교장이 되었고요. 고등학교 때 사진학과에 가고 싶었는데, 인도에서 제가 찍은 아이들 사진이 소식지에도 실리다 보니까, 이 정도면 사진작가로서의 꿈도 이뤘다는 생각이 들었어요. 아, 그리고 마지막 꿈은 요리사인데, 요즘 요리를 뽀짝뽀짝 해보려고 해요. 인도에서도 돌아가면서 밥 당번을 해서, 이미 충분히 해보기도 했고요.

그래서 저는 모든 꿈을 이뤘어요. 죽어도 여한이 없어. 근데 많은 사람들이 제가 산 것처럼 살 수는 없을 거라는 생각이 들었어요. 누구에게나 현실에 부딪혀 하지 못하는 것들에 대한 억눌림, 욕구불만 같은 게 있을 거 같았어요. 게스트하우스 이공은 그런 억눌린 꿈을 나누는 공간이에요. 제가 동규님이랑 가현님을 손님으로 모셨는데, 동규는 옛날 꿈이 음악가였고, 가현은 시인이었다고 해볼게요. 그럼 동규는 여기서 연주를 하고, 가현은 그동안 써왔던 시를 우리 앞에서 낭송하는 거예요. 그렇게 우리가 서로의 꿈을 소통하고 공유하면, 내가 꿈을 이루지 못해서 느껴왔던 억눌림이 조금은 해소되는 거죠. '이공'은 '이상한 공간'이면서 동시에 한자로는 다를 이(異)에 빌 공(空)을 쓰거든요? 다른 꿈이 여기 모여서 서로 소통하고, 끝내는 비워내지는 공간. 그렇게 꿈이 실현되는 '이상한 공간'. 그게 이공이에요.

* '게스트하우스 이공'은 어떤 공간이었나요?

'게스트하우스 이공' 기획을 마치고 나서 광주 송정역에 있는 오래된 여인숙 주인들을 만나러 다녔어요. "여인숙의 시대는 끝났습니다. KTX가 송정역에 들어오면 이제 게스트하우스의 시대입니다. 제가 함께하겠습니다." 그분들이 되게 이상하게 생각하시더라고요. 네가 돈이 있냐, 뭐가 있냐고요(웃음). 이때 여러 청년들을 만나고 다니기도 했어요. '환경운동연합'이나 '협동조합 코끼리'분들이 떠오르네요.

또 한편으로는 저도 먹고살아야 하니까, 광주경제정의실천시민연합(이하 경실련)에 들어가서 일하게 되었어요. 그런데, 제가 생각했던 시민단체랑 너무 다르더라고요. 뭘 하는 단체인지도 모르겠고, 실망감이 컸어요. 그러다가 협동조합 코끼리에서 '셀프 어워드'라고 '스스로에게 상을 주자'는 주제로 행사를 해서 거기 한 번 나가봤는데요. 그때 심사위원 중에 윤난실이라는 분이 있었어요. 이때는 이미 경실련에서 1년 정도 일하다가 그만둔 상황이었는데요. 제가 광주에 인맥도 없고, 바라는 것도 없는 거 같아서 이 생각 저 생각 하고 있던 시기였어요.

당시 윤난실 님이 광주 광산구 공익활동지원센터장이었어요. 그분이 저에게 센터에서 같이 일해보지 않겠냐고 제안해 주셔서 2014년 8월부터 일하게 되었어요. 거기서 제가 꿈꿔왔던 마을 공동체나 사회적기업, 협동조합과 같은 것들을 컨설팅하고 교육하는 일을 했어요. 저에게는 청년공동체에 대한 욕구가 있었어요. 그래서 계속 질문했어요. 어떻게 해야 청년들이 대학 졸업 후 광주를 떠나지 않을까? 어떻게 하면 우리끼리 재밌게 살 수 있을까? 우리들의 꿈이 정말 스스로가 원하는 것인지, 아니면 돈을 위해 하고자 하는 일을 꿈이라고 생각하는 건지. 이런 이야기를 더 많은 사람들과 나누고 싶었어요. 그런데, 마을 주민들에게 "마을 공동체 해보세요. 너무 좋아요. 협동조합해보세요. 너무 좋아요"라고 말하는 게 저에게는 조금, 행복하지 않았어요.

처음에는 주민들 만나서 워크숍하고, 주민들이 조금씩 바뀌어 가는 모습이 되게 좋았는데, 시간이 갈수록 관에서 주도하는 일들이 성과중심적으로 흘러가는 것에 회의감이 들었어요. 그래서 2015년 12월에 그곳을 그만두었어요.

제가 게스트하우스를 광주 광산구 송정동에서 하고 싶었거든요? 광산구에서 일하면서 송정공원 근처에 살고 싶었어요. 지하철역도 가깝고 공원도 있고 도서관도 있잖아요. 그래서 직장을 그만두고 나서 이 동네에 집을 알아봤고, 마당 있는 집을 얻었어요. 보증금 800에 월세 35 정도 되는 집이었어요. 이때부터 진짜 청년공동체를 한번 만들어보자고 생각했고, 같이 살아갈 사람을 모집했어요. 이렇게 처음으로 게스트하우스 이공은 아니지만, '셰어하우스 이공'이 탄생하게 돼요.

* 셰어하우스 이공은 어떤 공간이었나요?

제가 셰어하우스 이공에서 정말 많은 사람들을 만났어요. '셰어하우스'라는 이름을 써서 그런지 사람들이 관심을 많이 가져주었거든요. 그래서 얼마 안 돼서 2호점을 낼 기회가 생겼어요. 2016년에 누가 SNS에 집을 하나 올려놨어요. 송정역 근처에 위치한 34년 된 아파트였는데, 거기를 무상임대해 주겠다는 내용이었어요. 거기 사시던 분이 돌아가셨는데, "불우한 이웃에게 무상임대해 주어라"라는 유언을 남기셨다는 이유였어요. 그걸 본 사람이 저한테 연락을 주셨어요. "너희 이 근처에서 셰어하우스하고 있잖아. 더 늘릴 생각 없어?" 그래서, 제가 "어? 그래? 한번 볼까?" 해서 무려 10대 1의 경쟁률을 뚫고 그 집을 받게 돼요. 이후 저희가 1년 동안 그 집을 고쳤고, 2018년부터 여러 청년들이 그 집에서 살았어요. 지금은 저희 사무실로 쓰고 있는데, 원래 계약 기간이 3년이었는데 2년 더 연장해 주신 거라, 올해는 반납하려고 하고 있어요.

저희가 2호점 리모델링 때 자재비로 600만 원을 썼는데요. 지역에 소문을 내서 420만 원을 펀딩 받았어요. 송정동에서 국밥집 하는 이모가 100만 원 주시고, 공익활동지원센터에서 만났던 분들도 돈을 내주셨어요. 이후 셰어하우스 이공에서 첫해에는 청년 세 명이 살고, 그다음 해에는 두 명이 살고 그랬는데, 월세를 청년 한 명당 15만 원씩 받았어요. 여기가 임대료 없이 받은 집이라, 그게 고스란히 수익이잖아요. 그래서 이 돈을 이공을 응원해 줬던 사람들에게 리워드로 쓰자고 생각했어요. 그래서 생겨난 게 '꿈잣돈 프로젝트'예요.

꿈잣돈 프로젝트는 돈 때문에 하고 싶은 일을 못 하는 청년들에게 꿈을 공유할 기회를 주는 프로젝트예요. 이공을 처음 이야기했을 때부터 '함께', '공동체', '꿈' 같은 키워드를 자주 이야기했어요. 1년에 한 번 꿈을 발표하는 행사를 진행하고 70만 원 정도의 꿈잣돈을 그 어떤 증빙도, 결과보고도 없이 지급하기로 했어요. 이때 모인 사람들이 발표자의 꿈에 동의하면, 그에게 꿈을 이룰 수 있는 힘을 실어주는 거죠.

* '카페이공'은 어떻게 탄생했나요?

셰어하우스를 임대받을 즈음에 청년들이 모여 살기 위해서는 경제를 고민하지 않으면 안 되겠다는 생각이 들었어요. 마을에서 지속 가능한 청년공동체를 만들기 위해서는 주택이라는 '삶터'도 중요하지만, '일터'도 필요하다는 걸 깨달은 거예요. 그래서 협동조합을 만들자고 생각했고, 2016년 10월에 '협동조합 이공'을 만들었어요. 이때는 셰어하우스 이공 1호점이 막 공사를 마치고 입주자를 모집하던 시점이었어요. 원래 협동조합은 어떤 공동의 목표를 가지고 있거나, 뚜렷한 사업이 있을 때 설립하는 건데, 저희는 청년들의 공동체를 지원하는 소셜 미션을 수행하기 위해 만들었어요. 처음에는 협동조합 이공에 구체적인 사업이 없었어요. 그냥, '진짜 청년들의 공동체를 지원한다. 할 수 있는 건 다 한다'였어요.

근데, 이 와중에 지금 우리가 인터뷰를 진행하고 있는 이 공간(카페이공)이 임대가 난 거예요. 이 공간은 원래 광주 광산구가 '송정 5일 시장'에서 운영하는 주민플랫폼 공간이었어요. 물론 직접 운영하지는 않았고, 아름다운 송정시 협동조합이라는 곳에 위탁해서 운영했어요. 그러다가 그분들이 3년간의 운영을 마치고 재위탁을 받지 않기로 하셔서 2017년 1월에 이 공간을 운영할 법인을 새롭게 모집했어요. 그래서 저희가 이 공간을 운영해보자고 생각해서 신청을 했고 3대 1의 경쟁률을 뚫고 이 공간을 얻게 되었어요. 이후 2017년 2월에 광산구와 계약을 맺고, 한 달 동안 공사를 진행하게 되었죠. 이때 카페를 운영하기로 했는데, 저희가 어떻게 커피를 알겠습니까. 그래서 커피를 배우고, 음료 만드는 걸 배우고 3월 30일에 정말 극적으로 오픈을 했어요.

당시에는 이 공간을 청년들의 일터이자 삶터이자 배움터이자 놀터, 그러니까 청년 플랫폼으로 쓸 생각이었어요. 돌이켜보면 이때부터 3년 동안 정말 엄청나게 많은 행사를 해왔네요(웃음). 저희가 했던 프로그램 중에 '102030(일공이공삼공)'이라는 행사가 있어요. 매월 10일에는 이 공간의 벽을 청년들한테 통째로 빌려줘요. 덕질도 좋고, 컬렉션도 좋아요. 무조건 빌려주고 전시를 하도록 하는 거죠. 매월 20일에는 청년들이 원하는 행사나 워크숍을 진행하는데, 그 청년이 주인이 되는 날이에요. 어떤 분은 생일파티를 하기도 했고, 어떤 분은 우쿨렐레 공연을 하기도 했어요. 매월 30일에는 지역에서 만들어진 독립영화를 상영하기도 하고, 우리가 보고 싶은 다큐 영화들을 보면서 이야기를 하는 시간도 가졌죠. '일공이공삼공'의 핵심은 청년들이 문화예술의 수혜자가 아니고 직접 기획자, 생산자가 될 수 있다는 생각에 있어요.

'일공이공삼공'이 놀이터로서의 이공이었다면, 배움터로서의 역할로는 청년이 직접 강사가 되고, 기획자가 되는 '삶팁 강좌'라는 게 있어요. 누구나 하나쯤 가지고 있는 삶의 팁을 서로 나누고 공유하는 교육의 공간으로 이공을 활용한 거죠. 이외에도 청년들이 민주시민이 되어야 한다는 뜻에서 민주시민교육, 살면서 필요한 적정 기술을 배우자는 뜻에서 적정 기술 교육 같은 것도 진행했어요.

그리고 카페는 그 자체로 청년들의 일터가 돼요. 청년들이 여기에서 일도 배우고 수익도 가져가고, 셰어하우스에서 살면서 독립도 해보는 거죠. 이때부터 정말 다양한 청년들이 이공에 모이기 시작했고, 송정으로 이사 오는 청년들도 있었어요. 돌이켜보면 이상한 공간에 어울리는 스트레인지한 청년들이었던 거 같아요.

사실 이세형이라는 사람이 멀쩡히 다니던 직장을 때려치우고 현장으로 와서 내가 발 디딜 수 있는 공동체를 만드는 것부터 스트레인지 하잖아요. 그러다 보니, 이공에 오는 사람들은 소수자들이 많은 거 같아요. 결혼을 하지 않고 살아간다거나, 학교 밖 청소년이라거나, 대안학교를 나왔거나, 동물권이나 환경에 관심 있는 사람이거나, 페미니스트이거나. 이런 분들이 모이기 시작하면서 저희의 관심 분야가 점점 넓어졌죠. 저는 개인적으로 녹색당 활동을 하기 시작하면서 환경운동에 관심을 가지게 되었고, 청년 플랫폼 이공이 환경 문제와 관련해서 어떤 역할을 할 수 있을까 고민하게 되었어요.

특히 2019년부터 '우리들은 기후위기 시대에 어떤 역할을 할 수 있을까?' 고민했고, 이공에 대한 생각 자체를 전환하게 되었어요. 시즌2가 시작된 거죠. 이때부터 이상한 공간이 아니라, 지구와 나에게 이로운 공간으로서의 '이공'이 시작되었어요. 물론 하루아침에 짠 변한 건 아니고, 이 과정에서 이공에 오는 청년들과 환경이나 비거니즘에 대한 이야기를 끊임없이 나누는 과정이 있었어요.

* 시즌2, '이로운 공간, 이공'에는 어떤 변화가 있었나요?

2019년 12월 30일 자로 '일공이공삼공'이 끝났어요. 2020년부터 '이로운 공간, 이공'을 어떻게 가꿀지 고민했고, 두 달간의 시험을 거쳐 2021년 1월 20일 카페이공에 '제로웨이스트샵'과 '우리 동네 회수센터'를 오픈했어요. 올해 저희 이공에는 빅 피쳐가 있어요. 매월 20일마다 새로운 일을 시작할 계획이에요. 2월 20일에는 카페에 있는 플라스틱 컵을 빼고 텀블러 대여를 시작할 생각이에요.

제로웨이스트에는 다섯 가지 원칙이 있어요. 이걸 '5R'이라고 부르는데 필요하지 않으면 거절하기(Refuse), 필요한 것은 줄이기(Reduce), 여러 번 쓸 수 있는 것은 재사용하기(Reuse), 다시 사용할 수 없는 것은 재활용하기(Recycle), 나머지는 썩히기(Rot)에요. 그래서 제로웨이스트샵에는 다회용으로 사용할 수 있고 잘 썩는 것들이 많아요. 2월 20일에 플라스틱 컵을 빼고 나면 가루비누, 가루세제를 소분해서 판매할 거예요. 과탄산소다, 베이킹소

다, 세스퀴, 구연산 같은 천연 가루세제가 있는데요. 우선 이렇게 네 가지를 출시할 거고, 서울에 있는 리필 스테이션이라고 해서, 세제나 화장품 같은 걸 조금씩 덜어갈 수 있는 공간까지 고민하고 있어요. 최근에는 '시민생활환경회의'라는 곳에서 협찬해 주셔서, 천연 주방세제를 소분해서 선물로 드리고 있어요. 이런 것들을 새롭게 살 때마다 플라스틱과 비닐도 사용되잖아요.

2월 20일부터 매주 금요일과 토요일에는 비건식당을 운영할 거예요. 금요일을 생각한 건, 블랙프라이데이라고 하는 소비를 부추기는 문화 때문이에요. 그래서 우리는 그린프라이데이로 해보자! 생각했는데, 검색해보니까 이미 기후위기 쪽에서 사용되는 용어더라고요(웃음).

3월 20일부터는 자전거로 비건 도시락 배달을 시작할 생각이에요. 다회용 도시락에 비건음식을 담아 전달하는 거죠. 이 배달을 위해 '카고 바이크'라고, 세발자전거도 마련해두었어요.

* 광주 최초의 제로웨이스트샵은 어떻게 시작하게 되었나요?

저희 이공 조합원이자 '왕꽃'이라는 활동명으로 불리는 김지현씨! 제가 공공활동 기획자라는 이름을 붙여줬어요. 그냥 기획자도 아니고 그냥 활동가도 아니고 공공활동 기획자예요. 활동을 기획하는 사람이거든요. 그 친구랑 제가 2019년에 종이팩에 꽂혀있었어요. 종이팩은 종이류가 아닌, 종이팩류로 분리배출 해야 하거든요? 이걸 어떻게 사람들한테 알릴까 고민하다가, '카페라떼 클럽'이라는 활동을 시작했어요. 동주민센터에 종이팩을 가져가면 휴지를 받을 수 있거든요? 그런데 카페에서 우유팩을 많이 사용하니까, 카페에서 종이팩을 수거해서 화장지를 받아서 필요한 곳에 기부하기로 한 거죠. 이 활동을 올해로 3년째 하고 있어요.

아무튼 '카페라떼 클럽'을 시작하던 2019년에 왕꽃에게, 이공에서 '송정에서 만난 세계시민교육'이라는 강의를 해달라고 요청했어요. 이때 제로 웨이스트에 관한 이야기, 공정무역에 관한 이야기를 비롯한 환경 이야기를 많이 듣게 되었고요. 자연스럽게 이공 제로 웨이스트 동아리를 만들게 되었어요. 이름은 '비행, 비우면 행복한 동아리'. 이 동아리에서 비행 청년들과 함께 서울에 있는 제로 웨이스트샵에 가봤어요. 이때 영감을 얻었죠. 그래서 왕꽃과 함께 2020년에 이공에서 팝업스토어를 진행해보기로 했어요. 그래서 2020년 11월부터 12월까지 우선 두 달 동안 '한 걸음 가게'와 '우리 동네 회수센터'를 진행해 보았죠.

이때 제로 웨이스트샵에 정말 많은 분들이 다녀가셨어요. 그래서 이공이 더 적극적으로 역할을 해보자는 생각을 하게 되었어요. 팝업스토어에서 비건 음식도 선보였어요. 이게 이공식(食)인데, 기후위기에서 가장 중요한 것 중 하나가 육식을 줄이는 거라고 생각하거든요. 공장식 축산 문제도 있지만, 소나 염소와 같은 가축에게서 나오는 탄소 배출이 대단히 크고, 그들에게 줄 먹이 때문에 아마존이나 밀림 지역이 파괴돼요. 그렇다면, 탄소 배출을 줄이기 위해서 적어도 주 1회 채식은 해야 하지 않을까? 이게 이공식을 시작한 이유예요. 저희는 굉장히 맛있는 비건식을 개발하고 싶어요. 채식이라는 게 맛없고, 풀떼기로만 되어있다는 편견이 있잖아요. 그래서 작년에 이공식을 선보일 때, 감자 고로케, 토마토 스튜, 샐러드를 선보였어요. 저는 이 모든 게 연결되어 있다고 생각해요. 그래서 에너지를 전환하고, 자원순환을 하고, 더는 쓰레기를 만들지 않기 위한 제로 웨이스트적인 실천과 운동을 해나갈 생각이에요.

* 앞으로 또 어떤 실천들을 해나갈 생각이세요?

카페에서 어쩔 수 없이 나오는 음식물 쓰레기가 있어요. 과일 찌꺼기가 주로 나오고, 커피 찌꺼기도 많이 나와요. 저희가 이것들을 '지구를 위한 농부 네트워크'에 보내고 있는데요. 그분들이 소규모 농사를 지으면서 음식물 쓰레기를 퇴비화하고 있어요. 올해부터는 이걸 추가, 자체적으로 진행하려고, '스파이럴 정원'이라고 하는 나선형 모양의 허브 텃밭을 조성해서 자체적으로 음식물 쓰레기를 퇴비화하는 자원순환 모델을 만들어 볼 생각이에요.

또 저희 건물 앞에 보시면 태양광 발전기가 있잖아요? 180w 짜리 여섯 개가 설치되어 있어요. 근데 저걸로 카페에서 사용하는 전기를 다 대체할 수는 없어요. 그래서 광산구청에 태양광 추가 설치를 요청해서, 에너지 자립을 한 번 요구해 볼 생각이에요.

그리고 이 건물이 통유리로 되어있다 보니까, 여름에 냉방비가 굉장히 많이 들어요. 전기료가 60만 원 정도 나오더라고요. 올해 광산구에서 녹색커튼이라고 해서 넝쿨식물을 건물 외벽에 올리는 사업을 해요. 올해 이 사업을 통해 이공에 녹색커튼을 설치할 예정이에요. 지금 계획하기로는 입구에 터널을 만들어서 넝쿨식물을 올리고 식물 수세미랑 조롱박을 심어서 그걸 활용한 워크숍을 진행해볼 생각이에요. 지금 광주에서도 그린 뉴딜이나 에너지 전환마을에 대한 이야기가 많이 나오는데, 이공을 그린 뉴딜 모델하우스로 만들어보려고 구상하고 있어요.

* 어쩌다 활동가가 되셨나요?

제가 당사자이기 때문인 거 같아요. 저는 청년 당사자인데, 제가 초등학교, 중학교, 고등학교, 대학교를 나온 이곳 광주에 사회적 관계망이 없어요. 그래서 저에게 광주는 굉장히 낯선 곳이었어요. 이 낯선 곳에 온 이방인으로서 난 어떤 일을 할 수 있을까? 어떤 집에 살 수 있을까? 누구랑 뭘 하면서 놀 수 있을까? 생각하다 보니까, 자연스럽게 청년공동체를 만드는 활동을 하게 된 거 같아요. 또 내가 사는 지구가 점점 병들어가고 있다고 하니까, 환경 문제에서도 제가 당사자라는 생각이 들었어요. 기후위기 시대가 오면 분명 저처럼 집 없고 돈 없는 사람들이 가장 먼저 난민이 될 거예요. 그래서 환경운동을 하는 거 같아요.

* 생활밀착형 활동을 택하신 이유가 있다면요?

2020년에 '기후위기 금요행동'을 기획하고, 앞장서서 했어요. 매주 금요일, 광주시청 앞에서 기후위기에 대해 호소하는 피케팅을 진행하는 기획이었어요. 녹색당을 통해서 집회나 시위를 진행하기도 했고, 행정의 영역에 정책 제안을 하기도 했어요. 송정 오일장에서 비닐봉지 줄이는 캠페인을 하는 것도 중요하지만, 행정의 영역에서 비닐봉지 금지, 카페 테이크 아웃 금지를 하면 더 효과가 좋잖아요. 하지만 시위를 하고, 정책을 바꾸는 게 일반 시민들 입장에서는 멀게 느껴지잖아요. 그래서 저는 역시 제로웨이스트샵이나 소분샵을 통해 일상에서 참여할 수 있는 쉬운 방법을 가이드해 주는 걸 소중한 역할로 느끼는 거 같아요. '지금 당장 사용하고 있는 플라스틱 물건들을 버리고, 제로웨이스트 물건으로 바꾸세요'가 아니고, 지금 내가 사용하고 있는 것들을 버리지 않고 사용하다가, 플라스틱 칫솔을 다 썼으니까, 이왕이면 잘 썩는 대나무 칫솔로 한 번 바꿔보는 거죠. 그래서 생활밀착형인 거 같아요.

어떤 제로웨이스트 물건은 굉장히 불편해요. 소창이라고 하는 친환경 천으로 화장지나 물티슈를 대체하면, 사용하기 전에 세 번 정도 길들이는 과정이 있어야 하고요. 이후에도 버리지 않고 빨아서 다시 써야 해요. 저는 장례식장에도 텀블러를 들고 가요. 누군가는 좀 지나치지 않느냐고, 불편하다고 이야기할 수 있겠죠. 하지만, 저는 흔쾌히 누군가를 불편하게 하는 사람이고 싶어요. 저부터 그렇게 하고, 남들을 불편하게 해야 누군가는 변할 수 있을 거라고 생각하거든요. 남을 불편하게 하는 역할. 사람들로 하여금 무언가를 생각하게 하고 고민하게 하는 역할. 그게 저의 역할인 것 같아요.

* 카페이공 제로웨이스트샵에서 자랑할 만한 물건이 있다면요?

천연 주방세제 소프넛. 이게 아무래도 버릴 게 없어요. 이 천연세제 열매 소프넛에는 천연 계면활성제 사포닌이 들어있어요. 물에 담가서 주방세제로 사용할 수 있고, 세탁망에 넣고 세탁기를 돌릴 수도 있어요. 씨앗을 버리기는 하지만 나무 열매니까 땅에 버리면 다 썩는 것들이죠. 끝나면 다 흙으로 돌아갈 수 있는 거. 지금은 인도에서 100% 수입하는데 국내에서도 나오고 있다고 들었어요. 제로웨이스트 제품을 처음 시작하는 스타터들에게는 가장 유용한 제품 같아요. 물론 평소보다 불편하기는 해요. 소프넛을 주방세제로 사용하려면 물에 담가 놓아야 하거든요. 제로웨이스트는 불편한 삶이에요.

* 지구인이라면 이것만은 꼭 해야 한다고 생각하시는 게 있다면요?

소비를 줄여야 해요. 저는 이게 가장 크다고 봐요. 지구인들이 무언가를 소비하기 전에 이게 정말 나에게 필요한 물건인가? 한 번 더 고민해주었으면 좋겠어요. 또 내가 만들 수 있는 것들은 직접 생산해봤으면 좋겠어요. 저는 사람들이 적당히 일하고 남은 시간에 스스로를 위한 생산적인 활동을 했으면 좋겠어요. 소비를 줄여야 일하는 시간도 줄일 수 있다고 생각하거든요. 나에게 좀 더 집중하고 성찰하는 거죠. 소비를 줄여야 지구도 행복하고 나도 행복하고, 사람들도 더 단단해진다고 생각해요.

* 그동안 활동하면서 기억에 남는 일이 있다면요?

저희가 공간을 무상임대 받아서 셰어하우스를 만들기 위해 리모델링할 때 많은 분들이 힘을 모아주셨던 게 가장 기억에 남아요. 정말 많은 힘을 얻었어요. 그분들이 다른 대가를 바라지 않고 청년들의 셰어하우스가 생기길 바라는 마음에서 펀딩에 참여해주신 거잖아요. 이공이 자랑할 만한 일이라고 생각해요. 후원자분들의 자랑이기도 할 거 같고요.

저희 이공이 광산구 청년정책에 몇 차례 개입한 적이 있어요. 한 번은 청년 정책 연구용역을 맡아서 진행했는데, 이때 저희의 연구를 토대로 광산구 청년 활력팀이 생겼어요. 청년들을 위한 주거독립프로젝트가 계획되고 있어요.

'단단한 청년, 든든한 광산'이라는 정책 제안서를 낸 적도 있어요. 청년들의 내면이 갈수록 약해지고 있잖아요? 단단한 내면을 위해서는 공동체가 필요하다고 생각해요. 이공이 말하는 공동체는 어른들이 말하는 굉장히 끈끈한 공동체는 아니에요. 저는 청년들은 자유롭게 비행하는 사람들이라고 생각해요. 그런 그들이 잠시라도 쉴 수 있는 우주정거장 같은 공간이 우리가 말하는 청년공동체에요.

이들에게 필요한 게 울타리라면, 언제든지 드나들 수 있는 열려있는 울타리여야 해요. 그래서 적당한 거리감은 필요하고요. 네트워크지만 느슨한 네트워크면 좋겠어요. 저는 이런 공동체를 꿈꾸고 있어요. 공동체 안에서 청년들은 더 단단해질 거예요. 이를 위해 행정이 든든하게 지원해 주었으면 해요.

* 그동안 활동하면서 부족한 자원이라고 느낀 것이 있다면요?

제가 활동가이기는 한데요. 협동조합은 영리법인이에요. 돈을 벌어야 하는 법인인 거죠. 그래서 사업자 마인드를 가지고, 어떻게 하면 돈을 벌 수 있을까 고민해야 돼요. 하지만 저에게는 사업가 마인드가 부족한 거 같아요. 그래서 저는 스스로가 활동가임을 인정하고 활동하기로 했어요. 지금 카페이공은 수익이 나지 않는데요. 그럼에도 불구하고 여기를 유지해야 하고 여기에서 일하고자 하는 청년들의 인건비를 만들어야 하기 때문에 일자리 지원사업을 받고 있어요. 그래서 지금까지 말씀드린 활동을 마음껏 하고 싶은데, 하기 싫은 활동도 해야 해요. 지속가능성과 자립을 고민해야 하니까요. 하지만 누군가에게 해주라고 이야기하고 싶지는 않아요.

기업에 '동물형 기업'과 '식물형 기업'이 있다면, 협동조합은 식물형 기업이어야 한다고 생각해요. 동물형 기업은 동물과 마찬가지예요. 빠르게 성장하고 강한 힘을 가질 수 있지만 심장이 멈추면 죽어요. 한 사람이 모든 걸 책임지고, 모든 걸 가져가면 그 사람이 없어졌을 때 기업은 위기에 처하잖아요? 반면 식물형 기업은 마치 식물처럼 가지가 잘리고 잎이나 열매가 떨어져도, 뿌리만 살아있으면 다시 살아날 수 있는 기업이에요. 그래서 조직이나 기업에 있는 구성원 하나하나가 뿌리고 줄기고 열매고 가지예요. 누구 하나 없어도 잘 돌아가는, 건강하고 지속가능한 조직인 거죠.

그래서 지속가능하고 건강한 식물형 기업을 지향하고 싶어요. 하지만 줄기나 가지나 열매인 이들에게 최소한의 인건비는 주고 싶어요. 그래서 제가 꿈꾸는 자원은 결국 사람인 거 같아요. 이를 위한 인건비를 온전히 충당할 수 없어서 지원사업을 받는 거고요.

* 그동안 활동하면서 힘들었던 일이 있었다면요?

많죠. 힘들었던 일 많죠. 정말 많은 사람들을 만나다 보니까, 인간관계에서 얻는 기쁨과 에너지도 있지만 그로 인해서 받는 상처도 분명 있는 거 같아요. 나와 다름을 인정해야 하는데 그렇게 하지 못했을 때 관계가 틀어지는 경험들이나, 인간에 대한 실망감이 있잖아요. 저는 결국 모든 관계는 흘러가는 거라고 생각해요. '만나고 헤어짐'은 자연의 이치라고 생각해요.

아, 하나 더 생각나네요. 청년들한테 해주고 싶은 이야기이기도 해요. 저는 제가 좋아하는 일 20을 하기 위해 싫어하는 일 80을 감내해요. 제가 원했던 삶은 적당히 일하고 생산적인 일을 하는 삶인데요. 이걸 위해서 대단히 많은 하기 싫은 일을 하고 있어요. 여기서 오는 힘듦이 있죠. 하지만 핵심은 결국 좋아하는 일을 하기 위해서는 싫어하는 일도 해야 한다는 거예요. 다만 싫어하는 일의 비중을 낮추는 것, 이게 균형감각이겠죠.

* 지방 활동가로서 힘든 점이 있다면요?

아무래도 서울에는 굉장히 많은 에너지나 자원이 모여 있기 때문에 그쪽이 더 힘을 받는 건 있는 거 같아요. 반면 지방은 조금 느리겠죠? 천천히 가고, 소규모로 진행되고. 하지만 저는 이 부분에 대해서 박탈감이나 소외감을 크게 느끼지는 않아요. 서울은 사람이 많으니까 그렇게 하는 거고, 광주는 광주 나름대로 하면 되니까요.

* 앞으로 하고 싶은 활동이 있다면요?

제가 이공을 하면서 다양한 사람들을 만났잖아요. 그래서 저같이 스트레인지 한 사람들이 우리끼리 사는 것도 중요하지만, 소위 말하는 평범한 사람들과 잘 어울려 살아가면 더 건강할 수 있겠다는 생각을 해요. 그래서 그들을 위한 학교를 만들고 싶어요. 시민교육, 적정 기술교육도 하고, 같이 살면서 공동체 의식도 느낄 수 있는 청년대안학교를 해보고 싶어요. 저는 청년이기 때문에 청년공동체를 원하는데요. 이제는 중장년 공동체도 고민해 보고 싶어요.

예전에는 비건은 비건끼리 살고, 비혼은 비혼끼리 사는 공동체를 꿈꿨는데요. 이게 꼭 좋지는 않다는 생각이 들어요. 결혼한 사람, 결혼하지 않은 사람, 연애 한 번도 안 해본 사람, 돌싱, 비건…, 이런 사람들이 모여 살면서 서로의 다름을 인정하고 그렇게 살아갈 수 있는 공동체. 이게 저의 앞으로의 계획이에요.

* 세형님이 바라는 광주는 어떤 도시인가요?

저는 지금도 광주가 좋아요. 그래도 이야기하자면, 저는 사실 스스로를 이방인이라고 생각하거든요. 제가 느끼기에 광주는 굉장히 텃세가 심한 거 같아요. 우물 안 개구리라는 생각도 들어요. 그래서 좀 서로 구분 짓지 않고, 다양성을 존중하고, 서로 이해하는 도시가 되었으면 좋겠어요.

광주는 아파트 비율이 전국에서 가장 높은 곳이잖아요? 난개발이 굉장히 심한 도시라고 생각해요. 하지만 광주에서 사는 존재는 인간만이 아니니까, 광주에 살고 있는 시민들이 이 도시에는 동물들도 있고 식물들도 있고, 다른 다양한 존재들이 함께 있다고 여겨주었으면 좋겠어요. 인간 중심의, 개발 위주의 광주가 되지 않기 위해서요. 지금 있는 것들을 보존하고 유지해 나갈 수 있는 광주였으면 좋겠어요. 가까운 광산구에서 오래전부터 이야기되고 있는 '군 공항 이전'과 '생태공원 조성'이 이루어졌으면 좋겠어요.

* 세형님이 바라는 사회는 어떤 사회인가요?

인간만 보고 살지 않는 사회였으면 좋겠어요. 나만 보고 살지 않고, 내 공동체만 보고 살지 않고, 내 도시만을 위해 살지 않고, 인간만을 위해 살지 않고, 우리와 함께 살아가고 있는 생명들도 생각하고, 그들의 희생 위에서 우리가 평안하고 행복하게 살고 있다는 걸 인지하고 가책도 느꼈으면 좋겠어요. 염치와 가책이 있는 사회였으면 좋겠습니다.

광주에서
동물권운동 하기

민김이

광주청소년비거니즘네트워크
비거니즘 만화책 〈냠, 짭, 꺽〉 작가

* 간단한 자기소개를 부탁드려요.

저는 광주에서 비건 지향인으로 살고 있는 민김이라고 합니다.

* 민김이님은 '비건 지향인'을 어떤 뜻으로 사용하시나요?

제가 '비거니즘'이라고 하는 단어를 접할 때마다 느끼는 건데, 사람마다 정의 내리는 바가 조금씩 다르더라고요. 저는 '동물 착취에 반대하는 행위'를 비거니즘이라고 정의 내렸고, 먹는 것에서도, 입는 것에서도, 바르는 것에서도 동물을 착취하지 않기 위해 노력하는 사람을 비건이라고 부르고 있어요. 그래서 비건 지향인이에요.

* 광주에서 비건으로 살아보니 어떤가요?

안 그래도 몇 군데 없던 광주 채식뷔페들이 2020년에 코로나19를 거치면서 문을 닫았어요. 제가 아는 곳만 해도 2~3곳 정도 문을 닫았는데, 이곳들이 꽤 오랫동안 자리를 지켜오던 채식뷔페들이고, 채식인 뿐만 아니라 건강을 챙기는 분들도 많이 찾던 곳이라 아쉬워요.

최근에는 대기업에서 레토르트 음식으로 비건 음식을 많이 내놓고 있는데, 막상 광주에서는 비건 빵집이나 비건 식당이 문을 닫고 있어요. 그래서 혼자서 채식하기는 좀 편해졌는데, 가족들이나 친구들이랑 외식하는 건 조금 힘들어진 거 같아요.

제가 외식을 거의 안 하는 편이긴 한데, 얼마 전에 친구들 만나서 동명동을 갔어요. 근데, 먹을 게 하나도 없었어요. 세련된 젊은 느낌의 펍에도 비건 옵션이 하나도 없으니까, 샐러드에서 치즈, 계란, 드레싱 다 빼고 먹었어요. 조금 서럽더라고요. 식문화를 같이 즐기고 싶은데, 그럴 수가 없으니까요.

가족들 같은 경우에는 집에서는 최대한 채식을 하려고 하는데, 밖에 나가서는 그렇지 않아요. 가족이랑 같이 사는 비건 지향인들의 숙제가 아닌가 싶어요.

제가 부모님이랑 동생이랑 살고 있는데, 꽤 오랜 기간 가족들에게 설명하고 설득하는 과정을 가졌어요. 공장식 축산이나 비거니즘에 대해 조용히 스며들도록 한 거죠. 그래서 집에서는 고기를 안 먹는 게 암묵적인 룰이 되어있기는 해요. 적어도 집 안에서는 불편한 행위가 된 거죠.

* 동물권 활동과 비건은 어쩌다 시작하시게 되었나요?

제가 래미학교라는 대안학교를 나왔는데요. 학교 인문학 시간에 '돼지와 닭은 왜 동물로 받아들여지지 않는가?'를 주제로 이야기를 나누면서 공장식 축산이랑 돼지 살처분에 대한 이야기를 나누었어요. 그러고 나서 관련 영상을 봤는데, '내가 지금까지 맛있게 먹었던 고기들이 이런 거였어?'라는 생각이 들었어요. 우리가 고기를 먹을 때, "닭 먹자, 돼지 먹자"라고 이야기하지는 않잖아요. "닭고기 먹자, 돼지고기 먹자"라고 하지.

그렇다고 해서 수업이 끝난 이후에 바로 삶에 큰 변화가 생기지는 않았는데요. 한 달, 두 달 고민이 계속되었어요. 그때 옆에 있던 친구가 "너 그럴 거면 먹든가 먹지 말든가 하나만 해"라고 이야기해 주어서, 그 말을 듣고 안 먹어야겠다고 결심했어요. 이때부터 '한 달만 안 먹기'라고 해서, 고기를 안 먹는 기간을 가져봤어요. 다행히 제가 한 달 동안 비건을 하니까, 래미학교에서 채식하는 사람들을 위한 메뉴를 만들어주었어요. 전교생이 30명 정도 되는데, 이전에도 건강 때문에 고기를 못 먹는 학생이 있었고, 선생님 중에도 비육식 하시는 분이 계셨거든요. 그래서 저까지 4명이 되니까, 학교에서 채식 메뉴를 마련해준 거예요. 짜장이 나오면 채식 짜장 소스가 따로 나왔고, 국도 따로 끓였어요.

* **민김이님 외에도 래미학교에서 동물권 강의를 듣고 비건이 되신 분이 있나요?**

처음에는 같이 수업을 들은 6~7명 중에서 저 혼자만 비건이 되었어요. 그 공간에서 동물권에 대해 인식해도, 문밖에 나가면 똑같잖아요. 우리의 일상이 종차별이니까요. 근데, 신기하게도 그때 수업을 같이 들었던 친구 중 한 명이 지금은 비건이 되었어요. 그 친구도 꾸준히 그런 생각을 쌓아가다가 실천까지 하게 되었어요.

* **래미학교에 대한 이야기도 듣고 싶어요.**

초등학교 때 어머니의 권유를 받아서 초등 대안학교를 다녔어요. 그때는 재미로 생각했어요. 중학교는 제도권 학교를 다녔는데, 중2 때 또 어머니가 제안해 주셔서 래미학교에 다니게 되었어요. 어머니가 대안교육에 관심이 많으셔서, 권유하셨던 거 같아요. 우선 시험을 안 본다는 점에서 설득당했고요. 특별히 고민하지 않고 결정했던 거 같아요. 래미학교는 3년 동안 다녔고 18살에 졸업했어요. 이때의 경험이 제 인생에 많은 변화를 가져다준 거 같아요. 래미학교에는 공동체 회의라고 해서 선생님과 학생들이 다 모여서 하는 회의가 있어요. 1년 차에는 너무 어색했는데, 2년 차부터는 말도 되게 많이 하게 되었던 거 같아요.

래미학교에 다닐 때 세월호 참사가 있었는데요. 학교에서 관련 활동을 진행하니까 학생들 사이에서 '왜 우리가 이 사건을 진지하게 받아들여야 하지?'라는 궁금증이 있었어요. 그런 이야기를 회의 때 터놓고 이야기하는 학생들이 있었어요. 그러다가 세월호 도보행진에 참여하면서 가볍게 생각할 일이 아니라고 느끼게 되었던 것 같아요. 이때 사회문제에 더 많은 관심을 가지게 되었고, 페미니즘과 동물권에 대해서도 많이 생각했던 거 같아요. 중학교 1학년 때에는 학교는 학교라는 생각이 있었는데요. 래미학교에서 대안교육을 받으면서 전반적으로 생각이 많이 변한 거 같아요.

* 대안학교 출신으로서 공교육을 바라본다면요?

제가 굉장히 비관적이던 시절에 동생이 공립학교에 다니고 있었어요. 그래서 동생한테 3개월 동안 학교야말로 이 사회에서 있어선 안 될 곳이라고 이야기했어요(웃음). 학교에서 등수를 매기는 것이 굉장히 비정상적이잖아요. 제 동생이 지금 래미학교에 다니고 있는데요. 조금 한쪽으로 치우친 생각이라 말하기 조심스럽지만, (대안)학교를 나와서 정말 다행이라고 생각하고 있어요. 여러 상황 때문에 학교에 계속 다녀야 하는 친구들이 있는데, 그들에게는 스스로 등교 여부를 결정할 선택권조차 없는 경우가 많아요. 어떤 경우에는 부모님의 교육열이 강해서, (대안)학교를 나오고 싶은데 나오지 못하는 경우도 있고요.

* 비제도권 학교 출신으로서 겪었던 차별이 있었다면요?

그동안 없다고 생각하며 살아왔는데요. 제가 광주 학교 밖 청소년 의회 활동을 했거든요? 근데 이듬해에 광주 어린이 청소년 의회가 꾸려졌는데, 저희가 했던 것과 스케일이 많이 달랐어요. 예산도 더 많았고요. 상대적으로 규모가 작아서 그런 것만은 아닌 거 같았어요. 광주에도 학교 밖 청소년들이 많이 있잖아요. 학교 밖 청소년 의회에서 활동할 때에는 다른 학교 밖 청소년들과 교류도 많이 했고요. 학교 밖 청소년에 대한 교통비 지원도 건의했는데, 그게 실현되어서 교통카드를 받았던 기억이 나요.

* 그동안 동물권 활동을 하면서 기억에 남았던 일이나, 자랑할 만한 일이 있다면요?

제가 사람들에게 비거니즘 강좌를 진행한 적이 있었는데요. 협동조합 이공에서 운영하는 '카페이공'에서 '삶팁 강좌'라는 걸 해달라고 해서, 참여했어요. '카페이공'에서 서로가 서로에게 배울 점이 한 가지는 있다고 생각해서, 배움의 장을 열어보는 행사를 진행했던 거 같아요. 제가 거기서 비거니즘을 이야기하게 되었는데요. 이전까지는 직접적으로 비거니즘에 대해 이야기할 기회가 없었어요.

그래서 '삶팁 강좌'에서 흘러가듯이 비건이란 무엇인지, 비건 지향이란 무엇인지, 이야기했어요. 그때 제 강좌를 듣고 무려 다섯 분이 채식이나 비건을 해보겠다고 결심하셨어요. 그리고 그중 두 분은 지금까지도 채식주의자로 살아가고 있어요. 활동하면서 기억에 남는 순간은 뿌듯한 순간이 잖아요? 이 순간이 제일 뿌듯했던 거 같아요. '삶팁 강좌' 이후에는 '러브 앤 프리'나 '야호센터'에서도 비거니즘에 대해 이야기하게 되었어요.

* 비건 요리 만화책 〈냠.짭.꺽〉이야기도 해주세요.

텀블벅에서 펀딩을 받아서 비건 요리 만화책 〈냠.짭.꺽〉을 출판했는데요. 시작하게 된 계기는 도서관에 비건 책이 하나도 없었기 때문이었어요. 그래서 고민하다가 글을 잘 쓸 자신은 없어서, '그림을 그려서 만화책을 만들어보자!' 생각했어요. 제가 비건을 한다고 이야기할 때면, 사람들은 항상 "어떻게 하는 거야? 대단하다, 어렵지 않아?" 같은 질문을 했거든요? 그래서 이런 질문들이 지겹기도 했고, 그렇지 않다는 걸 말해주고 싶어서 제가 할 수 있는 언어로 가볍게 이야기를 시작해보기로 하고, 그림을 그리게 되었어요.

이 만화의 첫 장면은 우주 공간이에요. 주인공이 꿈을 꾸지만, 사실 꿈이 아닙니다! 원래 주인공은 모든 생명이 행복하게 사는 유토피아에서 살았어요. 그곳에서 오렌지를 먹으려고, 창밖 나무에 매달린 오렌지를 따기 위해 손을 뻗어요. 그러다가 떨어져서 머리를 다치게 되거든요? 그때 주인공이 상처 부위에서 생겨난 블랙홀에 빨려 들어가서 우리가 살고 있는 세상에 오게 된 거예요! 그러니까, 꿈이 아니라 현실인 거죠. 비건을 선택한 사람들이 주인공이 살았던 세상과 같은, 생명이 생명답게 살 수 있는 세상을 원하지 않았을까 해서, 유토피아에 사는 주인공을 그려보았어요. 만화에 나오는 비건 레시피는 반백수였던 시절을 겪은 후에 나온 것들이라, 쉽게 집에서 먹던 것들을 담았어요.

* 민김이님이 속해 있는 '광주청소년비건네트워크'는 어떤 공간인가요?

이건 원래 알고 있던 비건 친구 둘이랑 이야기를 하다가, "모임 같은 걸 해볼까? 동아리 할까? 광주에 비건이 있을지 몰라!"라는 이야기가 나와서 시작하게 되었는데요. '비행청소년(비건을 행동으로 실천하는 청소년)' 그룹이라고, 전국의 비건 청소년들이 함께 만든 단체가 있어요. 저희는 그 단체의 광주 버전을 해보고 싶었어요. 특별하지는 않지만, 우선 카톡 방을 만들어서 비건 레시피를 공유하는 일부터 시작했죠.

비행청소년을 만든 비건 활동가는 학교 안 청소년이셨는데, 학교에서 힘들다는 이야기를 많이 하셨어요. 급식에서는 김이랑 밥밖에 먹지 못했고, 학교에서 친구들로부터 심한 혐오 발언도 들으셨어요. 게다가 혼자잖아요. 그래서 그분이 본인과 비슷한 상황에 놓인 사람들끼리 연락도 하고, 소통도 하면 좋을 것 같다고 생각해서, 청소년 네트워크를 만드셨다고 해요.

저랑 같이 활동하게 된 친구들은 학교 밖 청소년들이나, 대안학교에 소속된 청소년들이었어요. 그래서 스무 살을 넘겨서 청소년인지 아닌지 애매한 친구도 있었는데, 청소년 시기에 비건을 시작했다는 공감대가 있어서 저희도 단체명에 청소년을 넣었어요. 이 단체가 좋은 게, 비슷한 감정을 공유하는 사람들이 모여있기 때문인 거 같아요.

* **광주청소년비건네트워크에서 진행한 활동 중에서 기억나는 게 있다면요?**

맛있는 거 같이 먹었을 때가 기억에 남아요. 광주 남구에 있는 '해뜨는 집'에 갔던 순간이 기억나네요. 기후위기 동아리 '1.5도씨'를 함께 했던 일도 기억나요. 만나서 했던 비건 이야기들이 있는데, 평소에는 편하게 이야기하지 못하다 보니, 함께 수다를 떨었던 일상적인 순간들을 고맙게 생각해요.

* **기후위기 동아리 '1.5씨'에 대해서도 소개해주세요.**

'1.5도씨'는 '광주청소년삶디자인센터'에서 만들어진 동아리인데요. 기후위기 시대에 지구의 온도 변화가 '1.5도'를 넘어 '2도'를 향해가고 있거든요. 그래서 '1.5도'를 유지하자는 의미예요. 저는 이 동아리에 중간에 들어갔는데, 멤버들 말을 빌리자면, 책을 읽음으로써 꾸준히 경각심과 위기감을 가져가기 위해 책 모임을 진행하고요. 산에 가서 쓰레기를 줍기도 해요. 할 수 있는 한에서 지치지 않고 열심히 활동해보려고요. 비건이 되면서 축산업이 기후위기에 미치는 영향에 대해서 다시 한번 생각해 봤어요. 생명존중에 대해 많이 이야기하는데, 지구가 위험하면 내 목숨도 위험한 거잖아요. 기후위기 하면 기후재난이나 기후난민에 대한 이야기도 빼놓을 수 없는 거 같아요.

* 최근 비거니즘이나 기후위기에 관심을 가지는 청소년분들이 많은 것 같은데, 이유가 있다면 무엇일까요?

SNS를 통해 많은 이야기가 오가는 세상이라 그런 거 같아요. 예전에는 어딘가에서 채식이나 비건에 대한 이야기로 싸움을 해도, 그게 널리 알려지지 않았는데요. 요새는 많은 사람들에게 전달되다 보니까 그 키워드에 대한 이야기도 많아지고, 피부로 느끼는 사람도 많아진 거 같아요. 코로나19, 호주 산불, 미세먼지처럼 직접 경험하는 환경 문제도 있다 보니까, 이게 남 일이 아니라는 생각을 하는 분들이 자연스럽게 생겨나고 있고요.

* 개인적으로 기억에 남는 동물권 활동이 있다면요?

직접행동 DXE(Direct Action Everywhere Korea)에 소속된 동물권 활동가들이 식당에 들어가서 "음식이 아니라 폭력입니다"라고 외쳤던 시위가 기억에 남아요. 이슈화시키는 방식 중 하나잖아요. 이걸 보고 '나도 이렇게 할 수 있을까?' 생각해 봤어요. 시위를 계속하니까 사람들의 입에 오르내리는데, 쉬운 일은 아닌 거 같아요. 저는 이런 방식보다는 좀 더 일상에서 할 수 있는 실천을 하고 있어요. 인스타툰을 그린다든지, 코로나만 아니면 비건 친구들과 함께 피크닉에 간다든지요. 조그만 행동이지만, 돈을 받고 부모님께 비건 도시락을 싸드리거나, 하루에 한 글귀씩 멘트를 적어서 직장 동료들에게 스며들도록 전달하는 것도 해봤어요. 예를 들어, '우유의 진실'이라든지요.

* 지금 다니는 직장 이야기도 해주세요.

저는 지금 '빵과 장미'라고 하는 빵집에서 일하고 있어요. 광주에는 '광주청년일경험드림사업'이라는 일자리 지원사업이 있는데요. '빵과 장미'도 일자리 지원사업을 통해 청년을 채용해요. 제가 이 사업을 통해 일하게 되었죠. 이전에는 광주 로컬 빵집에서 아르바이트를 했는데요. 그때는 비건도 아니었지만, 비닐을 너무 많이 쓰는 게 문제라고 생각했어요. 카페나 편의점에서도 쓰레기가 너무 많이 나와요. '빵과 장미'에는 제가 이런 문제에 대해 이야기하면 사장님이 공감해주세요. 함께 줄여나가는 행동을 할 수 있는 공간인 거죠. 무엇보다 저의 라이프 스타일이나 가치관에 맞아서 지금까지 일했던 곳 중에서는 가장 편한 거 같아요. 제가 몇 년 전에 없어진 '온새미로'라는 비건 빵집에서 비건 베이킹 자격증을 땄거든요? 그래서 최근에는 디저트도 열심히 만들고 있어요. 쿠키랑 단호박케이크가 저의 레시피였답니다.

* 동물권 활동을 하면서 부족한 자원이라고 느낀 게 있다면요?

요즘 광주에서 기후위기에 대한 이야기를 많이 하는데요. 육식에 대한 이야기는 하지 않는 거 같아요. 이게 정말 아쉬워요. 시청 구내식당이나 학교 급식에 비건 옵션을 넣으면 많은 생명을 살릴 수 있다고 해요. 주변에서 할 수 있는 일이 얼마든지 있는데, 항상 이런 정책적인 부분이 아쉬운 거 같아요.

* 그동안 비건으로 살면서 힘드셨던 일이 있다면요?

명절에 친척들을 만나면, 많은 이야기를 듣는 거 같아요. 그때 들어야 하는 말과, 그 앞에 놓여있는 음식들이 힘들어요. 일상에서는 피하면 그만인데, 피할 수 없는 순간이 있잖아요. 사람들이 저에게 했던 이야기들도 힘들었어요. 예전에는 '단백질과 건강'에 대한 이야기나 '식물도 생명'이라는 이야기를 많이 들었거든요.

* 지방 활동가로서 힘든 점이 있다면요?

질문을 보자마자 들을 수 있는 강의가 적다는 생각이 들었어요. 서울에는 비건들이 들을 수 있는 강연이 많아요. 베지닥터나 비건작가들, 비건 운동가들이 이야기를 나누는 장도 많고, 모임도 많아요. 이런 강연이 있다면, 동물권에 관심 없는 친구를 데려가서 홀릴 수 있을 거 같아요. 그런데 광주에서 이런 강연을 들으려면, 더 많은 금액을 주고 초청해야 하잖아요. 이게 아쉬워요.

* 민결님이 생각하는 광주는 어떤 도시인가요?

제 고향이고, 익숙한 곳이에요. 주변에서 서울에서 살아보고 싶지 않냐고 물어보기도 하지만, 저는 광주가 좋아요. 살다 보니까 '광주부심'이 생겨버렸는지 모르겠는데, 그런 건 아니고 가장 익숙한 공간, 익숙한 지역이라서 좋아요. 그래서 광주에서 활동하는 거 같네요.

* 민결님은 광주가 어떤 도시가 되었으면 하나요?

숲이 생기고 자전거 도로도 많아지고, 비건의 메카와 같은 도시. 비건 식당도 많아지고, 모두가 일주일에 3일은 행복할 수 있는, 살기 좋은 도시였으면 좋겠어요. 살기 좋은 도시이려면 숲이 많아야 한다고 생각해요. 집 앞 5분 거리에 숲이 있다고 상상해봐요. 타일러가 이야기한 건데요. 본인이 어렸을 때 살던 곳에는 바로 앞에 자연이 펼쳐져 있어서, 자연스럽게 자연과 함께 살아가고 있다는 사실을 인지했대요. 그렇게 자연과 함께한다는 감수성이 자연스럽게 스며들었다고 해요. 지금 저희가 사는 곳은 삭막하잖아요. 집 밖에서 볼 수 있는 동물은 비둘기와 참새뿐이에요. 숲이 생기면 숲에 가서 산책이나 명상을 할 수 있고, 자연을 바라보며 자연과 함께라는 느낌도 받을 수 있어요. 아이들과 뛰어놀 수도 있고, 동물들이 살 수 있는 공간도 생겨요.

* 민결님은 우리 사회가 어떤 사회가 되었으면 하나요?

평화로운 사회요. 말 그대로 평화예요. 제가 최근에 책모임에서 '폭력 없는 미래'라는 책을 읽었는데요. 우리가 사용하는 말에는 생각보다 군사 용어가 많고, 학교 문화에도 군대 문화가 스며들어 있어요. 우리가 원하는 세상은 평화로운 세상이고, 우리는 평화를 원하는데요. 그럼에도 우리가 살고 있는 나라는 언제 전쟁이 일어날지 모르기 때문에 군대를 가지고 있어요. 매우 모순적이라는 생각이 들어요. 저에게 동생이 하나 있는데, 남성이라는 이유만으로 군대에 가야 한다는 게 너무 이상해요. 동생 때문에 군대에 대한 생각이 많아지는 거 같아요. 그래서 징병제가 모병제로 바뀌었으면 좋겠어요. 이외에는 어느 가게에 가도 노키즈존이 없었으면 좋겠고, 모든 식당에 비건 옵션이 있었으면 좋겠어요. 그리고 숲이 있는 사회였으면 좋겠어요.

* 민결님이 하시는 동물권 활동에 목표가 있다면 무엇일까요?

우선 제 스스로에게는요. 저라도 제 주변 사람들에게 상처 주지 않고, 스스로를 잘 챙기면서 활동을 이어나갈 수 있었으면 좋겠어요. 그리고 동물권에 대한 감수성도 계속 이어나가고 싶어요. 더 큰 목표가 있다면, 인간을 포함한 모든 동물의 행복이에요.

광주에서 사립학교 비리에 맞서 활동하기

박가영

명진고등학교 졸업생

* 간단한 자기소개를 부탁드려요.

안녕하세요. 저는 이번에 명진고등학교를 졸업한 박가영입니다.

* 명진고 사학비리와 싸워오셨다고 들었어요.

명진고등학교는 광주 광산구에 있는 사립학교예요. 2020년 5월에 명진고 측이 부당한 사유를 들어 손규대 선생님을 해임했어요. 규대 쌤은 명진고 이사장에게 교사 채용을 빌미로 금품 요구를 받았지만, 이 사실을 용기 내서 고발하셨던 분이에요. 저는 규대 쌤이 남긴 카카오톡 메시지와 관련 기사를 통해 해임 사실을 알게 되었어요. 시험 출제 오류, 지시불이행 등 갖은 핑계를 들었더라고요.

이때부터 많은 학생들이 SNS를 통해서 명진고를 비판했는데요. 트위터에서 '실트 총공'을 진행했고, 인스타그램에서 손글씨 릴레이도 했어요. 트위터 '실트 총공'은 같은 키워드가 담긴 글을 여러 번 작성해서, 더 많은 사람들에게 해당 키워드를 노출시키는 행위에요. 그런데 학교 측에서 학생들을 압박하면서 말도 안 되는 주장을 펼치더라고요. 그래서 잘못된 것을 바로잡아야겠다는 생각에서 활동을 시작하게 되었어요. 무엇보다 규대 쌤은 3년 동안 저희들과 동고동락한 분이었고, 명진고에서 드물게 학생 편에 서주었던 선생님이었어요. 그랬던 선생님을 이렇게 보내고 싶지 않았어요. 이때부터 명진고 사학비리에 맞서 싸웠어요.

6월 11일에 규대쌤이 학교 정문에서 피켓을 들고 1인 시위를 했어요.

저희가 그 소식을 미리 듣고 몰래 피켓을 준비했어요. 그리곤 하교 시간에 학교 정문에 나갔어요. 노래도 하나 준비했는데, '한국사이버대학교' 광고 노래를 개사해서, "손규대 선생님 만나고 나의 학창시절이 달라졌다"는 내용의 노래를 불렀어요. 그러니까 규대 쌤이랑 같이 집회를 한 거죠. 되게 뿌듯했던 순간이었던 거 같아요.

9월에는 아예 학생들을 주체로 한 학내 집회를 했어요. 이때 교장 선생님과 충돌하기도 했는데요. 제가 "이건 저희의 자유니까 방해하지 말아달라"고 하니까, 그분이 "너희에게 너희의 권리가 있듯 나에게도 내 자유가 있다. 남을 불편하게 할 자유는 없다"고 했어요. 그래도 많은 친구들이 저희들과 함께 해주었고 다른 학년 학생들도 다들 공감해주어서 기억에 남는 일이에요. 이때 제가 40분 정도 교장 선생님과 논쟁을 했는데, 친구들이 그걸 다 찍어두었더라고요. 이후에 교장실 앞에 포스트잇을 붙였는데, 한 친구가 "교장 선생님~ 감사드립니다~! - 재수학원 원장 -"이라고 적어둔 게 기억에 남아요.

* 졸업사진 찍을 때 손규대 선생님 등신대도 등장했다고 들었어요.

저희가 3학년이다 보니까 졸업사진을 찍잖아요? 생각해 보니까 졸업 앨범에 규대 쌤 얼굴이 없을 거 같았어요. 우리들이 제일 좋아하는 선생님이고, 항상 우리 편에 서 주었던 선생님이니까, 같이 찍은 사진이 앨범에 실렸으면 하잖아요? 그래서 등신대를 만들어서 세워뒀어요. 학생들이 돌아가면서 사진을 찍었죠.

제가 명진고에 다니던 3년 동안 굉장히 많은 일들이 있었어요. 학생들이 교무실에 항의하러 가는 일도 잦았는데요. 다른 선생님들은 "너네 말들을 필요없다"고 했지만, 규대 쌤은 항상 처음부터 끝까지 저희 이야기를 들어주셨어요.

* 학교 측에게 고소도 당하셨다고 들었어요.

제가 학교 측에게 고소당했거든요? 그러니까 규대 쌤 해임 직후부터 학생들이 사학비리에 맞서 싸우기 시작하니까, 학교법인 측이 학생들을 명예훼손죄로 고소한 거예요. 저 같은 경우에는 지인을 통해 학교 정문 앞에 현수막을 걸고, 언론사에 입장문을 발표했는데요. 학교 측 고소장에 "성명 불상의 명진고등학교 학생 B(학교 앞에 현수막을 게시하고, 보도자료를 제출한 자)"를 처벌해달라고 명시되어 있었어요.

학교한테 고소당하니까 하도 어이가 없어서, 그날부터 학교에 대자보를 만들어서 붙였어요. 학교에 요구하는 사항이랑 이건 잘못되었다는 이야기를 담았는데요. 집에 있던 A4 용지를 200장 정도 썼어요. 매일 2층부터 5층까지 대자보를 붙였는데, 학교 측에서 정말 1시간에 한 번씩 제가 붙인 게시물을 떼었어요. 저도 오기가 생겨서 쉬는 시간마다 학교를 돌아다니면서 게시물을 붙였죠.

제가 "학생들에 대한 고소를 취하하고 사과하라"는 내용의 대자보도 붙였는데요. 당시 학교 측이 고소한 학생이 재학생 3명, 졸업생 1명이었어요. 졸업생은 트위터에 사학비리 관련 트윗을 공유했다는 이유로 고소당

117

했어요. 그런데, 제가 학생에 대한 고소를 취하하라는 대자보를 붙이니까, 행정실에서 "우리는 학생을 고소한 사실이 없다"는 게시물을 붙이더라고요. 그래서 제가 그 옆에 고소장을 붙였어요. 제가 고소장을 갖고 있을 거라고 생각하지 못한 거죠. 직후에 행정실에서 "학생에 대한 고소는 취하했으니까, 행정실에서 직접 확인하라"는 게시물을 붙였어요. 언제는 고소한 적 없다고 했다가, 이제는 취하했다고 하는 게 이상하잖아요. 그래서 도대체 어느 장단에 맞춰야 하냐고 게시물을 붙였더니, 게시판에 붙인 게시물을 전부 떼버리더라고요.

제가 명진고 게시판에 전지 사이즈 대자보를 세 장 붙인 적도 있는데요. 학교 측이 그 위에 다른 포스터를 여럿 붙였어요. 그래서 저희가 그걸 다른 곳에 옮겼거든요? 그러니까 학교법인 명의의 경고문이 대자보 위에 붙더라고요, "게시판에 있는 포스터를 인위적으로 옮기는 행위는 절도죄에 해당한다"라고 적혀있었어요. 하도 웃겨서 청소 시간에 학생들이 게시판 앞에 모였죠. 그러니까 선생님 한 분이 저희를 해산시켰어요. 원래 그쪽 청소인 친구들은 그날 청소 안 했죠(웃음).

저희가 얼마 뒤에 학생회 이름으로도 게시물을 붙였는데요. 이번에는 학교 측에서 "명예훼손죄로 고소할 수 있다"는 경고문을 붙였어요. 학생을 명예훼손죄로 고소하겠다고 협박하는 게 상식적으로 이해가 안 가죠? 명진고가 학생들 외에도 기자들, 시민단체 대표, 광주교사노동조합 위원장, 일반 시민 등을 고소했거든요. 근데 전부 다 무혐의 처분이 나왔어요. 단 한 사람도 처벌받지 않았어요. 애초부터 협박을 위한 고소였다고 생각해요. 조사받으셨던 분 이야기를 들어보니까, 경찰도 "학교가 지네가 가르치고 있는 학생들을 고소하는 건 도의가 아니지 않느냐"고 같이 화내주셨다고 하더라고요.

학교 측에서 게시판에 게시물을 붙인 적도 있는데요. 행정실에서 규대 쌤과 학교 측이 나눈 대화 내용 중 일부를 인쇄해서 게시판에 붙였어요. 앞뒤 맥락은 삭제되어 있었고, 본인들에게 유리한 내용에 밑줄이 그어져 있더라고요. 그래서 친구들이 화가 나서 그 게시물을 뜯어서 변기통에 버렸어요. 그러니까 학교에서 방송을 하더라고요. "이거 뜯어간 사람은 당장 돌려줘라. 절도죄로 고소할 수도 있다"라고요. 이걸 전체 방송을 통해 듣는데, A4 용지 몇 장 가지고 고소하겠다고 하는 게 상식적으로 이해가 안 가더라고요.

저희가 한번은 '세로드립'이 담긴 게시물을 붙였어요. 그러니까 게시판에 "나는 우리 학교 좋은데 다른 친구들이 왜 이렇게 하는지 모르겠다"는 장문의 글이 붙었는데요. 사실 제일 왼쪽에 있는 글자를 세로로 읽어보면 사학비리를 비판하는 내용의 문장이 나와요.

명진고 문제가 국정감사에도 갔는데, 국회 교육위 소속 국회의원들이 명진고 이사장한테 "어떻게 학교가 학생을 고소합니까!"라고 호통을 쳤어요. 이사장이 그 자리에서는 아무 말도 못 하고 듣고 있더라고요.

제가 한 번은 허심탄회하게 삼자대면을 하고 싶어서 행정실장을 찾아갔어요. 우리 면담 좀 하자, 했는데, 그 사람이 "네가 뭔데 날 불러가지고 이래라 저래라 하냐"고 하더라고요. 그래서 제가 "명진고등학교 3학년 학생"이라고 했죠. 그러니까 행정실장이 한동안 아무 말도 안 하더니만, "너네는 날 만날 수 있지 않아"라고 하더라고요(웃음).

그래서 제가 광주시교육청 홈페이지에 있는 '교육감에게 바란다'에 우리

이야기 좀 들어달라고 글을 써봤어요. 얼마 후에 교육청 정책국장님이랑 장학관님이 학교에 오시더라고요. 그래서 학교 측(교장, 교감, 행정실장), 학생 측(저랑 학생회장), 교육청 측(정책국장, 장학관)이 삼자대면을 했죠.

그러다가 국정감사 직후에 교원소청심사위원회에서 손규대 선생님에 대한 학교 측의 해임 징계가 무효라고 판단을 내렸고, 현재 규대 쌤은 학교로 복직한 상황이에요. 하지만 학교 측은 여전히 선생님에 대한 탄압을 멈추지 않고 있어요. 복직 직후에는 1층 체력 단련실에서 대기하라는 지시를 받으셨는데요. 이게 알고 보니까 벽을 보면서 시간을 죽이고 있으라는, '면벽근무'라고 불리는 직장 내 괴롭힘이더라고요. 지금 규대 쌤은 3개 학교를 돌아다니면서 순환 근무를 하고 계세요. 저는 현재 학교를 졸업한 상태이지만, 계속해서 명진고 측의 움직임을 주시하면서 활동을 이어나갈 생각이에요.

* **그동안 활동하시면서 힘드셨던 일이 있었다면요?**

제가 눈에 띄는 활동들을 하다 보니까 미움도 많이 샀는데요. 작년에 새롭게 당선된 학생회 회장, 부회장이 있었을 거 아니에요? 모 교사가 두 사람에게 밥을 사준다고 했대요. 그 친구들이 계속 거절하다가 어쩔 수 없이 밥을 먹었대요. 그런데 식사 자리에서 그 교사가 "너네는 박가영처럼 되지 말아라. 나는 박가영처럼 어려서부터 정치판 기웃거리는 애들이 싫더라"라고 이야기를 했데요. 근데, 이걸 학생회장 친구가 몰래 녹음을 해온 거예요(웃음). 교사라는 사람이 특정 학생 한 사람에 대한 비난을 다른 학생들에게 했다는 사실 자체가 황당했어요. 전에는 이런 일들 때문에 힘들었는데, 지금 생각해 보니까 그냥 웃긴 이야기네요.

또 생각나는 게, 국회에서 명진고 이사장을 불러 국정감사를 한 게 2020년 10월인데요. 국감을 며칠 앞두고 광주 시민단체들이 교육청 앞에서 기자회견을 했어요. 그런데 기자회견장에서 제가 쓴 입장문이 발표되었는데요. 이 소식을 들은 명진고 교장이 제 담임 선생님을 찾아와서는, "박가영이 무단 조퇴한 것 같다. 빨리 결석 처리를 하라"고 지시해요. 그래서 선생님들이 저를 찾고 난리가 났는데, 해당 입장문은 대독된 거라, 저는 당연히 학교에 있었죠. 당시에 명진고 이사장의 둘째 딸이 교감 권한대행을 맡고 있었는데요. 그 사람은 "박가영은 교사노동조합 내통자가 아니냐"라고 이야기했어요.

교장, 교감 권한대행, 교사들. 분명 학교라는 공간에서 학생의 위치에 있었던 저보다 높은 권한과 권력을 가진 이들인데요. 이런 사람들에게 미운털이 박히고, 여러 비난을 받는 과정에서 조금 힘들기도 했던 것 같아요.

* 명진고에서 스쿨미투 사건도 있었다고 들었어요.

명진고 스쿨미투는 트위터로 시작했는데요. 2018년 9월 16일에 '광주 명진고등학교 미투' 계정이 트위터에 등장했어요. 학생들이 그동안 쌓였던 게 있었는지, 제보를 쏟아냈죠. "사업을 하려면 여자를 조사해라. 여자는 머리부터 발끝까지 돈이다", "(역사 수업을 하며) 너희도 이때 태어났으면 위안부였다" 등의 발언을 한 교사가 있었고, 직접적인 신체 접촉을 한 교사도 있었어요. 학교 측에서 사안의 심각성을 인지했는지, 강당에서 전체 교직원이 사과를 했는데요. 정작 가해자가 아닌 착한 선생님들은 막 울고 있는데, 잘 못한 선생님들은 뻣뻣하게 팔짱을 끼고 서 있었어요. 어떤 선생님은 끝까지 고개를 안 숙여서, 옆에 있던 다른 선생님이 등을 눌러 주기도 했어요.

당시에는 교육 당국이 스쿨미투에 굉장히 민감해서, 교육청에서 바로 조사를 나왔어요. 이때 학생들이 교사 39명을 가해자로 지목했고, 교육청이 이중 행위의 정도가 심각한 교사 20명을 실질적인 가해자로 판단했어요. 가해자로 판단된 20명 중 16명은 수사기관에 고발되었고, 고발된 교사 중 기간제 교사 4명은 계약 해지되었어요. 그리고 교육청이 수사기관에 고발된 교사 12명, 고발되지 않은 교사 4명에 대한 징계를 명진고 측에 요구했어요. 그런데 사립학교에는 교사 징계 수위를 결정할 권한이 있거든요?

그러니까 교육청 측이 명진고 스쿨미투 연루 교사 16명에 대한 징계 수위로 해임(7명), 정직(4명), 감봉 3개월(1명), 견책(1명), 경고(3명)를 요구했는데요. 학교 측이 해임을 요구받은 교사 7명 중 1명에게만 해임 처분을 내렸고, 정직을 요구받은 교사 4명 중 2명에게 정직 처분을 내렸어요. 이후에 교육청이 재심의를 요구했지만, 결과는 그대로였어요.

결국 2020년 1월에 스쿨미투에 연루되었던 교사 대부분이 학교로 돌아와요. 그래서 저는 저희 학교 스쿨미투가 성공했다고 말하기는 조금 어렵다고 생각해요. 사립학교가 마음대로 할 수 있는 영역이 너무 많으니까, 사립학교법이 바뀌어야 현장의 변화가 더 쉬워질 수 있다고 생각해요.

이 2020년 1월에 스쿨미투에 연루되었던 교사들 대부분은 학교로 돌아오는데, 같은 해 5월에는 이사장의 비리를 고발했던 손규대 선생님이 부당하게 '해임' 징계를 받으셨잖아요? 저희 입장에서는 화가 날 수밖에 없죠.

* 서명운동도 진행하셨다고 들었어요.

저희가 사실 2020년 1월에 서명운동을 하려고 계획하고 있었어요. 스쿨미투에 연루된 선생님들의 복직을 막고 싶었어요. 하지만 코로나19 때문에 학교에 못 나가다 보니까, 흐지부지되었죠. 그러다가 규대 쌤 해임 소식을 듣고, 이번에는 진짜로 하자고 결심했어요. 그래서 구글폼으로 서명을 만들었고, 각 반 친구들에게 연락해서 "너네 반 단톡에 뿌려달라"고 부탁했어요. SNS에도 홍보했죠. 지역 시민단체들에게도 도움을 받았어요. 결과적으로 저희들의 서명운동에 2,040명이 참여했고, 이 중 376명이 명진고 재학생이었어요.

* 원래부터 활동에 관심이 있으셨나요?

어릴 때부터 세상에 존재하는 모든 권리는 존중받아 마땅하다고 생각해왔어요. 그래서 당연한 권리들이 침해당하는 모습을 보게 되면 외면하지 않고 함께 싸워보기로 했어요. 활동가 중에도 계기가 있는 사람이 있고, '본투비'인 사람이 있다고 생각하는데요(웃음). 저는 중학교 때부터 사회운동가가 되는 게 꿈이었어요.

처음에는 초등학교 2학년 때 고모가 외교관이라는 직업을 알려줬는데, 그게 너무 멋있어 보였어요. 그래서 관련된 책들을 읽었어요. 그러다가 사회운동 쪽 책으로 넘어오게 되었는데, 이게 되게 매력적으로 다가왔어요. 인생을 온전히 바쳐도 절대 후회하지 않을 선택이 될 것 같았어요. 가장 인상 깊었던 책을 꼽자면, 〈왜 세상의 절반은 굶주리는가〉였어요.

그러다가 고등학생이 된 이후에 선거연수원에서 주최하는 자기주장발

표대회에도 나가보고, 청소년 모의인권이사회 같은 곳에서도 활동해봤어요. 조금 부끄럽긴 하지만, 국회방송에서 주최한 '고교토론왕'이라는 프로그램이 있거든요? 거기에서 16강에 진출해서 딱 한 번 TV에도 나와봤어요. 교내에서 했던 활동 중에도 인상 깊었던 것들이 있는데, '비전 나눔'이라고 하는 꿈을 발표하는 자리가 있었어요. 전교생 900명 앞에서 제 꿈을 발표했고, 약자들의 권리를 대변하는 일을 하고 싶다고 했어요.

* 가영님이 생각하는 광주는 어떤 도시인가요?

저는 광주에 대한 자부심이 커요. 광주는 5·18 민주화운동이 일어난 도시잖아요. 제가 한국의 현대사를 굉장히 좋아하는데, 광주라는 도시가 너무 멋있어 보이더라고요. 제가 중학생일 때 영화 〈택시운전사〉가 나왔는데요. 그 영화를 보고 광주라는 도시를 끝내 지켜낸 시민들이 정말 대단하고 멋지다고 생각했어요. 제가 만약 그 시대에 살았다면, 그렇게 할 수 있었을까요? 그분들이 지켜낸 이 도시를 더 아름답고 더 민주적인 사회로 만들어 나가고 싶어요.

반대로 지방에 살아서 불편한 점에 대해서도 말해보자면, 듣고 싶은 강연이나 참여하고 싶은 프로그램들이 수도권에 밀집되어 있다는 점이 있어요. 서울과 광주를 자주 오가는 게 쉬운 일은 아니잖아요. 학생의 입장에서는 입시부터 시작해서 기회가 많지 않다는 생각이 들어요. 광주에서 전남대학교 외에 다른 대학에 가면 실패한 인생을 산 것처럼 받아들여지는 측면이 있는데, 이 부분이 상당히 마음 아픈 거 같아요.

인권 분야에서는 성소수자들에 대한 인식이 그렇게 긍정적인 것 같지 않은 점이 마음에 걸려요. 제가 학교에서 오케스트라를 했었는데, 초청 오신 선생님이 성소수자들에 대한 혐오 발언을 하시더라고요. 또 제가 수행평가로 '성소수자와 사회 불평등'을 발표한 적이 있었는데요. 제 발표가 끝난 이후에 "그래도 이건 좀 아니지 않아?"라고 이야기하는 친구들이 있었어요. 해당 수업을 담당하신 선생님께 질문을 하러 찾아간 일이 있는데, 그때 그 선생님이 "그때 네가 한 발표 잘했고 좋긴 했는데, 뭔가 그쪽 입장만 보여줘서 안타까웠다"고 하시더라고요. 사회 불평등 사례를 조사하고, 이에 대한 해결 방안을 구상해오라는 수행평가에서 나올 수 없는 반응이었다고 생각해요.

* 광주가 어떤 도시가 되었으면 하나요?

지킬 건 지켜나가면서도 떠나고 싶지 않은 도시였으면 좋겠어요. 모든 권리가 존중받고, 정체성을 이유로 차별받는 사람이 없는 도시가 되었으면 좋겠어요. 제가 이번에 대학에 갔는데요. 요새는 대학이 취업을 목적으로 움직이잖아요? 공부를 목적으로 가는 사람도 있겠지만 극소수에 해당하고요. 많은 사람들이 하고 싶은 꿈을 펼치지 못하고 사는 거 같은데, 각자가 꿈꾸는 대로, 하고 싶은 일을 하면서 진짜 인생을 살아가는 세상이 오면 좋겠어요.

광주에서 교육·학벌철폐운동 하기

박고형준

학벌 없는 사회를 위한 시민모임

* 간단한 자기소개를 부탁드려요.

안녕하세요. 저는 '학벌 없는 사회를 위한 시민모임'에서 상임활동가로 활동하고 있는 박고형준입니다.

* 어쩌다 활동가가 되셨나요?

시민운동을 하는 분들 중에는 대학교에서 학생운동을 하셨던 분들이 아주 많은데요. 저는 고등학교까지만 나왔어요. 고등학교 인권 동아리에서 활동을 접하게 되었죠. 그런데 저희 동아리는 구성원이 열 명도 안 되는 작은 동아리였음에도 많은 탄압을 받았어요. 교육청이 저희를 감시의 대상으로 여긴 거죠.

그러다가 저희 동아리가 광주 중·고등학생연합 출범식에 참여하게 되었는데요. 이때 교육청 측에 의한 대대적인 탄압이 이루어져요. 출범식 당일에는 각 학교 학생부장 선생님들이 다 모였는데, 출범식에 참석한 학생들보다 많았던 거 같아요. 그 뒤로 연합에서 인권 관련 캠페인을 두 차례 했는데, 그때도 교사들이 오셨던 기억이 나요.

제가 당시에 집회 신고를 제 이름으로 했는데요. 그러다 보니까 주동자로 찍히게 되었어요. 학교 측에서 정말 지속적으로 사실관계를 캐물었어요. 학교에 있는 시간의 대부분을 사실관계 확인서를 쓰는데 보냈어요. 누구를 만났냐고 묻더라고요. 같이 활동하는 학생들은 어디 학교 누구고, 정말 네가 주도한 거냐고도 물었어요. 사주한 사람이 있느냐는 질문이었죠. 마치 독재 시대에 대공분실에서 조사받는 것처럼 똑같은 질문에 매일 마주했어요.

어떤 교사는 저에게 친근감을 표시하고 도움을 주겠다는 의사를 표현했는데요. 그에게 관련 사실을 이야기했다가, 뒤통수를 맞는 경험도 했어요. 본인이 전교조 조합원이라고 하니까, 순수하게 믿었는데 사실은 아니었던 거죠. 이때 제가 했던 진술 때문에 여러 사람이 곤경에 빠지기도 했고, 저희 어머니는 매일 학교에 오셔야 했어요. 이 과정이 너무 힘들어서 보름 정도 학교를 안 나가고 가출도 했어요. 그 사이에 학교 측에서 징계 절차를 밟으려고 한다는 소식을 듣고 어쩔 수 없이 학교에 갔죠. 이 과정에서 저희 동아리 구성원들은 다들 떨어져 나갔고, 저는 퇴학 조치를 당할 위기에 놓였어요. 다행히 지역사회가 나서 주어서 퇴학은 안 당했죠. 그런데 마지막에 학교 측과 합의서를 써서 나누고, 징계 처리를 받아들이고 나니까 저만 홀로 남았어요. 이때가 가장 힘들었던 거 같아요.

당시에 합의서를 쓸 때, 전교조 광주지부도 합의 주체 중 하나였어요. 전교조의 사주가 없었다는 내용의 합의서를 남겼거든요. 그런데 되짚어보면, 당시 전교조가 취했던 태도가 조금 아쉬워요. 단순히 사주를 안 했다는 입장을 넘어서, 더 적극적으로 지지해주고 이러한 활동이 정당하다는 선명한 입장을 내주었으면 좋았을 거 같아요.

이후에 남은 학창 시절을 외로이 보내고, 고등학교를 졸업했는데요. 졸업 후에 할 일이 없더라고요. 그러던 중에 어렸을 때 인연이 닿았던 지역사회 활동가께서 시민단체에서 같이 일해보자고 제안해 주셔서 흥사단 프로젝트 팀에 참여하게 되었어요. 이때가 딱 2000년도예요. 추후 이런저런 활동을 했는데요. 제가 공모사업 같은 것들에 익숙하지도 않았고, 하고 싶은 마음도 없었나 봐요(웃음). 그래서 그만두고 한동안 아르바이트를 하다가 군대에 다녀왔어요.

군대에 다녀온 이후에도 시민단체 일이 저에게는 맞지 않는다는 생각이 들어서 다른 일을 했어요. 그런데 다른 일도 재미가 없긴 마찬가지더라고요. 제가 당시에 시민단체를 안 해야겠다고 생각한 이유 중 하나가 '당사자성'인데요. 청소년 인권운동을 하고 싶었지만, 당사자성이 없으니까 쉽게 나서지 못했던 것 같아요. 그러다가 청소년 인권운동을 하는 주체들이 전국을 돌고 있다고 행사에 참여해달라는 연락을 받아요. 별로 마음이 내키지 않았는데요. 참여해보니까 청소년 인권운동에 당사자뿐만 아니라 관심 있는 모든 사람들이 함께 참여하는 단체였어요. 이때 제가 가지고 있던 뭉쳐있던 마음이 풀어졌던 것 같아요. 이때부터 진짜 관심이 시작되었어요. 다시 열심히 활동했죠. 그러다가 '학벌철폐' 운동이 제 포지션에 가장 잘 맞는 활동이라고 느끼게 되었어요. 대학입시로 인간의 가치에 등급을 매길 수 없다고 생각했어요.

그래서 몇몇 사람들과 함께 발기인을 조직해서 2008년에 '학벌없는사회 광주모임(준)'을 출범시켰어요. 이때부터 광주시교육청을 비판하는 활동을 시작으로 사립학교 정보공개 청구, 교육현장의 인권침해 감시 등의 활동을 해왔어요.

* 지금까지 활동하면서 기억에 남는 일이 있다면요?

대학입시가 끝나면 고등학교나 학원가에 올해 어느 대학교에 몇 명이 갔다는 내용의 현수막이 걸리잖아요? 이걸 저희 '학벌'에서 인권위에 문제 제기 해서 시정하는 일을 해왔어요. 당시에는 크게 생각하지 않고, 해야하니까 한 일이었어요. 그런데 사람들이 느끼는 감정은 달랐어요. 입시를 통해 만들어지는 어떤 인식이 변화한다고 느끼는 사람들이 있었어요. 그래서 끈기를 가지고 하나의 사안을 말 그대로 해나가는 것만으로도 바뀌는 게 있다는 걸 깨달았어요. 이런 민원들을 차근차근 해결해 나가는 게 제 역할이고, 시민단체가 해야 할 기본이라고 생각해요.

그래서 저는 항상 민원에 충실하려고 해요. 예컨대 학원에서 체벌이 일어난 상황이라고 가정해볼게요. 이때 단순히 학원 측의 체벌이 아동학대라고 규정하고 고발하는 것도 중요해요. 하지만 여기서 멈추지 않고, 행정측이 피해자를 위한 조치를 제대로 취하지 못했다고 지적하고, 제도 개선을 요구해요. 이런 방식의 운동을 지향하는 거 같아요. 교감의 갑질이 있었을 때, 그의 징계를 요구한 이후에 갑질 문화를 어떻게 개선할 것인지 행정 측에 요구해요. 단일 사건을 끊임없이 교육 전반의 문제로 확대해서 해결해 나가는 거죠.

현역병 입대의 대상을 학력에 따라 제한하는 제도가 있었어요. 초졸이나 중졸인 이들도 원하면 군대에 갈 수 있어야 하는데, '학력'에 따라 재단하는 건 문제라고 생각했어요. 그래서 인권위에 진정을 넣었고, 이번에 실제로 제도가 바뀌게 되었어요. 또 예비군 훈련의 경우에도 대학생들은 동원훈련을 받지 않고, 하루만 받는데요. 대학에 재학 중이지 않다는 이유로 동원훈련 혹은 수십 시간의 훈련을 더 받아야 하는 건 옳지 않다고 생각해요. 이 부분에 대해서도 문제제기를 했고 관계 부처가 의견 표명을 하기도 했어요.

이외에도 고등학교 기숙사를 성적순으로 뽑는 문제에 대해서 인권위에 진정을 넣은 적이 있었는데요. 이게 인용되어서 인권위가 정식으로 그렇게 하지 말라고 권고한 일이 있었어요. 이렇게 될 때마다 저희가 문제를 제기했던 대상뿐만 아니라 전국에 있는 다른 지역으로도 변화가 확대되더라고요. 그 지역의 다른 단체에서 저희의 주장을 인용해서 활동을 전개하기도 하고요.

* 활동하면서 부족한 자원이라고 느낀 것이 있다면요?

아마 많은 분들이 재정 이야기를 하실 것 같아요. 저희 학벌은 상근자가 두 명이었던 적도 있고, 한 명이었던 적도 있어요. 상근자가 한 명 더 있고 없고의 차이가 정말 컸어요. 그래도 그동안 많은 일들이 있었지만, 위기의 순간들은 다 넘긴 것 같아요. 누구에게 피해 주지 않고, 서로 인정할 수 있는 수준에서 문제를 해결해왔어요. 정당한 대우라고 보기는 어렵지만, 최저임금법이나 노동법에 근거해서 임금을 주었고, 재정적 위기도 잘 넘겨왔어요. 다만, 인간이기 때문에 임금에 있어서 보상을 받더라도, 그것만으로 사는 건 또 아니잖아요. 가끔 2% 부족한 느낌을 받죠. 활동에 대한 지원금도 필요한 것 같고요.

* '지방' 활동가로서 힘든 점이 있다면요?

저는 지방 활동가라는 정체성에 대해서 전혀 생각하지 않고 사는 거 같아요. 저희 단체가 환경운동연합이나 YMCA처럼 전국적인 연맹이 있고, 그 안에 소속된 지부였다면 어려움이 있었을 거 같은데요. 저희는 광주에 소재하는 개별적인 단체이고, 광주가 본거지예요. 많은 분들이 '학벌없는 사회를 위한 시민모임'을 알고 난 후에 질문하세요. 광주에만 있느냐고요.

저는 이 이야기에서 광주가 중심이라는 걸 느끼는 것 같아요. 서울에 꼭 있어야 할 필요는 없잖아요. 서울도 하나의 지방으로 인식할 필요가 있다는 생각이 들어요.

원래 저희 단체가 '학벌 없는 사회를 위한 광주시민모임'이었는데요. 이때에도 서울 쪽과는 별개로 활동을 했어요. 그러다가 서울에 있던 '학벌없는 사회'가 해산을 결정했는데요. 이후에 저희가 단체명을 '학벌없는 사회를 위한 시민모임'으로 바꿨어요. 여전히 학벌이라는 문제는 해결되지 않았으니까, 저희가 광주를 중심으로 이 문제를 해결해보겠다는 의지를 표명한 거죠. 이때 정관 개정을 하면서 광주 이외의 다른 모든 지역을 포함한 활동들을 하고 싶다고 생각했어요. 그 마음을 여전히 유지하고 있어요. 이후에 서울이나 다른 지역에서 "이런 사안이 있어요. 도움을 주세요"라는 연락이 오는 경우가 있어요. 이럴 때면 적극적으로 결합하고, 역할을 다 하려고 해요.

그래서 최근에는 서울이나, 경남, 전남 순천에 있는 사안들에 대해서도 거리낌 없이 목소리를 내는 거 같아요. 꼭 사람을 대면해서 일을 처리해야 할 사안도 있지만, 그렇지 않은 것들도 많거든요. 자료도 보고, 그것이 미진하면 직접 내용을 더 찾아보고 객관적인 시각에서 사안을 바라보려고 노력해요. 이후에 적극적인 모습을 보여주는 거죠.

예전에는 사무실 전화의 벨이 거의 안 울렸어요. 그런데 이렇게 활동을 쌓아가니까, 사람들이 신뢰를 갖고 단체에 접근하는 거 같아요. 예전에는 어디 기자회견 있으면 따라가고, 언론에 보도된 게 있으면 논평 내는 수준이었어요. 그러다가 정보공개 청구도 알게 되고, 민원도 어떻게 하는지 알게 되고 노하우가 쌓여온 거 같아요. 사안이 해결되면, 해결됐다고 언론에 공표하고 단체 홈페이지에도 게시하고요. 결국 시민들과 소통하면서 나아가는 방식이 유효하다고 생각하기 때문에 비판과 함께 개선된 것들도 알리기 위해 노력하고 있죠.

최근에는 '학벌없는 과잠' 펀딩을 했어요. 함께 일하던 황법량 활동가가 대학에 만연한 '과잠' 문화가 학벌주의를 조장하고 부흥시키는, 차별적 요소를 가지고 있다는 문제의식에서 '학벌없는' 티셔츠, 점퍼, 배지를 만들어 보자고 제안해 주었어요. 그래서 펀딩을 받아서 굿즈를 만들었죠.

예전에는 명절 때마다 "대학 이야기, 입시 이야기 하지 말자"는 현수막을 걸어서 되게 유행을 탔던 적이 있어요. 그런 건 좀 산뜻하잖아요. 그리고 수능 당일에 희망콘서트를 2번 했어요. '콘서트' 형식으로 한 이유는요. 수능날 일어나는 비관 자살이나, 수능의 어두운 맥락을 단순히 보여줄 게 아니라, 학생들에게 좀 희망의 메시지를 전달해주고, 더 이상 수능으로부터 희생당하지 않았으면 하는 의미에서 '콘서트'로 했어요. 되게 좋았던 경험이었던 것 같아요.

* 박고형준에게 광주는 어떤 도시인가요?

저에게는 태생지여서 특별한 느낌은 없어요. 다만 다른 지역에 있다가 광주에 와서 활동하면 되게 남다를 수 있겠다는 생각은 들어요. 5·18의 도시잖아요. 물론 광주에 대한 자부심과 별개로 아쉬움도 많아요. 시민단체가 많다고 하지만, 그들이 실제로 어떤 일을 하고 있는지 모르겠어요. '이게 시민단체인가?'라는 의문을 갖게 하는 단체도 있어요. 위탁기관을 운영하는 게 주된 사업인 단체라든지, 프로젝트 사업만을 수행하는 단체들을 보면서 자주 하는 생각이에요. 제가 이걸 흥사단에 있었을 때부터 느껴왔는데요. 그 단체들이 잘못되었다는 게 아니라, 이런 문화가 시민사회 전반에 젖어들어 있는 거 같아요. 그래서 더욱 시민단체라고 하면 어떤 현안이나 정치적인 것에 대해서 대응하고, 시민들과 함께 호흡해 나가는 게 중요하다는 생각이 들어요. 여기에 해당하는 단체들도 처음에는 좋은 문제의식을 가지고 출발했을 거예요. 그래서 시민사회가 좀 이런 관행에서 벗어나고 늘 초심을 잃지 않았으면 하는 바람이에요.

* 앞으로 어떤 활동을 해나가고 싶으세요?

사회가 그렇게 쉽게 변하지 않는다는 생각이 들어요. 매년 같은 사안을 두고 수치만 바꿔서 문제제기를 한다면 할 수 있는 게 대단히 많을 거예요. 자료만 갖고 있다면 얼마든지 재가공할 수 있는 거죠. 그런데, 이렇게 하면 일이 재미없잖아요. 상대방도 우리가 똑같은 얘기를 계속하는 걸 알 거고요. 그래서 저는 하나의 문제제기라도 끝을 보려고 노력해요. 현안이 발생하면 항의도 하고 문서도 보내고, 타 기관에 구제 요청도 하고 모든 방법으로 문제제기를 하는거죠.

그동안 제가 경험하지 못했던 문제 제기도 많았어요. 그 때문에 공부도 많이 했죠. 앞으로도 학벌 없는 사회라는 목표를 위해서 근본적인 문제제기와 비판을 이어갈 생각인데요. 그 과정에서 비록 곁가지로 보이는 문제라고 하더라도, 어떻게든 교육의 공공성이라는 큰 틀에서 문제제기 하면서 나아갈 생각이에요.

물론 한계에 부딪힐 때도 있죠. 억지로 일을 짜내야 할 때. 스스로 그렇게 느끼는 시기에는 일을 잠시 멈췄어요. 중간에 1년 정도 쉬었던 적이 있고, 육아 휴직해서 또 1년 쉰 적이 있어요. 안식월이라고 한 달 동안 쉰 적도 있어요. 그렇게 쉬고 나면 세상에는 새로운 일들이 많다는 걸 어느새 깨달은 상태더라고요. 그런 패턴 속에서 일하고 있는 거 같아요.

구체적으로 '사립학교의 공공성', '출신학교 차별금지법 제정' 같은 큰 틀에서의 내용은 있는데요. 이러한 슬로건을 가지고 지속적으로 문제제기를 해 나가는 게 단체의 일이라고 생각해요. 출신학교 차별금지법 이야기도 몇 년이 됐어요. 그러니까 저희가 역할은, 출신학교를 이유로 누군가를 차별한 사안이 생겼을 때, 근본적인 해결책으로 법 제정을 이야기하는 방식인 거예요.

사학의 공공성도 마찬가지예요. 명진고 사례처럼 부당한 일이 있었을 때, 또는 고려고처럼 학업성적 관리에 문제가 생겼을 때, 각각의 건에 대해 문제제기를 함으로써 결국에는 사학의 공공성 강화를 이야기하고, 협의체도 구성하고 조금씩 조금씩 수위를 높여 더 큰 변화를 이야기하는 거죠.

실은 이 조직은 되게 구멍가게예요. 지금은 저 혼자 상근을 하고 있어요. 그래서 부조리한 것들을 거대한 힘을 통해 없애지는 못하니까, 조금씩 조금씩 녹여가듯이 없애고 해결해 나가는 걸 목표로 하고 있어요.

* 마지막으로 하고 싶으신 말이 있다면요?

제가 예전에 한살림 생활협동조합에서 일 년 정도 일했던 적이 있어요. 그때 재미는 있는데 내 분야는 아닌 거 같다고 생각했어요. 다른 일보다도 지금 하고 있는 이 일이 천직인 거 같아요. 먹고 살기에도 가장 적절한 거 같고요. 시민단체가 항상 넉넉하지는 않지만, 어떠한 물건을 팔거나 경제적 이익을 고려하는 곳은 아니잖아요. 주식처럼 폭락할 수 있는 것도 아니고, 지지기반을 두고 운영되잖아요. 그래서 오히려 안정적인 측면도 있는 것 같아요. 다른 사람에게 좋은 시민단체에서 오래 일할 것을 추천할 정도예요. 예전에는 한 시민단체에서 오래 일하다 보니까, 혹시 내가 적폐는 아닐까? 라는 생각도 들었는데요. 한편에서는 누가 들어오려고 하겠냐는 생각도 들어요. 그래서 적극적으로 이 단체에서 활동하고 싶은 사람이 있다면 양보하거나, 다른 여건을 만들고 싶으면서도 이 단체에서 계속 일하는 게 제 미래라고 생각하고 있어요.

예전에는 일하고 술 마시고 친구들하고 노는 게 일상이었어요. 요새는 결혼도 하고 자녀도 있다 보니까 집하고 사무실만 오가는 삶을 살고 있어요. 여전히 술은 자주 마시는데, 그것도 남는 시간에 틈틈이 마시고요. 시간 날 때마다 소설책도 보고 사회과학책도 보고 영화도 보고 여행도 가려고 해요. 신체 건강할 때 재밌게 사는 게 중요한 거 같아요. 저는 늘 그래왔거든요. 저는 야근을 안 해봤어요. 주말에 일해본 적도 없어요. 주어진 시간에 최선을 다한다는 생각으로 일해요. 어떤 경우에는 엉덩이 붙이고 다섯 시간 동안 일만 하기도 하는데요. 그래서 남는 시간을 좀 허비하는 것 같기도 해요. 그래서 여가시간을 잘 보내는 게 중요하다는 생각이 들어요. 최근에 여행을 많이 다녀왔는데요. 몸은 피곤해도 삶의 만족이 컸어요. 목표가 있다면 특별한 건 없지만 이렇게 소소한 일상의 삶을 잘 살면서 나름 바쁘게 사는 게 목표에요. 또 삶의 전환에 대해서도 고민이 있는데요. 농촌에 가서 살고 싶다는 생각이 있어요. 일을 계속하더라도 도시에서 쭉 살고 싶지는 않아요. 때가 언제가 될지 모르겠어요.

* 박고형준이 바라는 광주는 어떤 도시인가요?

최근에 자치분권 이야기를 많이 하잖아요. 실은 자치는 분권이 된 지 이미 오래고, 어느 정도의 분권을 얘기하는지는 모르겠는데 중앙의 권력을 더 나누는 건 좋다고 생각해요. 특별히 과학적인 주장은 아니지만, 권력은 나눌수록 좋은 거잖아요. 이 부분에서는 광주가 갖고 있는 힘, 자치권력이 유효하다는 생각이 들어요. 시민사회에서 어떤 문제제기를 하고, 개선을 요구할 때 행정 측이 본인들이 손댈 수 없는 상위법을 운운하거나, 중앙정부의 지침 뒤에 숨어버리는 경우가 종종 있어요. 그런데 지자체나 공공기관들이 그렇게 피해 가면 안 된다고 생각해요. 스스로의 능력을 통해 변화를 요구하고 만들어갈 수 있었으면 좋겠어요.

시민들도 마찬가지예요. 능동적으로 스스로의 권리를 주장하고 확보해 나가는 연습이 필요할 거 같아요. 이미 시민의식은 굉장히 민주화되어 있어요. 인권의식도 높아요. 하지만 그걸 드러내는 과정, 목소리를 내는 과정에서는 연습이 덜 된 것인지, 아쉬움이 많아요. 광주에 바라는 모습이 있다면, 각각의 개별 주체들과 기관들을 포함한 모든 공동체가 스스로 선택할 수 있는 도시였으면 좋겠어요. 스스로의 자치능력을 통해 문제를 해결해 나갈 수 있는 모범도시가 됐으면 좋겠어요.

광주의 대학에서 여성운동 하기

전남대학교 페미니즘학회 F;ACT

승옥

민수

138

* 간단한 자기소개를 부탁드려요.

승옥: 저는 전남대학교 페미니즘 학회 F;ACT(이하 팩트)에서 학회장을 맡고 있는 승옥입니다. 평소에는 학원에서 일하고 있는데, 이번에 중학생까지 맡게 되어서 업무가 많은 상황이에요(웃음).

민수: 저는 팩트에서 오랫동안 활동해온 민수라고 합니다. 다양한 사람들에게 관심을 가지고, 그들과 함께하는 세상을 꿈꾸고 있습니다. 최근에 트랜스젠더 분들의 부고 소식을 연이어 접하면서 큰 환멸감을 느끼고 있는 상태예요.

* 페미니즘에는 어쩌다 관심을 가지게 되었나요?

민수: 제가 고등학교에 다닐 때, 강남역 살인사건이 발생했어요. 그때 페미니즘에 관심을 가지게 되었죠. 제가 다녔던 학교에서도 성폭력 사건이나 성추행 사건이 있었는데요. 그래서 자연스럽게 생각이 이어졌던 거 같아요.

승옥: 왜 그런지 잘 모르겠는데요. 스며든 것처럼 자연스럽게 인식하게 되었어요. 페미니즘이라는 키워드는 2015년에 메르스 갤러리 저장소, 강남역 살인사건 등을 통해 접하게 되었어요. 그날 이후 언어가 생겼고, 어떤 것이 어떤 식으로 부조리한 것인지 말로 내뱉을 수 있게 되었어요. 아무렇지 않게 받아들였던 거 같아요. 제가 가지고 있는 문제들이나, 사회 현상들도 잘 분석할 수 있게 되었고요.

* 팩트 활동은 어떻게 시작하시게 되었나요?

민수: 저는 2017년부터 지금까지 활동하고 있는데요. 학교에 친구도 없고, 과 생활도 안 하던 시기에 모집공고를 보고 페미니즘 독서 모임에 참여했다가, 2017년부터 지금까지 활동하고 있어요.

승옥: 저는 전남대 에브리타임(익명 커뮤니티)에 올라온 게시물을 통해서 팩트의 존재를 알게 되었는데요. 팩트는 항상 구설수에 올라 있었어요. '극단적'이라는 주장을 시작으로 갖은 비난을 받았죠. 그래서 걱정이 많았는데요. 우연히 다른 동아리에서 민수를 만나게 되었다가, 민수에게 팩트에 대한 설명을 듣고 합류하게 되었어요.

* 팩트는 동아리방, 있나요?

민수: 저희가 동아리방이 없던 시절에는 여러 카페를 전전했는데요. 이번에 동아리방이 생기면서 숙원을 이루게 되었어요. 이제 동아리방도 있으니까, 학교에서 시위하기, 학교에서 부스 차리기 같은 것들을 더 쉽게 할 수 있을 거 같아요. 저희 학회원들도 각자 페미니즘에 대해 가지는 관심사가 다르잖아요? 그래서 최근에는 학회지를 발간하고 있어요. 저는 개인적으로 재밌어하는 것들에 초점을 맞추어 쓰고 있는데요. 어려운 글을 쓸 때는 머리가 살짝 뒤집어지는 고통과 함께 통쾌함도 느끼는 거 같아요.

* 교내에서 팩트를 바라보는 시선은 어떤가요?

승옥: 저희가 가끔 에브리타임에 홍보 글도 올리는데요. 소개 글을 읽어보지 않고, 안 좋은 댓글을 다는 사람들이 많아요. 그때 많이 체감해요. 이것 외에도 안 좋은 시선을 받고 있다고 느낄 때가 많아요. 지금 저희가 임시 동아리에 해당하는데요. 처음에 했던 동아리 신청이 반려되어서, 임시 동아리로 다시 신청한 상황이에요. 2018년도에 첫 신청을 했을 때는 반대표가 많이 나와서 동아리 등록이 받아들여지지 않았어요.

민수: 전남대학교에서 동아리 등록을 하려면 다른 동아리들의 찬성표가 필요해요. 물론 형식적인 절차라 대부분의 동아리 신청이 반대표 없이 받아들여져요. 그런데 저희 동아리는 동아리 신청이 반려되었어요. 이때 저희들의 신청이 반려된 합리적인 이유를 듣지 못해서, 저희가 교내 시위도 했었는데요. 결국 끝까지 이유를 듣지 못했고, 2020년도에 다시 신청하게 되었어요.

* 현재 팩트 회원은 몇 명인가요?

민수: 지금 현재는 다섯 명 정도 돼요. 예전에는 더 많았는데, 대학 동아리이다 보니까 들어오는 사람에 비해 나가는 사람이 많은 상황이에요. 게다가 코로나19 때문에 활동도 온라인으로 진행해서, 유입 자체가 많이 줄었어요. 페미니즘에 대한 학내 구성원들의 피로감이 짙어졌다는 느낌도 받아요. 페미니즘에 대한 언급을 시

의적절하지 않은 것으로 여기고, 원하지 않게 된 사람들이 많은 것 같아요.

* 팩트는 어떻게 시작되었나요?

민수: 저희가 처음에는 책 읽기 소모임으로 시작했는데요. 정체성을 다시 잡을 필요가 있겠다는 논의가 있어서, 학회로 명칭을 바꾸게 되었어요. 공부도 하고, 실천도 하는 집단이 되어보자고 이야기했죠. '페미니즘이 무슨 학문이야?'라고 질문을 하는 사람도 많으니까, 학회라는 이름을 통해 페미니즘은 학문이라고 이야기하고 싶기도 했어요.

승옥: 저는 팩트가 학회가 되어있었을 때 들어왔어요. 어떤 분들은 페미니즘에 공감해서 들어오고, 어떤 분들은 학회에 공감해서 들어오기도 하는 거 같아요. 또 사람에 따라서 커뮤니티 공간도 될 수 있는 거 같아요.

* 그동안 학회에서 어떤 책들을 읽어오셨나요?

민수: 〈성의 변증법〉, 도나 해러웨이의 〈해러웨이 선언문〉, 〈미투의 정치학〉, 〈현대 페미니즘의 체제〉들과 같은 책들이 떠오르네요. 〈현대 페미니즘의 체제〉 같은 경우에는 페미니즘과 관련된 각 사상가

들에 대해 쉽게 설명해 놓은 책이라 다양한 관점을 접할 수 있어서 재밌게 읽었어요.

* 학교에서 공부하는 것과 학회에서 공부하는 것 사이에 연결점이 있다면요?

승옥: 제가 철학과인데요. 철학을 공부하면서 이질감을 느꼈던 게 있어요. 철학의 언어에 쓰인 언어가 남성중심적 언어라는 생각이 들었거든요. 그런데 최근에는 철학도 페미니즘을 제외하고는 논의될 수 없는 것 같다는 생각이 들어요. 그런 면에서 학습하는 게 재밌는 거 같아요. 사회학을 복수전공 할까 생각해 본 적도 있는데요. 사회학의 시각을 통해서 개인들의 삶을 바라보고 싶었어요.

민수: 저도 철학과인데요. 플라톤을 시작으로 하는 서양철학이 남성중심적이라는 느낌을 자주 받아요. 그래서 그들을 비트는 시도라든지, 여성주의 철학과 관련된 시도를 접하는 게 재미있는 거 같아요. 제가 최근에 여성 철학 수업을 듣는데, 알맹이가 없다는 이야기를 하는 분들도 있어요. 이해는 되지만 2천 년 동안 이어져 온 철학과 이제 겨우 100년, 200년 된 것에 같은 잣대를 들이댈 수 있나 싶어요. 아직 갈 길도 멀고, 갈 수 있는 길도 먼 거잖아요.

* 그동안 활동하면서 기억에 남거나, 자랑할 만한 일이 있었다면요?

승옥: 저는 페미니즘에 대해 이야기하는 것이 어렵다는 생각을 많이 해
왔던 거 같아요. 그런데 팩트에서 활동하면서 생각도 잘 정리되
고 어느 정도 이야기도 할 수 있게 되어서 뿌듯했어요.

민수: 저는 2020년도에 팩트 학회장이었는데요. 그때 동아리 등록을
하게 되어서 뿌듯했고요. 두 번째로는 살아남았다는 것에 대해
큰 자부심을 느껴요. 저희가 나름대로 학내에서 이슈를 만들어
온 것들이 있어요. 전남대 경영대 주막에 성희롱성 메뉴판이 걸
렸을 때, 문제제기를 했고요. 학내에서 있었던 여러 이슈에 대해
문제제기 했어요. 전남대에서 페미니즘 혹은 여성주의에 대해 이
야기할 때, 가장 먼저 생각나는 게 팩트일 거예요. 그것이 좋은
의미이든, 나쁜 의미이든요. 그래서 저는 아직까지 이 공간을 지
키고 있다는 점에 대해 큰 자부심을 느끼고 있어요.

* 전남대 내부 성폭력 사건에도 연대하고 있다고 들었어요.

민수: 최근 논란이 된 전남대 내부 성폭력 사건이 2개 있는데요. 전남
대 로스쿨 성폭력 사건이 있고, 전남대 산학협력단 성폭력 사건
이 있어요. 이 두 사건 피해자분들이 계속해서 문제제기를 하고
목소리를 내고 있어요. 하지만 학내에서 아직도 제대로 된 조치
가 취해지지 않았어요.

전남대 인권센터 측은 전남대 로스쿨 성폭력 피해자분 몰래 한 달

가량의 비밀 합의 기간을 설정해두고 사건 처리를 미뤘어요. 그러니까 가해자랑 합의할 수도 있으니까, 한 달 동안 사건을 방치한 거죠. 피해자분이 요청한 공간 분리도 받아들여지지 않았어요.

산학협력단 사건의 경우에는 피해 사실을 인권센터에 신고한 피해자분이 학교 측으로부터 해고 통보를 받았어요. 피해자분을 위해 피해 사실 목격을 증언한 동료는 정직 3개월 징계를 받으셨고요. 결국 교육부에서 직접 감사를 해서 전남대 총장 및 교직원들을 징계했는데요. 이에 대해 몇몇 교수들이 대학 운영에 대한 중대한 간섭이라고 주장하면서 교육부에 반기를 들기도 했어요. 이후에 국가인권위원회에서 전남대 총장에게 인권센터 규정을 정비하고 교수들에게 성인지 교육을 실시할 것을 권고했는데요. 학교 측은 여전히 반성하는 모습을 보여주지 않고 있어요. 전남대 인권센터에 매우 많은 문제가 있는데요. 인력도 부족한 데다, 교수들이 센터에서 역할을 맡고 있어서, 근본적인 시스템 자체를 바꿔야 한다는 이야기가 나오고 있어요.

승옥: 로스쿨 사건과 관련해서는 저희가 다른 연대 단위들과 함께 로스쿨, 인권센터에 대자보를 부착하는 과정에서 실랑이가 벌어지기도 했어요. 좀 무섭기도 했는데요. 그때 학교를 돌아다니면서 행진하는 느낌으로 움직여서 조금 벅차오르기도 했어요. 산학협력단 사건 때에는 전남대 정문 앞에서 기자회견이 있었는데요. 연대 발언을 했던 기억이 나네요.

* 지금까지 활동하면서 힘들었던 일이 있었다면요?

승옥: 개인적으로 학회를 하면서 어려웠던 건 없었던 거 같아요. 사람
들과 생각이 다른 부분들은 많지만, 첨예하게 갈리는 지점들도
생각해 볼 거리를 던져주는 거라고 생각해요. 저희가 원래 여러
단체들과 연대하고, 외부 활동도 많이 했었는데요. 코로나19 때
문에 그런 게 아예 없어져서 아쉬움이 많아요. 학내에서는 사
회문제연구회나 용봉교지편집위원회와 자주 함께했어요. 제가
2019년에 반(反)성매매 운동을 하시는 활동가들과 함께 성매
매 집결지에 갔던 적이 있어요. 당시에는 대학에 들어온 지 얼마
안 되어서 파릇파릇한 느낌을 가지고 갔는데, 거기서 내 힘으로
는 바꿀 수 없겠다는 절망감을 느꼈어요. 최근에는 그렇게 생각
하지 않아요. 성매매 산업도 그냥 산업이잖아요. 인간이 만든 거
고, 바꿀 수 있다고 생각해요. 그래서 저를 우울하게 했던 절망
감에서 벗어났고, 할 수 있는 일을 조금씩 해보자고 생각하게 되
었어요.

민수: 저는 개인적으로 팩트에 사람이 많지 않다는 점이 힘든 거 같아
요. 에브리타임에서 평이 좋지 않고, 댓글 달리는 거 보면 무서워
요. 제가 새내기라고 해도 들어오기 어려울 거 같아요. 사람이 있
어야 일을 꾸미고 작당을 할 수 있는데, 많은 시도를 하지 못한
다는 점이 아쉬워요. 요새 안 좋은 사건들이 많잖아요. 제가 할
수 있는 일에 한계가 있다는 걸 자주 느끼는 것 같아요. 항상 부
족한 게 사람과 돈인 것 같은데요. 동아리 등록을 할 때도 돈을
내야 해요. 그걸 자비 혹은 회비로 충당하는데요. 다른 일에도

계속 돈이 들어가니까, 이 부분이 힘들게 다가와요.

승옥: 저도 마찬가지인데요. 코로나 때문에 온라인 모임만 하다 보니까 팩트에 오는 제안들을 운영위원들이 나누어서 수행해야 하는 것도 고충이에요.

* 지방 활동가로서 힘든 점이 있다면요?

승옥: 좀 빡쳐요. 서울에서는 시위를 당일에 공지해도 할 수 있을 것 같은데, 저희는 며칠 전에, 혹은 한 달 전에 홍보를 해도 사람이 모일까 말까 해요. 지방이라는 이유로 관심받지 못하는 것들도 많아요. 서울에서는 난리가 났을 사건들이 전남대에서 일어났다는 이유로 크게 주목받지 못한다는 느낌을 받아요.

민수: 저도 비슷하게 느끼는데요. 페미니즘뿐만 아니라, 모든 사건들이 서울로 모이는 느낌이 있어요. 광주·전남에 퀴어 모임이 있는지 모르겠는데, 워낙 좁은 도시라 익명성이 없는 느낌이 있어서 쉽게 나서지 못하게 되는 것도 있는 거 같아요.

* 두 분이 생각하는 광주는 어떤 도시인가요?

승옥: 제가 울산에서 왔는데요. 울산에 대해서도 아직 온전히 정의 내

리지 못해서 어렵네요. 다만, 어떤 순간, 순간들이 떠올라요. 그
것들이 모여 광주가 된다고 생각하는데요. 사람들이 친절했던 것
같아요. 광주에 처음 왔을 때 익명의 사람들이 보여주었던 친절
을 잊을 수 없어요. 또, 내가 할 수 있는 것들을 이어 나갈 수 있
는 공간으로 느껴요.

민수: 저는 광주극장의 도시라고 생각하는데요. 그 극장은 제 마음속
의 고향 같은 곳이에요. 그런 아기자기함이 많이 있는 것 같아요.
동네책방 '소년의 서'도 그렇고, 조그마한 것들을 찾아갈 수 있다
는 느낌이 들어요. 5·18 같은 경우에는 518번 버스를 보면서 일
상의 한 부분이라는 생각을 했어요. 청소년기에 책으로 학습했던
것들이 일상이고 삶이라는 생각이 드니까 되게 다르게 다가오더
라고요. 제주도에 가면 4·3이 있고, 가까운 여수, 순천에 가면 여
순 사건이 있는데요. 그런 것들이 단순히 사건으로서 기억되기보
다는, 현재의 삶에 교훈이나 울림을 주었으면 좋겠어요. 이런 것
들이 이어져 내려와서 다행이라고 생각해요.

* 두 분이 생각하는 전남대학교는 어떤 학교인가요?

민수: 최근 학내에서 있었던 미투운동과 관련된 사건 처리가 굉장히 불
합리하게 진행되었잖아요. 그리고 홍콩 활동가 초청 간담회를 학
교 측에서 대관 취소한 일이 있는데, 그것도 충격이었어요. 그래
서 화가 났던 기억이 많고, 다시 한번 5·18에 대해서 생각해 보

게 돼요. 그 사건이 시작된 곳이 바로 전남대 정문이었잖아요. 5·18은 굉장한 역사적 사건이고 계속해서 기억되고, 재정의되고, 진상규명이 되어야 하는 사건이에요. 하지만 이 사건을 그냥 과거에 두면, 제가 공부했던 것처럼 그냥 이런 일이 있었구나 정도로 고정될 거예요. 절대 그렇게 두지 않고, 이 역사를 현재에서 계속 이어나갈 수 있는 노력이 필요한 것 같아요.

승옥: 전남대에 대한 이미지를 그려보고 있는데요. 항상 공간을 정의 내리는 일은 어렵고, 만나는 사람들로 정의될 때가 많아요. 5·18 과 전남대처럼 상징을 통해 이야기할 수도 있겠지만, 그런 정신을 뚜렷하게 느껴본 적 없어서 잘 모르겠어요. 학내에 민주길을 조성해두었는데, 산책하기 좋고, 예쁜 길로만 느껴져요. 저는 울산에서 와서 5·18을 과거의 역사로만 알았는데, 전남대에서 만난 사람들을 통해 그 사건에 대해 자세히 알게 되었어요. 그래서 오히려 그들과의 만남과 그들에게 들었던 이야기가 더 의미 있었다는 이야기로 전남대를 정의할 수 있을 것 같아요.

* 광주에서 활동하시는 이유가 있다면요?

민수: 어디서 뭔가를 할 때, 의도를 가지고 하는 경우는 없었던 것 같아요. 살아가면서 무엇을 접하고 무엇을 하는지, 우연과 타이밍에 많이 좌우되는 것 같아요.

승옥: 관성처럼 계속 여기에 있었고, 함께하는 사람들을 만났어요. 우리가 가진 청사진, 유토피아를 공유할 수 있는 사람들을 만나왔기 때문에, 일상을 공유할 수 있는 사람들을 만났기 때문에 광주에서 활동하는 것 같아요.

* 앞으로 하고 싶은 활동이 있다면요?

민수: 퀴어운동을 하고 싶다는 생각이 있어요. 그런데, 저는 비당사자라서 어디까지 활동할 수 있을까? 고민하는 것 같아요. 장애 문제에 대해서도 활동하고 싶다는 생각이 있어요. 특히 지하철에서 장애인 활동가들이 이동권 시위를 한다거나, 그들의 부고 소식을 들으면서 그런 생각을 계속 해왔던 것 같아요. 이번에 광천터미널 지하차도에 엘리베이터가 생겼더라고요. 전남대는 계단이나 턱이 있는 경우가 아주 많고, 시청각 장애인들을 위한 시스템이 잘 마련되어 있지 않은 것 같아요. 그래서 이런 것들에 대한 실태조사를 해보고 싶다고 생각하고 있어요. 퀴어 동아리도 만들어보고 싶어요. 학교 식당 내에 비건 옵션이 있었으면 좋겠다는 생각도 있어요. 최근에 구상하고 있는 옅은 안개 같은 생각들이 있는데, 그래서 더욱 당사자성과 비당사자성에 대해 고민하게 되는 것 같아요.

조금 가까운 이야기를 해보자면, 3·8 여성의 날 행사를 맞이해서 대자보도 부착하고, 3.8km 걷기를 한 후 인증샷을 남기는 캠페인을 하고 싶어요. 여성 노동자들을 찾아가서 작은 선물을 드릴 계획도 있어요.

서울페미니즘연합처럼 광주권 대학들의 연합회도 있었으면 좋겠어요. 광주 전역의 활동가들이 모일 수 있는 연대체가 있었으면 해요.

승옥: 팩트 내에 그럴 만한 역량이 있는지는 모르겠지만, 한국 사회에 페미니즘의 기반을 마련하거나, 최소한의 분석을 위한 토대를 닦을 수 있는 공부를 해나가고 싶어요. 절대 이걸로 끝나지 않겠다고 자주 생각하거든요. 많은 사람들의 시각도 들어가야 하고, 다방면으로 계속 공부해나가고 싶어요.

* 광주가 어떤 도시가 되었으면 하나요?

민수: 고민하고 소통할 수 있는 도시였으면 좋겠어요. 다양한 이슈들이 이야기되고, 그런 이야기들을 꺼내는 게 어려운 일이 아닌 도시였으면 좋겠어요. 인권도시라는 이야기가 많으니까, 관련 의제들에 대해서 치열하게 공부하고 사회에 반영할 수 있는 도시가 되었으면 좋겠다는 생각이 있어요.

승옥: 광주를 이야기할 때, 5·18에 대해서만 이야기하는 경향이 있는데요. 지역의 역사를 넘어 한국의 역사로 바라봤으면 좋겠어요. 대신, 광주에서는 광주만의 맥락을 가지고 뚜렷한 비전을 가지고, 세대에서 세대로 이어지는 것들이 있었으면 해요.

* 우리 사회가 어떤 사회가 되었으면 하나요?

승옥: 제가 하는 말이 상대방에게 전달되고, 또 상대의 말도 저에게 전달되는 사회였으면 좋겠어요. 우리는 말하면서 사는 사람들인데, 말하지 못하고 살아가는 사람들이 많은 것 같아요. 매 순간이 억압인 사람들이 있잖아요. 말하고 싶을 때 말하고, 말하기 싫을 때는 안 하는 사회였으면 해요.

민수: 누군가가 혐오나, 억압이나, 사회적인 인프라 같은 것들에 밀려서 죽지 않는 사회였으면 좋겠어요.

* 활동에 목표가 있다면요?

승옥: 정말 간단하게, 내 앞에 있는 누군가가 피해받지 않고 살았으면 좋겠어요. 내 앞에 있는 사람이 사람으로서 가시화될 수 있었으면 해요.

민수: 제가 최근에 세상을 떠나신 김기홍 씨의 생전 인터뷰 기사를 읽는데요. '왜 정치하세요?'라는 질문에 그분이 "교사로 살아가고 싶어서요"라고 답변하셨어요. 내가 나로서 잘살아갈 수 있도록, 혹은 내가 살아가는 것을 남들과 연결될 수 있게 하는 것. 이것이 제 활동의 목표에요.

* **마지막으로 하고 싶은 말이 있다면요?**

승옥: 팩트, 흥해라.

민수: 팩트는 누구나 들어올 수 있는 곳이에요. 전남대 학생들만 들어
올 수 있는 곳도 아니고, 제한 없이 새로운 분들을 받아들이고
있어요.

광주에서 이주민 권리운동 하기

윤영대

광주 민중의집 대표
광주전남이주노동자인권네트워크

* 간단한 자기소개를 부탁드려요.

저는 노동조합에서 20년간 실무자로 일했고, 현재는 '광주전남이주노
동자인권네트워크'에서 집행위원장으로 활동하고 있는 윤영대라고 합니다.
어떻게 보면 노동자 운동으로 밥 먹고 사는 사람 같아요.

* 어쩌다 활동가가 되셨나요?

제가 1986년부터 노동운동을 했어요. 그때 광주에 '한국기독노동자광
주지역연맹(기노련)'이라는 노동운동 단체가 있었어요. 엄밀히 말하면 인
천 지역에서 노회찬, 황광우 같은 분들이 결성했던 '인천지역민주노동자연
맹(인민노련)' 산하 조직이었어요. 저희는 광주 무등교회를 중심으로 활동
했어요. 교육 시스템을 갖추어 놓고, 교육을 비롯한 조직 운동을 했죠. 당
시에는 절친한 사람들끼리 조직을 만들었어요. 그러다가 공단에 취직해서
노동조합도 결성하고, 파업도 하고 열심히 활동했죠.

이 시기 이후에는 현장을 그만두고 진보정당추진위원회(진정추)에서 활
동했어요. 1990년대 초반에 한국사회주의노동당, 민중당 같은 초기 진보
정당에서 활동했죠. 1992년 대통령 선거 당시에는 백기완 후보 선거운동
을 했어요. 제가 김순임 씨랑 결혼을 했는데요. 김순임 씨는 광주에서 알
아주는 사회운동가예요. 이분이 지금의 LG 이노텍의 전신인 금성알프스
전자 노동조합에서 활동했는데, 당시 광주 조합원이 3,000명이었어요. 금
성알프스전자 양산공장에 있던 본부 노동조합(한국노총)보다 조합원이 많
았죠. 원래 광주공장에도 한국노총 산하 노동조합이 있었고, 이 노동조합

을 남자들이 장악하고 있었는데요. 김순임 씨가 지부장 선거에서 이겨버렸어요. 직후에 한국노총에서 탈퇴하고, 광주노동조합협의회(이하 광노협)에 가입했죠. 광노협은 전국노동조합협의회(이하 전노협) 산하 조직으로 한국노총과 달리, 민주노동조합운동을 전개했어요.

당시 저는 순임 씨와 함께 광주지역 노동조합들의 연합체였던 광노협에서 활동하고 있었는데, 캐리어 노동조합, 금성알프스전자 노동조합이 주축이었어요. 캐리어 노동조합 조합원이 500명이었는데, 금성 조합원은 3,000명이었으니까 사실상 금성이 핵심이었죠. 이후에 탄압이 시작되었고, 지부장, 사무국장을 비롯한 간부 5명이 감옥에 다녀와요. 당시 제가 광노협 조직국장이었는데요. 전국노동조합협의회(전노협)가 전국민주노동조합총연맹(민주노총)으로 이어지면서 벌써 30년이 흘렀네요.

저는 진정추 이후에 건강 상태가 안 좋아서 1~2년 쉬었다가, 2000년에 다시 현장으로 돌아왔어요. 이때부터 농협노조에서 21년 동안 사무국장으로 일했으니까, 사실상 직업이 되어버렸죠. 배운 게 이거밖에 없는 거 같아요. 예전에는 노동조합 활동가들이 임금도 안 받고 일했어요. 진정추 활동할 때는 오전에는 다마스 트럭에 물 싣고 배달하는 일 하고, 오후에 활동했죠.

2012년부터는 광주 민중의집을 만들어서 운영하고 있어요. 그해 국회의원 선거 끝나고부터 했어요. 이제 9년 차예요. 광주의 소위 좌파들이 마포 민중의집처럼 운영해보자고 시작했어요. 당 운동을 어떻게 지역에 뿌리내리게 할지 고민한 결과죠.

* 본격적으로 노동운동을 하시기 전에는 어떻게 살아오셨는지 궁금해요.

저는 전남 해남 출신이에요. 학교 때문에 광주에 유학을 왔어요. 근데, 시골에서 도시로 와서 그런지 적응을 잘 못 했죠.

제가 광주 살레시오고등학교를 나왔어요. 당시에는 맨날 데모했잖아요? 그래서 학교 안 가고 데모하러 갔죠. 맨날 데모하러 다니니까, 선생님들한테 자주 끌려가고 그랬어요. 자연스럽게 대학도 못 갔고요. 이때 제 누나와 형 친구들이 집에서 학습하고 데모하는데도 자주 나가시더라고요. 덕분에 이런 세상이 있다는 걸 알게 됐죠.

기억에 남는 일이 있는데요. 제가 나온 고등학교가 미션스쿨이라 학교에 가면 무조건 30분 동안 기도를 해야 돼요. 그런 거 싫다고 기도 안 하고 밖에 있었는데, 외국인 신부가 와서는 "너 왜 기도 시간인데 밖에 있냐"라고 물어보더라고요. 그래서 제가 기도하기 싫다고 하니까, 그 신부가 뺨을 때리더라고요. 그래서 복수했죠. 신부님 신발을 화장실 똥통에 던져버렸어요. 학교에서 신부 신발 어디 갔냐고 방송 나오고, 또 교무실 끌려갔죠. 이게 고등학교 1학년 2학기 때인데요. 제가 외골수 기질이 상당한 거 같아요(웃음).

고등학교 졸업한 후에 뭐 할까, 고민하다가 노동자 운동을 해보기로 하고 서울에 갔어요. 방직 공장, 인형 공장 전전했는데요. 조직을 만들지 못하고 내려왔어요. 그러다가 광주에서 전봇대에 붙어있는 포스터를 봤어요. 노동상담을 해준다는 포스터였죠. 그 길로 기노련에 들어가서 활동하게 되었어요. 두 달 지나니까, 제가 풀통 매고 오토바이 뒤에 타서 포스터 붙이고 있더라고요.

* 이주민 인권운동은 어떻게 시작하게 되셨나요?

민중의집을 만들어서 활동하던 2013년도에 이주노동자들이 임금체불을 당한 사건을 알게 됐어요. 그래서 그분들 만나서 조직했죠. 당시에 피해자가 50명 정도 됐는데, 미얀마인들이 제일 많았고, 그다음이 중국, 몽골 순이었어요. 사건을 파악한 이후에 저희가 대책위를 만들었고, 두 달 만에 사업장 변경하고 체불임금 다 받아냈어요. 이때의 경험 덕에 이주노동자 문제가 정말 중요하다는 걸 알게 되어서, 활동을 시작하게 되었고요. 당시 민중의집에 노동팀, 문화팀, 텃밭팀이 있었는데, 노동팀을 중심으로 발 벗고 뛰기 시작했죠.

* 그동안 활동하시면서 기억에 남는 일이 있다면요?

여러 산업재해 사건들이 기억에 남아 있는데요. 임금체불 문제만큼이나 중요한 게 산업재해 문제예요. 한 네팔 이주노동자가 함평에서 소 키우는 일을 했는데요. 하루는 소한테 주사를 놓다가, 손가락이 잘리는 부상을 입었어요. 또 다른 네팔 이주노동자는 강진에서 벽돌집 짓는 일을 하다가 똑같이 손가락이 잘리는 부상을 입었어요. 광주 D 병원이 봉합수술을 잘하잖아요? 근데 이분이 치료를 받고 보니까 엄지손가락 자리에 엄지손가락이 아니라, 발가락이 붙어있었어요. 동의 없이 발가락을 떼다 붙인 거죠. 의사는 동의를 받았다고 하는데, 본인은 동의한 적 없다고 했어요.

또 다른 한 분은 전북지역에서 일하다가 손가락 4개가 절단되었어요. 저희가 2019년에 민중의집 재정 사업을 통해 이분 병원비를 지원했는데요.

당장 생각나는 사건이 이렇게 많을 정도로 이주노동자들이 산업재해를 많이 당해요. 민주노총이 이분들의 산재 데이터를 가지고 소송을 해야 돼요.

이건 캄보디아 이주노동자 이야기인데요. 속된 말로 뒤지게 열심히 일했는데, 몸이 좀 안 좋은 거 같아서 병원에 갔어요. 가니까, 급성백혈병이래요. 의사가 고향으로 돌아가서 편하게 떠나는 게 낫겠다고 해요. 가망이 없는 거죠. 나이가 스물여덟 밖에 안 된 분이었어요. 이분이 왜 병을 얻게 되었을까요? 이런 분들이 생기면 우리나라에서 그동안 어떤 일을 했는지 파악해야 돼요.

최근에는 종교단체에서 이주민 관련 활동을 시작했는데요. 조금 문제가 많이 보이더라고요. 제가 아는 사람 중에 신천지 교인이 있는데요. 거기서 이주노동자를 섭외하라는 지침을 내렸다고 해요. 미얀마는 초등학교 때부터 절에서 수행을 하는데, 그런 분들을 개종할 목적으로 움직이는 게 좋게 보이지는 않더라고요.

* 그동안 활동하시면서 자랑할 만한 일이 있었다면요?

저는 그동안 활동하면서 민주노조 운동이 고립되면 안 된다고 주장해왔어요. 그래서 민중의집 활동 이전인 90년도에 아파트 입주자 대표회에서 활동했고요. 월곡중학교 운영위원장으로도 활동했고, 진보정당 후보로도 3번 출마했어요. 이게 자랑이라면 자랑이에요.

민주노조 운동을 했다고 하는 사람들을 보면 지역을 도외시하는 경향이 있어요. 민주노조 운동을 한 사람들이 민주주의가 무엇인지 보여줘야 하지 않겠어요? 근데, 자기들끼리만 민주주의예요. '민주노총'이라면 학교운영위원회 선거 결합하고 아파트 자치회에서 동대표한테 회의가 왜 중요한지 이야기해주고, 아파트 자치회 예산을 이렇게 사용하면 안 된다고 이야기해주어야 하는데, 그렇게 안 해요.

예전에 우리 동네에는 대기업 노동자들이 많이 거주했어요. 근데 그분들이 더 좋은 환경의 아파트로 이사해서 이제 아파트에 민주노조 운동을 했던 사람이 없어요. 이런 지점이 굉장히 아쉬워요. 우리가 할 만큼 했다고 생각하고 떠날 게 아니라, 가까운 곳에서부터 뭐라도 했으면 좋겠어요. 지역운동이 어떻게 나아가야 할까요? 제 생각에는 노동운동만이 세상을 바꾸는 게 아니거든요. 1980년대에 우리가 학습했던 부분을 정말 다시 한번 돌아봐야 한다고 생각해요.

당시에 저희는 노동자들이 단결해서 정당을 건설하면 이긴다고 배웠어요. 러시아가 그렇게 해서 성공했다고 배웠어요. 근데 50대 중반이 되어보니, 이 생각을 신줏단지처럼 모시는 것에 대해서 아닌 것은 아니라고 이야기하고 싶어요. 요새 민주노조 운동을 보면 마음이 답답해요. 최근 미얀마 광주연대 활동이 있잖아요? 광주에서 미얀마 민주화운동에 연대하기 위해서 움직이고 있는 건데요. 가까운 금속노조 간부가 저한테 미치겠다고 해요. 이유를 물어보니까, 민주노총 광주본부의 모 간부가 "미얀마 아웅산 수치가 미국 돈 받고 조종받고 있는데 왜 우리가 지원해야 하냐"고 이야기를 했다는 거예요. 미얀마 민중들이 죽어가고 있는데, 이런 말을 하는 사람이 민주노총 광주본부에서 그 중요한 직책을 차지하고 앉아있어

160

요. 가슴이 콱 막히더라고요.

* 광주전남이주노동자인권네트워크는 어떻게 시작하게 되었나요?

광주 지역에 이주노동자가 아주 많거든요? 광주·전남 지역만의 이주노동자 네트워크를 만들 필요가 있을 것 같았어요. 그래서 광주 민중의집에서 이주노동자 사업을 시작했고, 주변 시민사회 관계자들이 많은 도움을 주셨어요. 이후에 광주전남이주노동자인권네트워크라는 곳을 열었고, 거기서 상담을 이어갔죠. 저희는 처음부터 '교육'과 '상담'을 중점 사업으로 잡았어요. 중점 사업을 정한 이후에는 5·18 기념재단이랑 합수 윤한봉 기념사업회에서 공모사업을 받아서 진행했죠.

이후에 공익변호사와 함께하는 동행, 민주노총 광주법률원을 비롯한 단체들이 네트워크에 합류해 주었어요. 2012년부터 2014년까지는 광주시에서 공모사업을 받아서 이주노동자를 대상으로 한 산업안전교육, 법률교육, 5·18을 비롯한 광주의 역사·문화교육을 했어요.

근·골격계 관련 산업안전 교육의 틀을 확립해서 통번역도 하고 주기적으로 교육도 진행했는데요. 이게 매년 하는 일이 되니까, 법률 지원, 교육 지원, 상담 지원, 통번역까지 시스템이 갖추어져요. 미얀마, 네팔, 캄보디아, 인도네시아, 몽골에서 온 분들을 대상으로 한 활동이 가능해진 거예요.

조금 더 자세히 이야기 하자면요. 이주노동자들은 산업재해를 당해도 언어도 못하고, 잘 몰라서 대응을 못 하는 경우가 많아요. 그래서 일단 알아야 하는 거죠. 산재를 당했을 때 어떤 행동을 취할 것인가, 119에 신고해야 한다, 경찰에 신고해서 기록을 남겨야 한다, 이런 것들을 알려주는 거예요.

근·골격계 예방 교육은요. 일할 때, 특히 무거운 물건을 들 때, 무릎을 꿇고 무거운 것을 들어야 한다는 등, 부상을 피하기 위한 자세를 알려주고요. 당신이 매일 하는 일들이 어떤 것들인지 기록을 남겨야 한다고 알려줘요. 그래야 나중에 허리가 아플 때, 그 기록을 통해 보상을 받을 수 있거든요.

한국 문화 교육도 열심히 해요. 우선 우리나라 근현대사를 한일합방 때부터 5·18 민주화운동, 노동운동, BTS까지 교육해요. 관심을 가지는 분들이 많더라고요.

또, 민중의집을 중심으로 한 생필품 제공도 하고 있어요. 생필품을 준다고 하니까 좋아하죠. 캄보디아 공동체, 미얀마 공동체같이 각 나라에서 온 분들끼리 공동체를 만들거든요? 그 공동체에 제공했어요.

* 그동안 활동하면서 힘들었던 일이 있었다면요?

저는 사람 만나는 일이 제일 힘들었어요. 조직운동가는 사람을 자주 만나잖아요. 30년 동안 그걸 해왔어요. 실은 에너지가 많이 소비될 수밖에 없죠. 공부하는 것도 중요하지만 정말 중요한 건 사람 만나는 거잖아요. 게다가 매번 술 마시니까 더 힘들고, 이 사람 저 사람 만나는 데 그 사람이 나를 배반할 수도 있어요. 어제 2시에 미얀마 광주연대회의에 갔다가 3시에 교섭 갔는데요. 교섭 끝나고 또 임원회의 하고, 쉽지 않죠. 그래도 고마운 건, 저희 노조에서 윤영대라는 사람을 터치를 안 해줘서 고마워요. 왜 농협노조 일만 하지, 다른 것도 하느냐? 물어보는 사람이 없거든요.

* 이주노동자 문제가 갖는 특수성이 있다면 무엇일까요?

광주를 기준으로 말씀드리면요. 광주에는 인도네시아, 캄보디아, 미얀마에서 오신 분이 많아요. 대부분 제조업이죠. 광주에 와서 결혼하신 이주민 여성들도 많은데요. 국적을 딴 분도 있고, 안 딴 분도 있어요. 근데, 이분들도 식당 같은 곳에서 노동하는 경우가 많기 때문에 이주노동자 범주에 들어가요. 또 유학을 오는 분들도 많은데요. 유학생들도 아르바이트를 많이 해요. 그래서 이주노동자의 범주가 넓을 수밖에 없어요. 노동을 목적으로 허가받고 들어오지 않았음에도, 노동에 임하는 분들이 있으니까요. 그런데, 행정에서는 이걸 자꾸 분리해요. 노동비자, 유학비자 등으로 나누는 거죠. 체류 기간도 다 다르고요.

우리나라가 이주노동자들이 취업할 수 있게 발급하는 비자로 E9(비전문취업비자)과 H2(방문취업비자)가 있어요. 물론 이거 말고도 원어민 강사를 비롯해서 세세하게 있긴 한데요. 크게는 이 두 가지예요.

근데, 이게 문제가 뭐냐. 이주노동자들이 종사할 업종을 확정시킨 상태로 발급한다는 거예요. 그러니까 제조업, 서비스업, 농축산업, 어업, 건설업으로 분류하는데요. 이주노동자들이 업종 하나를 정한 후에 비자를 발급받으면, 다른 업종에는 취업을 못 해요. 이걸 어떻게 정할까요? 시험을

163

보게 해요. 내가 캄보디아에서 시험을 봤다고 해 볼게요. 80점 넘으면 제조업, 60점에서 79점은 농업, 45점에서 59점은 어업. 이런 식이에요. 어업으로 비자 받은 사람은 한국 와서 어업만 할 수 있어요.

E9 비자는 외국인을 육체노동자로 한국에 오게 하는 건데요. 이게 또 업종 변경만 안 되는 게 아니에요. 사업장 변경도 3회 제한이 있어요. 그러니까 내가 미얀마에서 왔는데, A 회사에 취업을 했어요. 근데 일을 하다 보니까 너무 힘들어요. 이동을 해야 할 거 같아요. 그럼 사업주한테 돈을 주고 B 회사로 옮겨요. 3번 이상 회사를 옮기는 건 금지되어 있어요. 어떻게 해야겠어요? 참고 일하게 되는 거죠.

이 제도를 '고용허가제'라고 하는데요. 다른 나라는 고용허가제가 아니라 노동허가제를 채택한 경우가 많아요. 대표적으로 독일이 그래요. 업종을 결정해서 오는 게 아니라, 일정 요건만 갖추면 올 수 있어요. 이후에 자유롭게 회사 고르고 임금 결정하는 거죠.

우리나라의 고용허가제, 정말 잘못된 제도 설계에요. 이주노동자의 특수성이 여기서 나온다고 봐요. 제 생각에는 우리도 노동허가제로 변경하고, 3회 이상 이동금지, 업종 변경 금지 폐지해야 돼요.

미등록 노동자 문제가 왜 발생할까요? 고용허가제 때문이에요. 인간이 더 좋은 노동조건을 원하는 건 당연하잖아요. 그래서 농업, 어업에서 제조업으로, 더 일하기 좋은 곳으로 가고 싶어 해요. 그나마 광주는 시민단체들이 노동상담 관련 홍보를 많이 하니까 상담이 가능한데요. 전남은 그렇지 못해요. 이런 조직도 없고요. 그러다 보니까 이주노동자들이 탈출을 해요.

저희가 전남에서 농업 일하던 분들 상담해보면요. 완전 백지상태에요.

비닐하우스에서 일하는데, 이 사람이 하루에 몇 시간 일하고, 시간당 임금이 얼마고, 잔업을 몇 시간 했는지, 전혀 기록이 안 되어 있어요. 그냥 최저임금만 주는 거예요. 노동강도가 너무 센데, 임금은 적게 주는 거죠. 인권침해도 심하고요. 그래서 상담할 때 노동조건에 대해서 역추적을 해요. 몇 시간 일했는지 임금을 보고 역순으로 계산해보는 거죠. 이분들은 본인 임금에서 기숙사비, 밥값으로 얼마가 빠져나가는지도 모르고 있어요.

2020년 12월 20일에 경기도 포천에서 이주노동자 속헹님이 비닐하우스에서 잠을 자다가 돌아가신 사건이 있었잖아요. 화가 나더라고요. 농민회가 쌀값 문제를 해결하기 위해 싸우는 거, 좋아요. 근데, 이주노동자들이 어떤 근로조건에서 사는지, 어떻게 하면 이 문제를 해결할 수 있을지, 모색하는 게 필요하지 않겠어요? 본인들이 고용한 사람들이잖아요. 농협을 압박하고 정부를 압박해서 제도적인 고민을 해야죠. 성폭력을 어떻게 없앨지, 인권문제, 숙식권 문제를 어떻게 해결할 것인지, 지자체 건물을 어떻게 이용할 것인지, 전문가를 어떻게 투입할 것인지, 농민회가 나서서 고민해야 돼요. 이게 농민회 활동가들의 책무예요. 농민회에서 농협이랑만 이야기해도 할 수 있는 게 많아요. 입출금, 송금 편하게 할 수 있게 통장 만들어주는 일부터 시작해야죠. 전남에 가면 농협이 가진 빈 공간들이 아주 많거든요? 그런 곳들 몇 곳이라도 개조해서 숙식 제공할 수 있는 장소로 바꿔야죠.

제가 최근에 전남 완도에 있는 금일도라는 섬에 다녀왔어요. 거기 인구가 4천 명이에요. 근데, 거기서 일하는 이주노동자가 1,200명이에요. 인구의 30%에 달하는 이주노동자가 일상적으로 일하고 있는 거죠. 다시마, 미역, 전복을 채취하는 철에는 기존 인구를 초과하는 이주노동자가 들어와요. 5천 명 정도 들어오는 거죠. 전남의 섬 쪽은 다 이런 상황이에요. 예전에 우리가 하던 일을 이주노동자들이 하고 있는 거예요. 근데, 이렇게 사회가 급속하게 변화했는데, 여기에 대한 대책이 하나도 없어요.

그나마 제조업은 공장이다 보니까 관리 시스템이 있어요. 4대보험도 돼요. 근데, 농업에 종사하는 이주노동자들은 의료보험이 직장이 아니라 지역으로 나와요. 노동자가 직접 납부해야 되는 거죠. 이게 한 달에 5만원씩 나오는데요. 농장주들이 이야기를 안 해줘요. 그래서 출국할 때 보면 지연금으로 200만원, 300만원 내라고 나와요. 출국할 때 그동안 열심히 모아온 돈에서 몇백만원 내고 돌아가요. 제도가 얼마나 엉성한지 알 수 있잖아요?

* 비자 없이 들어와서 일하는 경우도 있나요?

제주도를 통해서 들어오는 경우가 있어요. 거기는 특별자치도라 비자 없이 들어올 수 있거든요. 거기서 탈출하는 거죠. 사실 어떻게 들어왔던 결론은 노동이에요. 돈이 없고 먹고살아야 하니까 일하는 거죠. 그래서 노동이 자꾸 다른 형태로 가면 안 돼요. 자꾸 분류할 게 아니라 큰 틀에서 이주노동자라는 범위로 보고 어떻게 보호할 것인지 고민해야죠.

* 인종차별 문제도 심각할 것 같은데, 어떤가요?

대부분 욕이죠. 내용도 다 정해져 있어요. 다들 알아들으면서도 못 알아듣는 척하죠. 폭행하는 경우도 있고요. 제일 많이 하는 말이 "빨리빨리"랑 "너는 이것도 못하냐?"예요. 출신 국가를 두고 경쟁시키고 갈등을 부추기는 경우도 있어요. "A에서 온 애들은 이런데, 왜 B에서 온 너는 이렇냐"라는 식이죠. 그 나라 출신들 간에도 커뮤니케이션이 있기 때문에 싸움이 나기도 하죠.

* 지금까지 활동하시면서 부족한 자원이라고 느낀 것이 있다면요?

활동을 떠나서 이주노동자들이 여기 살 수 있게끔 하기 위해서는 관에서 못하는 걸 민에서 해야 한다고 생각해요. 관이 제도나 예산을 마련하도록 압박도 해야죠. 근데 이게 너무 부족해요. 논의 테이블도 없고, 기획도 없어요. 그래서 이주노동자들이 제조업, 농업에서 노예처럼 사는 거예요. 최근에 있었던 포천 사건도 그렇고, 제도의 문제가 크잖아요. 한국에 이주노동자가 처음 들어온 게 1988년이었는데요. 30년 넘게 이 범주에서 못 벗어나고 있어요. 갑갑하죠.

운동 자체도 너무나 고립되어 있어요. 저수지가 없죠. 옛날에는 운동을 지탱해 주는 기반이 조금이라도 있었는데, 요새는 그런 게 안 보여요. 운동의 지속성이 걱정이에요.

아, 그리고 광주에는 이주노동자 조례가 없는데요. 전국적으로도 이주민에 대한 조례가 있을 뿐 이주노동자에 대한 조례는 없어요. 그래서 광주나 전남에서 조례를 만들어서 그걸 근거로 센터를 만들어서 지원을 했으면 좋겠어요. 하남산단 같은 곳에 편하게 찾아올 수 있는 보건소부터 만들어야 돼요.

* 왜 광주에서 활동하세요?

광주에서 계속 살아왔으니까요. 또 함께 활동했던 사람들과 여전히 함께 살아가고 있으니까요. 예전에는 더 넓은 공동체가 있었는데, 지금은 갈라섰어요. 한 달에 한두 번은 당구 치고, 술도 마시고 했는데 이제는 다들 만나기 힘들어졌죠. 살아가는 방식이 달라졌거든요. 5·18 마지막 수배자였던 윤한봉 형이 미국으로 망명을 가서 마당집이라는 걸 했거든요? 시골집 마당과 같은 곳이라고, 같이 모여서 공부도 하고 활동도 하고 함께 살아가는 공동체였어요. 마당집이 미국의 여러 주에 있다 보니까 소수민족 문제와 관련해서도 열심히 했는데요. 한봉이 형이 했던 마당집을 계승해야겠다는 마음이 남아 있어요. 제 주관적 판단이지만, 마당집에 가장 근접하게 활동하는 게 광주 민중의집이거든요. 앞으로도 계속 광주에서 실천적인 활동을 하려고요.

* 윤영대님이 생각하는 광주는 어떤 도시인가요?

광주 광산구에 이주노동자들이 많아요. 월곡동에 원룸촌이 있잖아요? 거기를 지탱해 주는 게 이주노동자들이에요. 시장도 마찬가지죠. 월곡시장이 발전한 이유가 이주노동자들 덕이에요. 이미 경제의 한 축으로 정착해있어요. 이걸 부정해서는 안 돼요.

'광주 민중의집' 부근이 1980년대 중반까지는 허허벌판이었는데요. 얼마 후에 한성아파트가 들어서요. 당시에는 한성아파트가 최고였죠. 노동자들이 직업군, 수입에 따라 아파트를 옮기잖아요? 당시에 대기업, 캐리어나 금호나 기아차에서 일했던 사람들이 초기에 한성아파트 살았어요. 그러다가 운남동, 수완지구, 첨단지구로 옮겨갔어요. 이제는 한성아파트에 이주노동자들이 살아요. 그만큼 주거환경이 변화한 거죠. 그렇게 대기업 노동자들이 떠난 자리에 노인들, 장애인들, 이주노동자들이 남았어요.

이주민이 됐든, 선주민이 됐든, 함께 살 수 있는 동네를 만들어야 하는데요. 실은, 고립시킨 거죠. 우산동 장애인 나눔센터에서 일하는 분한테 들었는데요. 광주 광산구 우산동이 광주에서 장애인들이 가장 많이 사는 동네예요. 선을 그어둔 것도 아닌데, 자연스럽게 모여 살게 된 거예요. 이렇게 어떤 사람들은 고립되고, 옆에서는 발전하고, 개발해요. 도시계획이라는 게 사실 중심부에서 주변부로 힘든 사람들을 내보내는 거라고 생각해요. 그들이 중심에 있으면 집값도 떨어지고 힘들거든요. 그러니까 멀리 보내는 거죠. 제가 서울에서 파견근무를 1년 6개월을 했는데요. 경기도 수원에서 출근을 하더라고요. 그게 너무 당연한 것처럼 되어 있어요. 못사는 사람들은 도시 외곽으로 쫓겨나는구나 싶어요. 도시란 그런 거라고 생각해요. 광주도 크게 다르지 않아요.

* 어떤 광주가 되었으면 하나요?
5·18 때 시민들이 주먹밥을 나누었다고 해서 5·18 정신을 주먹밥 정신

이라고 하잖아요. 그 이야기처럼, 주먹밥을 나누어 먹을 수 있는 광주였으면 좋겠어요. 모든 부분에 이것이 적용되었으면 좋겠어요.

* 우리 사회가 어떤 사회가 되었으면 하나요?

최근 남성과 여성에 대한 이야기를 많이 하잖아요. 기존의 사회에서는 여성들을 집에서 살림하는 존재로 바라보는 시각이 있었어요. 근데, 그게 아니잖아요. 여성도 동등한 사회주체이고 경제주체죠. 함께 살기 위한 살림은 같이해야죠. 한 인간에게 "이건 네가 해"라고 말하면 안 되잖아요. 어떻게 공동체적인 부분들을 함께 만들어나갈 것인지 고민해야죠. 가정생활에서의 민주화가 정말 중요하다는 생각이 들어요. 가사노동에 대해서도 동등한 노동으로 인정해야 돼요. 그래야 우리가 말하는 평등의 원리가 발동하고 기능할 수 있어요. 서로 존중하고 함께 살아갈 수 있는 사회는 노동의 가치에서 출발해야 한다고 생각하거든요.

* 활동하시는데 목표가 있으시다면요?

이번 인터뷰를 준비하면서, 그동안 세상을 어떻게 살아왔는지 돌아봤어요. 제가 주식, 땅투기 같은 걸 한 번도 안 해봤는데요. 최근에 주식을 한 번 해봤어요. 경험해보니까 돈 넣고 돈 먹기더라고요. 최근에는 영혼까지 끌어모아서 투자하는 말도 있잖아요. 저도 집을 살까 고민했던 적이 있어요. 근데, 순수함이 사라지더라고요. 자본주의에 깊숙이까지는 아니지만, 물들어가고 있다는 생각이 들었어요. 고민이 드는 거죠. 하루하루 벌어 먹고산다는 게 쉬운 일이 아니잖아요. 그래도 지켜야 할 게 있지 않겠어요?

제가 개인적으로 나이를 많이 먹어서요. 우리 같은 활동가들이 지속적으로 일할 수 있는 시스템이 있었으면 좋겠는데요. 그런 게 없어요. 그래서 민중의집에 더 다양한 민초들이 결합할 수 있도록 하고 싶어요. 노동할 수 있는 사람들은 점점 줄어들고 있는데, 여기에 대해서 자꾸 아이 많이 낳으라고 할 게 아니라, 다양한 사람들을 포괄할 수 있는 시스템을 만드는 활동을 하고 싶어요.

광주에서
노동자 권익운동
하기

문길주

전남노동권익센터 센터장
(전) 민주노총 금속노조
　　　보건안전실장
(전) 광주근로자건강센터
　　　사무국장

* 간단한 자기소개를 부탁드려요.

저는 전남노동권익센터에서 센터장으로 일하고 있는 문길주라고 합니다. 노동자 권익운동을 하고 있습니다.

* 어쩌다 활동가가 되셨나요?

제가 고등학교를 전남 보성에 있는 보성고등학교를 나왔는데요. 그때 학교에 김철수라는 친한 후배가 있었어요. 제가 스무 살이 된 이후에도 만났죠. 제가 스무 살이고 철수가 열아홉 살이던 1991년 5월에 철수 자취방에서 둘이 막걸리를 마신 적이 있어요. 그때 철수가 "형, 요새 힘들기도 하고 학교에 이런저런 문제점이 많다"라고 이야기를 해요. 그 순간에는 대수롭지 않게 여겼어요. 그런데 그다음 날에 철수가 분신을 했어요. 너무 큰 충격이었죠. 저는 철수가 저희에게 메시지를 준 거라고 생각해요. 주변 선·후배들을 일깨워준 거죠. 제가 노동운동을 하게 된 결정적 계기가 철수의 분신이었어요. 그래서 운동에 뛰어들었고요. 무엇을 어떻게 할 것인가, 고민하다가 1992년 대통령 선거 때 민중후보 백기완 선거운동을 했어요. 1991년도는 1987년 6월 항쟁 이후의 시기 중에서 학생운동이나 사회운동이 가장 활발했던 시기였어요. 분노가 표출되던 시기였죠.

* 1992년도 백기완 선거운동은 어땠나요?

1992년은 노태우 때였는데요. 사회적으로 민주 정부를 꾸리자는 분위기

173

가 강했어요. 저는 김영삼이 되든 김대중이 되든 그대로라고 생각했어요. 그래서 백기완 후보를 지지했죠. 이것 때문에 선후배들끼리 다툼도 겁나 있었고 주먹질도 했죠. 논쟁도 많았고요. 당시 제 선후배들은 DJ(김대중)를 많이들 지지했거든요. 그 여론이 워낙 강했어요. 당시에는 백기완 선거운동만 해도 좋지 않게 봤어요. 지역 정서가 지금도 그런데, 당시에는 더 했죠. 그래서 백기완 선거운동을 했다는 이유만으로 동료들이나 선배들로부터 사랑받지 못할 정도였죠. 아무튼 이후로 선거운동을 부지런히 했어요.

그러다가 1992년도 대통령 선거일이 오는데요. 그때 저희가 내심 500만 표를 기대했는데 90만 표가 나오더라고요. 제가 투표 결과가 나오는 날 오후 2시에 군 입대가 예정되어 있었어요. 그때는 수개표를 해서 개표가 며칠 걸렸거든요. 그래서 개표 결과 보고, 어머, 군대 가야지 하고 눈물을 흘리며 논산으로 갔죠. 군대 제대한 이후에는 전문대 졸업하고 취업했어요.

이때 첫 직장이 대한산업안전협회라고 해서, 노동자들의 안전을 보장하는 일을 하는 곳이었어요. 거기서 몇 년 일했는데요. 1997년에 IMF가 와서 해고됐죠. 첫 직장을 노동안전으로 시작해서 그런지 이후부터 제 전공은 노동자의 안전과 건강이었어요.

다음 직장으로는 광주노동건강상담소라는 곳에서 상근활동을 했어요. 지금은 없어졌는데요. 하남산단이나 송암공단 노동자들 대상으로 건강 상담도 하고, 실태조사도 했죠. 여기서 3년 동안 일했고요. 1999년에 민주노총 광주전남본부 노동안전부가 만들어져서 자리를 옮기게 돼요. 이후에 2010년까지 민주노총 일을 했고요. 금속노조 노동안전보건실장으로 일하다가, 2013년부터 2019년까지 광주근로자건강센터에서 일했고, 2020년 1

월부터 전남노동권익센터에서 일하고 있어요. 어쩌다 보니까 노동자의 안전과 건강을 위해 일하는 삶을 살고 있네요.

* 노동자 안전 문제에 집중하게 된 계기는 무엇인가요?

제가 시골에서 태어났어요. 그래서 어릴 때 경운기 사고들을 정말 많이 봤어요. 제 아버지를 비롯한 농민들이 맨날 바깥에서 일하니까 사고도 잦았던 거 같아요. 아버지나 동네 어르신들이 워낙 건강을 안 챙겼거든요. 그래서 특별한 계기는 없었지만 이런 경험들이 쌓여 이 일을 시작하게 된 이유가 된 것 같아요. 노동자들은 어떻게 사는지, 노동자의 삶은 어떤지, 관심 있게 보다가 운동의 지표를 노동자 안전으로 삼게 된 거죠. 노동자들의 안전과 건강을 누군가는 책임져야 하잖아요. 그래서 특별한 사명감이 있는 건 아니지만 나도 모르게 자연스럽게 집중하고 있네요.

제가 대학 막 들어왔을 때 뒤지게 데모하러 다녔는데요. 2학기가 되니까 문득 "뭐 먹고 살지?" 생각이 들더라고요. 때마침 '산업안전기사' 자격증이 있다는 걸 알게 되어서 자격증도 취득하고 공부도 했죠. 이게 자연스럽게 취업할 수 있는 기회랑 연결되었고요. 이후에 현장을 돌아다니면서 실태를 파악하러 다녔죠.

* 대한산업안전협회에서 기억에 남은 일이 있었다면요?

제가 여기서 일하다가 1997년도에 해고가 되는데요. 이때가 김대중 정부였어요. 당시에는 특별안전보건법이 노동자들의 안전을 지키고 있었거든요? 근데, IMF가 터지니까 정부에서 이 규제를 해제시켜요. 그래서 안전관리자, 보건관리자들이 엄청나게 해고되었죠. 이 산업안전보건 관련 제약들은 기업이나 정부에선 '규제'예요. 노동자들이 안전을 보장받기 위해서 이런 것들은 지켜져야 한다는 거잖아요. 김대중 정부가 이 규제를 완전히 풀어버리죠. 노동자들의 산업재해나 사망사고가 대폭 늘어났죠. 생명보다 이윤이었던 거예요. 당시 정치 운동을 하는 선배들이 많았는데요. 건강권이나 노동안전 운동은 별로 안 했어요.

* 금속노조에서 기억에 남은 일이 있었다면요?

서울에 처음 올라갔을 때, 첫 사업으로 어떤 걸 할지 정말 고민했어요. 그러다가 두 가지를 했죠.

첫째는요. 우선 암에 걸린 노동자들이 너무 많은 거예요. 퇴직할 때가 되면 암에 걸려있는 사람들이 많아요. 현장에서 사용하는 유해 물질 때문인데요. 현장이 정말 엉터리예요. 관리가 안 되는 거죠. 그래서 2011년에 금속노조 사업장을 대상으로 발암물질 실태조사를 해요. 이때 확인해 보니까 현장이 유해 물질로 뒤범벅되어 있더라고요. 문제가 너무 많다는 걸 알았죠. 그래서 대체물질 사용, 작업환경개선을 위해 노력했어요.

두 번째는요. 이때 당시 현대차와 기아차에서 밤 근무를 하고 있었어요. '올빼미'라고 하는, 야간노동이에요. 이 야간노동은 그 자체로 국제암기구에

176

서 정한 발암물질이에요. 그래서 야간노동을 없애야겠다고 생각했어요. 이때부터 밤에 일하는 노동자들을 대상으로 실태조사를 실시했죠. 조사 결과를 보니까 정말 야간노동이 노동자들에게 큰 유해성이 있더라고요. 이걸 발판으로 현대차, 기아차노조에서 핵심사업으로 야간노동 하지 말자고 밀고 갔죠.

이때 첫 번째 사업과 관련해서 생각해낸 게 세탁소예요. 작업환경에 대한 대안을 마련할 생각이었죠. 노동자들이 일하고 나서 퇴근하잖아요? 근데 샤워장이 없어요. 씻을 권리가 없는 거죠. 이렇다 보니, 화학물질로 뒤범벅된 옷을 그대로 집에 가져가요. 그러면 가족들 옷이랑 같이 빨래를 돌리게 되고, 아이들 옷에 화학물질이 그대로 옮겨가요. 그래서 공단에 세탁소를 만들면 어떨까 생각했어요. 이 아이디어를 금속노조에 있을 때 위에 올렸는데, 받아들여지지 않았죠. 당시에 노동법 개악의 일환으로 타임워프라는 법이 만들어졌는데 노동계가 온통 거기에 집중하고 있었거든요. 자본(정권)과 노동이 전면전을 진행하고 있었던 상황이었어요.

* 광주근로자건강센터에서 일하셨을 때, 기억에 남는 일이 있다면요?

광주근로자건강센터는 상시근로자 50인 미만 사업장을 담당했어요. 목요일, 금요일이 되면 노동자들이 쇼핑백 들고 저희 센터를 찾아왔죠. 쇼핑백에는 작업복이 들어있었고요. 근데 자세히 보니까 작업복이 기름때, 중금속, 유해 물질 범벅이에요. 충격이었죠. 그래서 주변에 있는 동지들한테 건의했어요. 작업복 세탁소 만들어야겠다고요. 그때도 다들 부정적이었어요. 아이디어 좋다, 정책 좋다, 하는 사람이 한 명도 없었죠. 내부적으로 토론도 했는데요. 노동운동이 아닌 거 같다는 이야기도 들어요. 저는 이게 노동운동이든 아니든 제가 느낀 걸 해야겠다고 생각했죠. 그래서 직접 노동자 세탁소를 추진하게 되었죠.

그러다가 지방선거가 진행 중이던 2018년 4월 30일에 더불어민주당 이용섭 광주시장 후보가 근로자건강센터에 방문해요. 그때 제가 애로사항 이야기해달라고 하길래, 노동자 작업복 세탁소를 만들어달라고 했어요. 이용섭 후보가 "그래요. 좋네요"라고 답하더라고요. 이후에 선본에서 "광주에 산단이 몇 개냐. 세탁소를 6~7개 정도 만들자"라고 보도자료까지 내요.

근데 이용섭 후보가 시장으로 당선되고 나니까 이 핑계 저 핑계 대면서 추진을 안 하는 거예요. 본인들이 보도자료까지 냈는데, 진정서, 건의서를 달라고 연락하더라고요. 그래서 노동자 작업복 세탁소랑 노동자 쉼터 만들어 달라고 문서 만들어서 제출했어요. 광주 광산구 하남공단에서 일하면 쉴 수가 없어요. 비정규직 노동자들이 종이박스 깔아놓고 자고 있어요. 아무튼 이렇게 2가지를 요구했는데, 결론적으로 두 가지 다 추진되고 있어요.

* 그동안 작업복 세탁소를 추진하시면서 힘들었던 일이 있었다면요?

세탁소 만드는데 우여곡절이 너무 많아요. 타당성 조사를 해야 한다면서, 예산을 다 깎아버려요. 언론에서 비판이 쏟아지죠. 그래서 타당성 조사를 해보니까 오히려 세탁소가 필요하다는 결론이 나와요. 이후에도 만들지 말지, 옥신각신 싸움이 이어지죠. 이 와중에 경상남도 사회혁신추진단에서 저희 아이디어를 가져가 버려요. 그래서 노동자 작업복 세탁소가 경남이랑 부산에서 먼저 만들어집니다. 물론 잘된 일이죠. 다만, 다른 지역이 먼저 만들 때, 예전부터 추진하던 우리는 뭐 했느냐, 싶죠.

　2021년 4월 22일에 광주 노동자 작업복 세탁소 '光클리닝'이 개소했어요. 그런데, 제 주장은 무료로 세탁을 해주어야 한다는 거였는데요. 우선 춘추복·하복 500원, 동복·특수복 1,000원 돈을 받게 되었어요. 노동자가 암에 걸릴 수도 있는 거잖아요. 사업주가 당연히 빨아줘야 하는 건데, 행정이 사업주를 설득하지 않고 비용을 정한 거죠. 최초 제안은 이게 아니었어요. 시에 노사민정이라는 기금도 있고, 좋은 모델이니까 설득해서 무료로 했으면 좋겠는데, 그게 여전히 아쉬워요. 그리고 단순히 세탁만 하는 게 아니라, 샤워장도 만들고 쉼터도 만들고 노동상담도 받을 수 있는 공간이 형성되어야 하는데요. 세탁 기능만 가능한 구조로 된 것도 아쉽네요. 여전히 공단에서 먼 곳에 있는 노동자들이나 이주노동자들에게는 그림의 떡이고요. 물론 이게 시작이라고 생각하니까 지켜봐야 할 상황이죠.

* 그동안 활동하며 기억에 남거나, 자랑할 만한 일이 있다면요?

　그동안 수많은 직업병 문제에 대해 상담해왔고, 잘된 일도 잘 안 된 일도 있었는데요. 역시 가장 기억에 남는 건 세탁소에요. 2011년부터 현재까지 10년의 과정이 있었어요. 그 과정이 힘들기도 했죠. 발암물질 실태조사부터 시작했는데, 예산이 전액 삭감되었다가 부활하고 정말 우여곡절이 있었죠. 이제 큰 틀에서 정리가 되니까 농민 세탁소, 공단 내 노동자 쉼터 같은 것들도 하나하나 추가해나갈 수 있을 거 같아요. 세탁소에는 가족, 동료의 건강까지 포함되어 있거든요. 굉장히 의미 있는 거죠. 이게 어용이고 관료적이라면, 저는 그냥 어용, 관료 하려고요(웃음). 노동운동이 노동자의 건강권과 쉼에 대해서 포커스를 많이 맞추어야 한다고 생각해요. 한 순간의 혁명은 아니지만 길게 중요한 문제잖아요. 현대차나 기아차에서는 복지 차원에서 세탁을 해줘요. 근데 왜 중소기업은 안 해줄까요? 여기에 불평등한 사회구조의 문제가 있죠.

그동안 남들이 다 안 될 거라고 했어요. 세탁소, 쉼터 다 안 될 거라고 했는데요. 오기가 생기더라고요. 세상은 하나씩 하나씩 변하잖아요. 최근에는 쉼터 관련해서 조례도 만들어지고 세탁소도 만들어지고, 확대가 되고 있죠. 지난번 선거 때 보니까 울산에서는 자유한국당에서 노동자 작업복 세탁소를 공약으로 들고나왔더라고요. 예전에는 당연하지 않았던 일이 점차 당연한 복지로 자리 잡아가고 있어요.

* 그동안 활동하면서 부족한 자원이라고 느낀 일이 있다면요?

하남공단 노동자들이 아침에 밥 못 먹고 다니거든요? 노동운동이 대중과 노동자의 생활과 호흡을 맞추어야 하는데 그게 부족했어요. 노동자들이 밥 못 먹고 다닌다고 하면, 하남에 천 원, 이 천원 식당부터 만들어야죠. 지자체, 농협, 노동조합이 지혜를 모아야죠. 누룽지 한 그릇, 김밥 한 줄이라도 먹도록 해야죠. 노동자들이 문화를 못 즐겨요. 광주가 문화도시라고 매월 마지막 주 수요일에 영화 티켓도 할인해 주잖아요. 이런 게 노사민정 프로그램으로 나올 수 있도록 노동계가 힘써야죠. 광주시가 이런 것도 안 하면서 문화의 도시를 이야기하는 게 맞나요? 안 맞아요. 노동자들이 여가도 즐기고 가족들이랑 드라마도 보고 영화도 보고 뮤지컬도 보고 연극도 보고, 밥도 먹고 술도 먹고 해야 경제가 살잖아요.

* 지방 활동가로서 힘든 점이 있다면요?

큰 틀의 정책이나 흐름이 서울에서 만들어지는 게 엄연한 현실이죠. 노동운동도 마찬가지고요. 그래도 지역운동이 밑바탕이 되어 주어야 중앙에서의 활동도 산다고 생각해요. 장단점이 있는 거죠. 지역에서 꾸준한 활동을 통해 형성한 흐름을 중앙을 통해 전국화할 수도 있잖아요.

* 광주는 어떤 도시라고 생각하시나요?

답답한 도시. 노동의 측면에서 본다면, 겉으로는 노사상생을 이야기하지만 노(勞)는 빠져있는 동네가 광주죠. 단적인 예가 노동자 작업복 세탁소가 될 거고요. 광주형일자리도 진행 중인데, 이것도 굉장히 답답하죠. 광주 노동의 현실을 보여주는 거 같아요. '광주시민'에서 노동자들만 외톨이처럼 배제된 거죠.

광주형일자리가 울산에 갔다면, 울산 노동계에서는 'NO' 했을 거예요. 하지만 광주는 지역 경제가 취약하고 취업할 곳이 없죠. 그 취약성 때문에 경쟁률이 어마어마하게 센 거죠. 광주형일자리가 광주가 굉장히 힘든 도시라는 걸 입증한 셈이라고 생각해요. 그런데, 과연 이게 지속될 수 있는 구조인가요? 시대가 얼마나 빨리 변하고 있나요? 다른 곳에서는 전기차로 급변하고 있는데, 휘발유 차 생산하겠다고 하는 걸 칭찬해야 하나요? 앞일을 못 보고 있는 거예요. 청년들에게 일자리가 필요한 건 맞는데, 또 다른 족쇄가 될 수 있어요.

* 왜 광주에서 활동하세요?

지금은 전남에서도 해요. 광주·전남 두 곳에서 하는데요. 여기가 실은 노동자 인권 사각지대에요. 전남은 더 심하죠. 매우 열악한 동네에요. 산단 같은데 가보면 무법지대죠. 제가 활동한다고 해서 크게 바뀌지는 않겠지만, 그래도 노동자들의 인권과 권익 문제를 세상에 지속적으로 알리고 싶어서 활동하는 거 같아요.

* 앞으로 하고 싶은 활동이 있다면요?

특별하게는 없는데요. 제가 혁명가는 아니지만 노동자들의 건강, 특히 취약계층 노동자들, 프리랜서 노동자들의 건강과 권익을 위해 할 수 있는 일을 하고 싶어요. 저는 사람들이 함께 세상을 바꾸어나갔으면 좋겠어요. 지금 내가 가진 역량이 이 정도니까 적어도 이 정도는 세상을 위해 사용하자는 생각이 확산되었으면 좋겠어요.

* 광주가 어떤 도시가 되었으면 하나요?

노사상생으로 가야 하는데, 노가 빠졌다고 하잖아요. 바꾸어 말하면 경영계를 위한 상생만 있고 노동계를 위한 상생은 없는 거예요. 광주가 발전하기 위해서는 노동자들의 어려움에 연대하는 진짜 상생이 있어야 해요. 상생은 함께 살자고 하는, 좋은 뜻이고 이름도 예쁘잖아요. 바꾸기 쉽지 않더라도, 함께 노력하고 개선해나가야죠.

* 우리 사회가 어떤 사회가 되었으면 하나요?

노동자들이 해고되지 않고, 아프지 않고, 최소한의 권리가 보장받는 사회가 되었으면 해요. 그걸 위해 노력할 생각이에요. 지금 한국 사회가 굉장히 빠르게 변화하고 있어요. 광주시가 전라남도가 급변하고 있어요. 변화가 좋기도 하지만, 한 편으로는 불안해요. 얼마나 많은 노동자들이 일자리를 잃게 될까요? 노동자가 살아야 광주가 살고 전남이 산다고 생각해요. 생산의 주역이잖아요.

지금 5천만 인구 중에 적어도 2,500만 명이 노동자인데요. 대한민국 노동의 현실을 보면 산재율 최고, 자살률 최고를 시작으로 제일 안 좋은 면에서 최고인 게 많아요. 대기업 노동자들뿐만 아니라 소규모 사업장에서 일하는 노동자들, 취약계층 노동자들까지 포함해서, 노동자들이 과로나 건강에 대한 고민을 하지 않고 윤택하게 생활할 수 있는 사회였으면 좋겠어요. 이런 사회는 혼자만으로는 안 돼요. 여러 사람이 함께 고민하고 지혜를 모아야죠. 누군가가 혼자서 아무리 노력해도 안 되는 일이거든요. 작업복 세탁소 하듯이 의견을 내고, 동의도 받고 전국에서 힘을 붙여주셔야 돼요. 천천히, 급하지 않게 대중들과 노동자들과 함께 가야 돼요. 그러면 언젠가는 지금보다 더 좋은 광주, 더 좋은 대한민국이 오지 않겠어요?

광주에서
청년노동운동 하기

김다정

광주청년유니온 사무국장

* 간단한 자기소개를 부탁드려요.

안녕하세요. 청년 세대별 노동조합 광주청년유니온에서 사무국장을 맡고 있는 김다정입니다.

* 어쩌다 활동가가 되셨나요?

어린 시절에 집안 형편이 어려워서 복지 혜택을 받았던 기억이 있어요. 우유나 급식비를 지원받았던, 되게 사소한 기억인데요. 이때의 경험 덕에 무상급식이나 무상교육에 대한 이야기가 낯설지 않았어요. 자연스럽게 진보정당이나 공익을 위해 활동하는 단체를 후원하고 싶다고 생각해왔어요. 그러다가 다른 시민단체를 통해서 이쪽 세계(?)에 눈을 떴어요. 다양한 활동을 하고 있는 시민단체들이 있다는 사실을 알게 되었죠.

산업별 노동조합에서 일하던 시절도 있었는데요. 다른 곳에서 일하다가 계약이 끝나던 시점에, 친하게 지내던 언니가 노조에서 사람을 구한다고 연락해왔어요. 광주지부에는 자리가 없어서 전북으로 발령을 받았어요. 일이 많았지만 별로 힘들지 않았어요. 그런데, 제가 무언가를 만들어간다는 느낌이 안 들더라고요. 제가 당시 맡고 있던 직책이 조직부장이었는데요. 당시에 전 활동가보다는 직장인에 가까웠던 거 같아요. 저는 시민사회나 노동조합 활동가는 직장인처럼 일하면 안 된다고 생각하거든요. 그래서 6개월 만에 그만두고 광주로 돌아왔어요.

이때 활동가의 삶에 대해 진지하게 고민했고, 활동가로 사는 걸 그만두려고 했어요. 제가 전북에 있을 때 보니까 전북 완주에서 귀농 자금을 지원하더라고요. 그래서 귀농을 해볼까 고민해보기도 했어요. 그러다가 광주청년유니온에서 일자리 지원사업을 받는다는 이야기를 듣고 지원하게 되었어요. 물론 전혀 모르는 조직은 아니었지만, 일을 시작한 이후에도 끝나면 뭐할지 고민하고 있었어요.

2019년에 광주청년유니온에서 전국의 유니온 조합원들을 초청해서 5·18 캠프를 했는데요. 캠프를 통해 처음부터 끝까지, 일을 마무리해보는 경험을 해본 거 같아요. 유니온 재밌네? 하고 애정이 생겼죠. 캠프에 와주신 조합원분들께 소설 〈소년이 온다〉에 나오는 문장이 담긴 책갈피를 만들어서 나누어드렸는데요. 이게 저에게는 되게 값진 경험이었어요. 그래서 일자리 지원사업이 끝난 이후에 조직을 책임지는 간부가 되고 싶다고 생각해서 사무국장으로 출마하게 되었어요.

* 그동안 활동하면서 기억에 남은 일이 있었다면요?

제가 2019년 상반기에 광주청년유니온에서 소모임을 하나 운영했는데요. 독립영화, 예술영화, 다양성 영화를 함께 보는 모임이었어요. 2주에 한 번, 목요일에 모여서 영화를 봤죠. 목요일이 참 영화 보기 좋은 날이잖아요? 목요일 정도 되면 일주일이 약간 지루해지는데, 금요일을 쓰기는 아까우니까요. 당시에 유니온에서 청년들을 대상으로 릴레이 노동인권 강연을 하고 있었는데요. 마지막에 노동과 관련된 영화를 한 편 보고 감독님을 모시고 GV를 진행하자는 이야기가 나왔어요. 그래서 배달노동을 하는 청년 노동자가 주인공인 영화 〈내가 사는 세상〉을 보기로 했어요. 제가 평론가도 영화인도 아니지만, 영화 소모임장이었기 때문에 진행을 맡게 되었어요. 그러니까 감독님과의 대화를 진행하게 된 거죠. 이 행사를 광주독립영화관에서 했는데 많은 관객이 많이 왔어요. 〈내가 사는 세상〉은 처음부터 끝까지 흑백영화였고, 주인공이 사장과 싸우는 영화예요. 2019년에 봉준호 감독의 〈기생충〉이 장안의 화제였잖아요? 특히 프리랜서가 아닌 정규직으로 스태프들을 고용하고, 출퇴근 카드를 찍게 했는데요. 그게 가능했던 이유는 사람들이 봉준호의 영화를 많이 보기 때문이었어요. 〈내가 사는 세상〉 감독님이 이 이야기를 하시면서 영화를 많이 봐달라고 하셨는데, 되게 인상 깊었어요. 저는 '노동'이란 일상에 녹아 있는 거라고 생각하거든요.

* 그동안 활동하면서 힘드셨던 일이 있었다면요?

저는 세상이나 사회의 시선에서 주류적이지 않은 인간이잖아요? 사회의 기준에 맞춰 살아가는 건 아니지만, 저와 함께하는 사람들이 저와 함께임에도 행복해하지 않을 때 좌절하는 거 같아요. 반대로 함께 활동한다는 기분이 들 때 행복해요.

조금 구체적인 경험도 이야기해볼게요. 작년에 직장 내 괴롭힘 문제에 대응할 때, 광주 모 웨딩홀에서 정말 엄청난 직장 갑질 사건이 있었어요. 피해자분이 중간 관리자 역할이었는데요. 직장 내 괴롭힘이 보통은 위계 폭력의 형태로 나타나잖아요? 그런데 이 사건에서는 피해자의 서열이 두 번째였는데 다른 직원들도 적극적으로 괴롭힘에 가담했어요. 그래서 1년 동안 그걸 가지고 싸우셨어요. 서울에 있는 유명한 노무법인에도 다녀오고, 다 안되니까 저희에게 찾아오신 거죠. 당시 피해자분은 산재 승인이 나서 요양 중이셨어요. 상사에 의한 폭행까지 있었던 상황이라, 상담할 때도 계속 우시고, 굉장히 힘들어하셨어요. 그래서 저희가 기자회견을 하기로 했는데요. 기자회견 이틀 전에 피해자에게서 문자가 하나 왔어요. 문자 내용이, "국장님 주말에 죄송해요. 상사에게 폭행을 당하고 얼마 후에 출근을 했는데, 그 상사가 엄살 피우지 말라고 이야기했어요. 사람이 이럴 수가 있나요?"였어요. 정말, 이 문자를 받고 아무것도 못 하겠더라고요. 폭행당한 흔적 덕분에 산재 인정은 받았지만, 정신적 상해를 증명하는 건 쉬운 일이 아니잖아요? 그 흔적은 영혼 구석에 남는 게 아닐까 생각했어요. 일상적으로 본인을 하대하고 무시했던, 폭력적이었던 언사들이 어딘가에는 남아 있는 거 같아요.

* 그동안 활동하면서 부족한 자원이라고 느낀 게 있다면요?

저희 광주청년유니온 사무국장 상근비가 월 30만원이니까, 뭐라 더 할 말이 없죠. 그리고 현안들이 정말 많은데요. 문제는 많이 터지는데, 문제를 일으키는 사람들이 가진 힘이 너무 세요. 이제야 중대재해기업처벌법이 제정되었잖아요. 하루에 6명씩 사람이 죽어 나가도 버텨낼 수 있었던 거죠. 이번에 제정된 법에도 빈틈이 많은 게 현실이고요.

저는 단체 재정과는 별개로, 우리들의 말에 공감해 주는 시민이 많을 때 자원이 많다고 느끼는 거 같아요. 반대로 코로나19 같은 문제로 사회가 경직되고 얼어붙어 있을 때, 그래서 여러 사회적 의제들이나 다양성 이슈들이 공감을 얻기 힘들 때 자원이 부족하다고 느껴요.

* 청년노동자로 살기 어려운 시대 같은데요. 청년노동자만의 힘든 점이 있다면 무엇일까요?

취업시장의 취약계층이죠. 고용시장이 얼어붙을수록, 청년실업률이 높을수록 20대, 30대 청년들의 자살률이 높아져요. 지금 이 시대의 청년들은 전태일과는 다른 형태로 분신하고 있다고 생각해요. 취업에 실패해서 한강에 가는 청년들이 있고, 청년세대가 겪는 불평등이 있어요. 40대, 50대가 겪었던 삶과는 확실히 달라요. 집을 사거나 자산을 축적하기 어려운 시대잖아요. 특히 부모의 지위와 재력이 고스란히 자녀들에게 세습되고 있고요. 이 격차가 앞으로도 이어질 거예요. 불평등은 심화될 거고, 기반 없는 사람들의 삶은 더 빨리 무너질 거예요. 청년들의 노동력이 값싼 취급을 받고 있어요. 그중에서도 여성노동자는 더욱 그래요. 부당한 시선과·인식에서 비롯된 결과라고 생각해요.

* 지방 활동가로서 힘든 점이 있다면요?

최근에 많이 생각하는 건데요. 수도권 활동가들과 지방 활동가들이 느끼는 세상에 대한 인식 자체가 다른 거 같아요. 온도 차가 있는 거죠. 2018년에 지역 평균 소득을 보면 수도권은 1,900만 원대 후반인데, 광주는 1,400만 원대에요. 제조업이 강한 울산을 제외하면 다른 지역들도 비등비등해요. 지방과 수도권의 격차는 계속 벌어지고 있고, 이 중에서도 청년 격차가 가장 심하죠. 소비는 상향 평준화되어 있는데, 소득은 하향 평준화되어 있어요. 그러니, 청년들이 계속 떠나가요. 서울로, 수도권으로 가요. 그럴수록 지방은 더 나이 들고 보수화돼요.

* 다정님이 생각하는 광주는 어떤 도시인가요?

광주를 생각하려면 광주정신에 대해서도 생각해봐야 하는데요. 저는 '광주정신은 무엇이다'라고 규정하지 않고, '광주정신이 뭘까?'라고 물음표를 찍어야 하는 게 아닌가 싶어요. 광주정신에는 민주주의에 대한 열망만큼이나 거대했던 연대가 있었다고 생각해요. 대학생 중심의 집회가 시민들의 항쟁이 된 거잖아요. 항쟁 당시 성별, 소득수준에 상관없이 모두가 평등하게 군부독재 타도를 외쳤던 그 평등함과 연대가 광주정신이 가진 힘이라고 생각해요. 광주는 특별하고 진보적이고 시민의식이 높다는 편견이 있어요. 저는 진정한 광주정신의 힘은 연대라고 생각하거든요. 계층에 상관없이 모든 시민이 하나 되어 군부를 무찔렀던 그 역사에서 '계층에 상관없이'를 지금 광주정신을 이야기하는 586세대 혹은 특정 정당의 정치인들이 지워버린 거 같아요. 저는 광주항쟁의 수혜를 일부 사람들이 독점하고 있다고 생각해요.

* 광주에서 활동하시는 이유가 있다면 무엇일까요?

일단 집이 여기에 있고요. 태어나서 유년 시절을 거쳤다는 게 큰 의미가 있는 거 같아요. '돌아갈 곳이 있다는 것', 고향이 가진 큰 힘이잖아요. 나고 자란 곳에 대한 특별함이 있는 거 같아요.

* 앞으로 하고 싶은 활동이 있다면요?

사실 유니온에서 많은 부분을 충족하고 있기는 한데요. 저는 정치가 주목하지 않은 사람들, 정치가 대변하지 않는 사람들을 대변하는 게 운동의 역할이라고 생각해요. 사회는 보고 싶은 청년만 보는데, 그렇지 않은 청년들이 훨씬 많거든요. 2017년도 통계를 보니까, 청년 니트 비율이 18%까지 올랐어요. 그런데 청년정책은 일할 의지가 있는 사람들에게 맞춰져 있어요. 정책의 수혜자는 모든 시민이 되어야 하는데, 보고 싶은 사람들을 위한 정책만이 펼쳐지고 있는 거죠. 저는 개인적으로 노인 문제에 관심이 많아요. 공동체를 이뤄갈 때 꼭 필요한 이야기라고 생각해요. 앞으로 기후위기, 노인 문제와 같은 공동체에 대한 활동을 해보고 싶어요.

* 다정님은 광주가 어떤 도시가 되었으면 하나요?

5·18 정신을 흔히 '주먹밥 정신'이라고 하잖아요? 제가 고등학교를 전국교직원노동조합(전교조) 선생님들이 많은 학교를 나왔어요. 그래서 오월이 되면 주먹밥을 나누어 주는 선생님들이 있었어요. 그때부터 저도 5·18 정신은 주먹밥 정신이라고 생각해왔던 거 같아요. 모든 사람들이 함께 밥을 지었던 그날의 기억을 생각해 보면, 이건 단순히 밥에 대한 이야기가 아니라고 봐요. '우리는 함께 하고 있다, 우리는 함께 이 공동체를 바꿔나갈 수 있다'라는, '함께'의 가치였던 거 같아요. 저는 1980년 5월의 광주시민들이 주먹밥을 나누었던 것처럼, 광주가 주먹밥 같은 도시가 되었으면 좋겠어요. 저는 민주당이 노무현 정신을 이야기하는 게 싫어요. 노무현 없는 노무현 정신이잖아요. 마치 이것처럼, 언제부터인가 광주는 주먹밥 없는 5·18 정신이 되었어요. 나누지 않고, 연대하지 않고 역사의 한 장면을 함께했던 이들 중 일부만이 혜택을 누리고 있어요. '나중에'라는 이름의 정치를 하는 자들

이 많잖아요? 지금도 죽음과 고통은 지천에 널려있어요. 주먹밥을 나누면서 지천에 펼쳐진 죽음에 답하는 광주가 되었으면 좋겠어요.

* 다정님은 우리 사회가 어떤 사회가 되었으면 하나요?

나태하게 살아도 되는 사회였으면 좋겠어요. 우리 사회에는 뭔가를 계속하지 않으면 사람을 쪼는 문화가 있잖아요? 이 문화가 사회를 계속해서 피폐하게 만들고 있다고 생각해요. 우리 사회는 구성원들의 자기 속도를 존중하지 않는 사회에요. 자꾸 과속하라고, 빨리 가라고 이야기하고 있어요. 한국 사회가 도로라면, 고속도로일 거예요. 인도, 횡단보도도 있어야 하는데, 모두가 같은 속도로 움직이기를 바라고 있어요. 차가 없는 사람도 있을 수 있고, 자전거를 타는 사람도 있을 수 있잖아요? 서로의 속도를 인정하고 존중하는 사회가 되었으면 좋겠어요.

* 활동에 목표가 있다면요?

저는 활동의 과정에서 결과나 성과에 대해서 최대한 생각하지 않으려 해요. 그냥 하는 것, 일희일비하지 않는 것, 굳이 목표가 있다면 이것이에요. 제가 하는 일은 특별한 일이 아니에요. 저는 제가 특별한 일을 한다고 생각하지 않아요. 그저 저에게 주어진 일을 하는 거예요. 힘들수록 더 잘 지켜야 하는 일이 있어요. 저는 힘들고 어려울수록 일상을 잘 지켜야 한다고 생각해요. 활동도 마찬가지예요. 스스로에게 주어진 길, 그 길을 묵묵

하게 가는 게 중요하다고 생각해요.

어린이 잡지 〈고래가 그랬어〉 발행인 김규항 씨가 썼던 글에 이런 문장이 나와요. "운동이란 이미 그 운동의 내용에 동의하는 사람들끼리 운동의 내용을 반복해서 확인하는 카타르시스가 아니라, 동의하지 않는 사람들을 설득하고 세를 넓혀 세상을 변화시키는 일이다". 그러니까, 운동이란 대의를 확인하는 게 아니라, 더 많은 사람들을 설득하고, 그들에게 다가서는 일인 거예요.

활동하면서 우리는 다양한 시민들을 만나잖아요? 그런데 현실에서 만나는 시민들은 전혀 진보적이지 않아요. 때로, 폭력적이고 무례한 사람들도 있어요. 그럼에도 그들을 설득하고 그들의 공감을 얻는 것이 활동의 목표이고 동력인데, 과연 그동안 최선을 다해 그들과 부딪혀 왔을까? 하는 질문을 스스로에게 하게 되더라고요. 저도 제가 대변하고자 했던 사람만 대변해오지는 않았나, 반성했어요. 그래서 활동에 목표가 있다면 딱 이 부분인 거 같아요. 설득과 부딪힘을 포기하지 않는 것.

* 마지막으로 하고 싶으신 말이 있다면요?

운동에는 언제나 한계가 있다고 생각해요. 운동은 여론의 영향을 크게 받고요. 실질적으로 결정을 내리는 사람들과 그것을 수행하는 사람들이 나뉘게 마련인 거 같아요. 게다가 결국 우리는 법과 제도를 통해 현실을 바꿔야 하거든요. 운동은 그것을 위한 기반을 만드는 일이에요. 그럼에도 운동의 영역에서 특정 이슈나 사안에 대해 명확한 피드백을 주지 않는다면 변화가 시작되지 않아요. 그래서 저는 앞으로도 변화를 위한 활동을 해나가고 싶어요. 단, 힘들어도 일상은 잘 챙길 생각이에요.

광주에서
청년부채운동
하기

주세연

광주청년지갑트레이닝센터 센터장
광주청년드림은행 은행장

* 간단한 자기소개를 부탁드려요.

안녕하세요. 저는 광주청년지갑트레이닝센터에서 센터장을 맡고 있는 주세연입니다. 청년부채 운동을 하고 있어요.

* 세연님은 어쩌다 활동가가 되셨나요?

제가 청소년기에 지방에 있는 작은 도시에서 자라다 보니, 접할 수 있는 매체가 많지 않았어요. 그래서 책에서 받았던 영향이 컸어요. 그중 기억에 남는 게 〈왜 세상의 절반은 굶주리는가〉와 〈전태일 평전〉이에요. 머리를 한 대 맞은 거 같았어요. 제가 알지 못했던 세상의 이면을 처음으로 마주했고, 삶의 기본적인 것들을 누리지 못하는 삶이 충격으로 다가왔어요.

혼자만의 생각을 활동으로 풀어내기 시작한 게 고등학교 때 인권 동아리였어요. 동아리 친구들이랑 같이 책도 읽고 영화도 보고 빈곤, 장애, 이주민 문제와 관련된 다양한 이야기들을 접했어요. 영화제도 하고 근로정신대 문제와 관련된 모금 활동도 했어요.

이때부터 마음 안에 작은 불씨가 있었고, 교육제도에 대한 불만 같은 게 있었어요. 왜 여기 앉아서 야자를 하고 있어야 하는지. 세상에 불합리한 게 많은데 왜 교육에서는 그런 이야기를 하지 않는지, 고민이 있었어요. 야자 하다가 화장실에 가서 엄마한테 전화했죠. "엄마, 세상이 이렇게 불합리한데 왜 어른들은 그냥 가만히 있어? 왜 공부만 하면 된다고 그래?"라고요.

그나마 위안이 됐던 게 책과 인권 동아리 활동이었던 거 같아요. 그때 부수고 나왔으면 좋았을 텐데, 그러지 못했고, 그럴 수 있을 거란 생각도 못 했어요. 대학에 가서 입시에서 벗어나면 하고 싶은 일을 할 수 있겠지, 생각하며 광주에 왔죠.

* 광주에 온 이후에는 어땠나요?

저에게는 이상적인 사회에 대한 꿈이 있었고, 이것을 대학에서 해소할 수 있을 줄 알았어요. 그렇지만 학내에서 길을 찾지 못했어요. 다른 세상을 알려줄 수 있는 사람을 계속 찾아다녔죠. 스무 살 때 '학벌없는 사회를 위한 시민모임'에 가입해서 강의를 들으러 가거나 총회에 참가했던 기억이 나요. 시민단체들을 기웃거렸죠. 5·18 기념재단에서 자원활동도 하고, 들불열사기념사업회에서 5·18 청소년 캠프도 주도적으로 했어요.

저는 전남 나주에서 '서울과 지방', '지방과 더 작은 소도시' 간의 격차와 불균형을 느끼며 자랐어요. 광주에 있는 대학에 진학한 이후에도 비슷한 느낌을 받았어요. 동방신기를 좋아하는 광주 친구들이 중학교 2학년 때부터 버스를 대절해서 콘서트를 보러 갔다는 거예요. 저희한테는 상상도 할 수 없는 일이었어요. 그동안 본 영화의 숫자도 많이 차이 났고요. 그래서 '지방 청년', '지역 격차'는 저에게 중요한 키워드에 해당해요. 지금은 광주에서 지내고 있지만 3분의 1 정도 나주에 대한 애정이나 생각들이 있어요.

제가 왜 활동을 시작했는지 돌이켜보면, 나주에서의 삶이 굉장히 불만족스러웠어요. 더 넓은 세상을 보고 더 많은 것들을 경험하고 싶었는데, 유일하게 갈 수 있었던 곳이 공공도서관이었어요. 광주에서 나주로 출근하던 선생님들은 학생들에게 "나주 사람들은 폐쇄적이고 이래서 발전하지 못한다"라는 이야기를 했어요. 비하하거나, 패배감을 느끼게 하는 언어들이 있었어요. 초등학교 6학년이 되면 반 하나가 사라져요. 다 광주로 이사 가는 거예요. 모두가 떠나고 있었고 남겨진 자들의 슬픔이나 박탈감이 있었죠. 이런 감정에 많이 노출되다 보니, 저는 불만이었어요. 당연한 게 아니라고 항의하고 싶었어요.

대학에 갈 때, 그리고 대학을 졸업할 때, 두 가지 결정의 시점이 있었어요. 대학에 갈 때는 가깝고 가정환경에 부담이 적은 광주에 왔어요. 사실 서울에 가고 싶었는데 못 갔다는 마음이 남았죠. 그럼에도 자긍심을 찾고 싶었어요. 그래서 5·18이나 다른 시민사회 영역에서 활동하면서 광주를 선택한 이유를 찾으려고 했던 거 같아요.

대학을 졸업할 때에는 '보통의 길'과 '활동의 길'이라는 갈림길을 두고 고민했어요. 그리고 활동의 길을 택했는데, 제 삶에서 처음으로 돈이 기준이 되지 않았던 선택이었던 거 같아요. 플루트을 하고 싶었는데 경제적 여력이 안 돼서 정리했고, 대학교 때도 장학금을 받으며 광주에 남았거든요. 근데, 선택할 수 있는 시점에 선택하지 않으면 정말 후회할 거 같았어요. 이게 저의 시작이었어요.

처음 활동을 시작했을 때에는 제가 활동한다고 생각하지 않았고, 다른 길을 찾고 있는 중이라고 생각했어요. 들불열사기념사업회에서 활동하다가, 광주청년유니온을 알게 되었고, 광주청년유니온을 통해 청년들이 지닌 문제를 알게 되었어요.

그때가 제가 대학 졸업 후에 1년 정도 아무것도 하지 않아야겠다고 결심한 시점이었거든요. 청년유니온에서 강력한 커뮤니티의 힘을 통해 그동안 받아온 상처들을 치유했던 거 같아요. 돈으로 인해, 학력으로 인해, 하지 못했던 것들이 나 혼자만의 문제가 아니었다는 걸 공동체를 통해 깨닫고, 그 상처를 뛰어넘는 시기였어요. 그때는 몰랐는데 지금 생각하면 그랬어요.

* 광주청년지갑트레이닝센터(광주 청지트) 활동은 어떻게 시작하게 되셨나요?

광주경제정의실천시민연합(광주 경실련)에서 잠깐 일할 때, 광주청년유니온과 광주 경실련이 청년들의 부채 문제와 관련된 활동을 시작하겠다면서 함께 하자는 작은 제안을 주셨어요. 처음에는 크게 생각하지 않았는데, 활동이 잘 맞았어요. 경제적으로 탈락해왔던 경험들 때문에 제 삶에 더 다가왔던 거 같아요. 제가 가진 돈에 대한 슬프고 억울하고 답답한 마음들을 남들도 가지고 있을 거 같았어요. 특히 우리 세대에요. 그렇게 시작하게 된 거죠.

저희 세대는 IMF의 자식들이잖아요? 우리의 유년기와 청소년기가 모두 그 사건과 연관되어 있다고 생각해요. 전쟁 같은 그 시기를 어떻게 버텼는지 알기 때문에, 그런 이야기를 함께 나누고 싶었어요. 개인의 노력 혹은 개인의 문제로 남지 않았으면 좋겠고, 사회적으로 이야기되었으면 했어요.

* 광주청년드림은행은 어떻게 시작하게 되었나요?

광주청년지갑트레이닝센터가 2018년부터 광주광역시의 청년 금융복지 지원사업을 위탁해 광주청년드림은행을 운영하고 있는데요. 저의 바로 이전 세대인 80년대생 활동가들이 있어서 가능했던 거 같아요. 그분들이 광주청년정책네트워크라는 단체를 만들어서 2016년부터 청년정책에 관여했거든요. 이 과정에서 청년부채 문제에 대해서도 직접적으로 정책 제안을 했고, 덕분에 광주에만 있는 사업이 생겨날 수 있었어요. 이 보이지 않는 3~5년간의 노력 덕에 저는 좋은 자리에서 활동하고 있다고 생각해요. 광주청년드림은행은 광주 청년들을 대상으로 부채상담을 진행하고 있어요. 이외에도 소모임이나 경제 교육 프로그램, 신용회복 지원 등을 해요.

청년세대가 가진 부채는 불평등의 지표라고 생각해요. 출발선이 어디냐를, 그가 가진 부채가 보여준다고 생각하거든요. 안정적인 가정에서 태어나면 부채를 가지지 않지만, 안정적이지 못한 가정에서 태어나면 자연스럽게 부채가 발생해요. 주거비, 생활비, 취업 준비 비용을 가정에서 지원받으면 부채가 발생하지 않지만, 지원받지 못하면 부채가 발생해요. 가족 중심 복지제도 안에서 가족이 안전망인 청년들에게 부채 문제가 생기는 거죠. 결국 부의 대물림, 가난의 대물림이라는 격차를 가장 잘 보여주는 게 부채라고 생각해요. 지금은 임시방편으로 상담을 하고 있지만, 사실 더 큰 이야기가 필요하고, 제도 변화도 필요해요.

* 그동안 활동을 하면서 기억에 남는 일이 있다면요?

마음을 울리는 시간을 떠올려 보면, 우리가 연대하고 있구나 느낄 때인 거 같아요. 돈이나 사회가 부여하는 가치 있는 것들을 넘어서 연대하고 있다고 느낄 때. 이 일을 잘하고 있구나 싶어요. 청유에서 청지트에서 활동가들을 만날 때, 그리고 그들과 같이 무언가를 해냈을 때의 기억이 떠올라요.

청지트로 좀 더 들어가 보자면, 꿈틀은행에서 만난 분들과 연락했던 순간이 떠올라요. 꿈틀은행은 청지트가 2017년 9월 창립 직후에 당시 센터장님과 진행했던 건데요. 경실련이 다리 역할을 해주어서, 대광새마을금고가 청지트에 기부를 해주셨어요. 이 돈으로 꿈틀은행이라는 소액대출 사업을 진행했어요. 무신용, 무담보로 청년들에게 돈을 빌려주었어요. 이때 아주 많은 사람들을 만났어요. 제가 상담한 분 중에 직업훈련 비용이 필요하셨던 분이 있었는데요. 직업훈련 코스를 밟으려면 목돈이 필요했고, 당시에는 대출 나올 곳이 없어서 꿈틀은행을 찾아오셨어요. 그분이 얼마 후에 취업에 성공하셨는데, 첫 월급을 타서 빌렸던 돈을 갚으셨던 순간을 잊을 수가 없어요.

다른 한 분은 갑자기 집을 나오게 되어서 보증금을 빌리셨어요. 이후 생활이 안정되어서 비정규직으로 일하다가, 정규직으로 취업하셨어요.

얼마 후 돈을 상환하면서 불안정한 시기에 꿈틀은행이 안정망이 되어주어서 잘 생활할 수 있었다고 연락받았을 때, 정말 기뻤어요. 이런 순간에 우리가 시민으로서 연결되어 있고, 한 발짝 더 나아가고 있다는 느낌을 받아요.

* 직접 상담하신 사례 중에 기억에 남는 다른 사례가 있다면요?

안타까웠던 사례가 많았던 거 같아요. 특히 누군가의 운명이 청소년기의 경험으로 결정된다는 게 슬퍼요. 그렇지 않다고, 자기 운명은 스스로 개척해 간다고 믿고 싶지만, 상담하면서 겸허해져요. 학창 시절에 가정폭력이나 학교폭력에 노출되었던 사람들이 그때의 상처를 제대로 치유하지 못한 채 사회에 나서는 경우가 많은데요. 사람들이 그들을 이해해 주지 못하잖아요? 그래서 부정당하고 탈락하게 되는 거예요. 계속 혼자가 되고 더 고립되는 악순환에 빠지는 사람들이 정말 많거든요.

다들 보이지는 않지만, 저마다의 상처와 아픔을 가지고 있어요. 이것들을 단 한 번도 사회가 보듬어주지 않아서, 그냥 안고 살아가는 거죠. 이렇게 과거의 상처로부터 영향받고 살아가는 사람이 일부가 아니라고 생각하는데요. 청년이라는 아름다운 이미지가 있다 보니, 그 빛 뒤에 가려진 그림자 속 사람들이 보이지 않는다고 생각해요. 의외의 순간에 내담자들의 환경을 알게 될 때가 있어요. 통장사본 사진을 받았는데, 그 뒤에 펼쳐진 주거환경의 모습이 몹시 열악하다거나. 떠오르는 순간들이 있어요. 그럴 때면 집을 벗어나 상담받으러 오는 것만으로도 큰 용기였겠다

싶어요.

그분들이 자기 얘기를 하는 게 쉽지 않잖아요. 청지트에게는 그걸 대신할 의무가 있는 거 같아요. 멋지고 화려한 것에 가려져 있는, 날것 그대로의 청년을 드러내고 보여주는 것. 청지트의 의무라고 생각해요. 그들이 우리에게 해준 이야기가 있으니까요.

* 청년들이 부채를 지게 되는 원인이 뭘까요?

30%는 가족과 관련되어 있어요. 가족이 아프거나, 빚을 졌거나, 생계를 유지하지 못해서 가장의 역할을 하는 거죠. 다른 30%는 생활비 문제에요. 특히 이직기간이나 구직기간에 부채가 발생하는데, 준비되지 않은 채 여러 상황들을 마주하니까 단기적인 선택을 내리게 돼요. 또 다른 30%는 병원비나 학자금 대출인 거 같아요. 나머지 10%가 소비 관리를 못 했다거나, 도박을 한 경우예요. 러프하게 이야기하면 이렇게 볼 수 있을 거 같아요.

* 광주청년지갑트레이닝센터는 어떤 식으로 청년들에게 다가가나요?

우선 저희는 청년부채를 개인의 문제가 아닌 사회의 문제로 바라봐요. 의도를 부여하는 거죠. 물론 개인의 돈 관리와 관련된 문제도 있을 수 있지만, 실제로 많은 분들은 만나보니까 구직시장에서 계속 탈락하게 되는 청년들의 현실이 눈에 들어오는 거 같아요. 저희 청지트에서 일하는 분들은 모두 청년들이셔서, 다행히 우리 세대에 맞는 감수성이 있는 거 같아요.

홍보 방법으로는 길거리 포스터에 주력하고 있어요. 휴대폰과 관련된 부채를 가진 청년들이 많아요. 그렇다 보니, 휴대폰을 제대로 사용하지 못하는 분들이 있는데요. 휴대폰을 사용할 수 없다는 건 사회와의 단절을 의미하거든요. 그래서 구직도 할 수 없어요. 온라인 접속 자체가 어려우니까요. 그래서 저희는 피시방, 고시원 부근, 버스정류장, 편의점과 같은 곳에 포스터를 부착하고 있어요. 어떤 포스터를 만들지, 항상 고민이에요. 영어 쓰지 않기, 부채라는 단어보다 빚, 돈과 같은 직관적인 단어 쓰기, 성별에 대한 내용 담지 않기 정도는 지키려고 하는 거 같아요.

* 청지트만의 철학이 있다면요?

최근에 저희가 와디즈에서 펀딩을 진행한 적이 있는데요. 청지트의 철학은 돈을 안 쓰는 게 아니고 잘 쓰는 거예요. 잘 쓴다는 건, 내가 만족하는 소비인지 아닌지, 나는 이 소비를 통해 어떤 걸 느끼는지 점검해보면 확인되는 거 같아요. 그래서 내담자들께 만족하는 소비인지 아닌지 기록하라고 말씀드려요. 와디즈 펀딩에서 이걸 기록할 수 있는 쓰임일기를 굿즈로 나누었어요. 돈 없이 살 수 없는 사회에서 돈에 끌려다니지 않고, 계획한 대로 돈을 쓰면 돈의 주인이 되는 거잖아요. 이런 차원에서의 돈 관리를 권유하고 있어요.

예술가나 활동가들이 특히 저희 상담에 만족하는데, 저희가 하는 재무

상담이 사회의 가치관을 그대로 답습하지 않아서 그런 거 같아요. 본인이 어떤 삶을 살고 싶은지, 어떤 계획을 세우고 싶은지 이야기를 듣고 재무 계획을 고민해보는 게 저희의 기본 철학이에요. 스스로가 하고 싶은 걸 먼저 정하고 그에 따른 재무 계획을 짜는 거죠. 사실 돈 관리도 행복하기 위해서 하는 거잖아요

우리 사회에는 나의 행복한 삶을 위해 돈을 잘 활용해야 한다는 목소리가 적은 거 같아요. 그런 부분에서 청지트만의 강점이 있다고 생각해요. 시장에서 나오는 하나의 답이 아닌 다양한 답에 대한 목소리를 내는 거죠.

* 지금까지 청년부채 운동을 하면서 힘들었던 일이 있었다면요?

그동안 운동이라는 단어에 대한 부담감이 있었던 거 같아요. 저는 아직도 스스로 활동가라고 칭할 수 있는지, 계속 반문하는데요. 5·18과 관련된, 민주화운동과 관련된 역사를 통해 운동을 처음 접해서 그런 거 같아요. 운동이라는 게 되게 숭고하잖아요. 나의 모든 것을 온전히 바쳐가면서 하는 게 운동이라는 인식이 저에게 남아 있는 거 같아요. 요즘은 생각이 좀 바뀌었어요. 우리 세대의 운동은 스스로를 지키면서, 나의 삶을 지키면서도 할 수 있어야 하고, 할 수 있는 것이라고요.

저에게는 더 큰 메시지, 더 유익한 활동으로 스스로를 보여주어야 한다는 조급함이 있어요. 그 소명에 부합하기 위해서 노력하고 있어요. 스스로 정한 이 부담감이 힘들게 다가오는 거 같아요. 제가 청년부채 운동을 한다

고 했을 때, 나를 포함한 청년들의 삶에 얼마나 변화를 줄 수 있을 것인가 하는 부담감이 있는 거죠.

좀 더 작은 단위의 어려움이 있다면, 활동가들조차도 협동하고 의사 조율하는 경험이 많지 않기 때문에 그 부분이 어려운 거 같아요. 정답이 있는 교육을 12년 동안 체득해서 그런지, 아직은 서로 잘 맞추어 가고 협동하는 게 쉽지 않네요.

* 그동안 운동하면서 부족한 자원이라고 느낀 게 있다면요?

지지받은 경험이 부족했던 거 같아요. 응원받고 지지받는 게 부족해요. 우리는 돈이 아닌 다른 가치를 보기 때문에 이 활동을 하는 거잖아요. 참여하고, 운동할 때 가장 큰 에너지가 지지와 응원인데, 그런 것에 참 인색하다고 생각해요. 우리가 더 많이 지지하고 응원해야 한다고 생각해요. 또 어떻게 하면 스스로 자긍심을 가질 수 있을까 항상 고민해요. 이 영역에 있는 한 사람 한 사람 모두가 오래 함께하려면, 자부심을 가질 수 있는 일들이 많이 필요하겠다고 생각해요.

옆에 있는 동료 활동가들을 어떻게 바라볼 것인가 하는 고민도 있어요. 서로의 활동을 응원하고 진심 어린 조언을 해주면 좋은데, 지역사회에 그런 게 너무 적은 건 아닌가 싶어요. 저는 서울에 있는 활동가들을 만나면, 말이 많다는 느낌을 받아요. 그런데, 지역에 내려올수록 말을 안 하게 되는 문화가 있어요. 이걸 '쿨함'으로 여기는 지역의 정서가 있는 거 같아요. 우리들이 서로 더 많이 이야기하고 더 자세하고 객관적으로 자신의 사랑을 이야기하는 자리가 있었으면 좋겠어요.

* 지방 활동가로서 힘든 점이 있다면요?

롤 모델이 제한적이에요. 활동가들에게 20년, 30년 활동하면 이렇게 되겠다 하는 롤 모델이 있었으면 좋겠는데요. 그런 분들이 별로 없다는 느낌을 받아요. 그래서 가까이서 조언을 얻거나 도움을 얻을 활동가들이 많았으면 좋겠어요. 지역의 뛰어난 사람들이 자꾸 중앙으로 흡수되는 것도 있어요. 광주에 남는 사람이 없어요. 그래서 광주만의 롤 모델, 계속 광주에 남아 있는 활동가들이 필요해요. 저는 민생경제에도 관심이 많은데, 그 분야를 잘 아는 분들은 대부분 서울에서 활동하시거든요. 민주노동당 시절부터 민생경제와 관련된 활동을 하던 분들이 다 서울에 있다 보니, 지역에서 관련 전문가를 찾을 수 없어요. 지역에 다양한 나잇대, 다양한 영역의 활동가들이 풍부해지고 운동도 다양해졌으면 좋겠어요.

* 세연님에게 나주는 어떤 도시인가요?

얼마 전에 한국전력이 나주에 오면서 혁신도시가 생겨났는데요. 이때 들어온 일자리에 나주 시민들은 갈 수 없어요. 한전은 좋은 대학 나온 사람들이 들어가는 곳이다 보니, 눈앞에서 격차가 확인돼요. 원래 작은 도시는 격차가 잘 드러나지 않거든요. 혁신도시가 들어오면서 격차가 가시화되었음을 느꼈어요.

그러면서 나주만의 무언가가 남지 못하고 변하고 있다는 걸 느끼는데요. 안타깝지만 어떻게 해야 할지 잘 모르겠어요. 우리 사회가 작은 곳에 사는 것에 자부심을 느꼈으면 좋겠어요. 거기까지 많은 사람들의 노력과 품이 필요한 거 같아요.

* 세연님에게 광주는 어떤 도시인가요?

슬픔이 많은 도시, 패배감이 지배하고 있는 도시인 거 같아요. 아무래도 5·18이 준 영향이 크겠죠? 기성세대는 더 그럴 거고, 우리 세대에는 서울로 가지 못했다는 인식이 만연한 거 같아요. 하지만 저희에게도 자긍심은 필요해요. 그걸 활동의 영역에서 만들어야 한다고 생각해요. 청년세대 활동가들이 느끼는 패배감이나 낙오되었다는 인식을 어떻게 전환하면 좋을까요? 특히 지역에 있는 활동가들에게 자긍심이 있었으면 좋겠어요. '광주라서 안돼', '지역이라서 안돼' 이런 인식이 최대한 줄어들었으면 좋겠어요.

제가 교환학생으로 독일에 6개월 정도 있었는데, 거긴 인구가 10만 명도 안 됐어요. 나주랑 비슷한데, 두 도시의 분위기가 완전히 달라요. 제가 머물던 곳은 예나라는 곳은, 구 동독 지역에 위치한 대학도시였는데 같은 인구 10만의 도시였지만 저는 행복했어요. 정말 지상낙원이 여긴가 싶을 정도로, 생활비가 낮고 문화적으로 풍부했어요. 한 달에 만원 정도만 내면 내가 하고 싶은 운동을 태권도, 펜싱에 유도까지 다 할 수 있었고, 악기도 뭐든 배울 수 있었어요. 외국인의 입장이었지만 이런 것들을 누리는데 차별이 없었어요. 매달 문화축제, 거리연극이 있었고, 문화적 삶 자체가 달랐어요. 이 작은 도시에도 파업과 시위가 있고, 시민활동도 계속 이루어졌어요. 광주와 나주와 예나는 다르다는 생각을 깨고 싶다는 마음이 있어요. 많은 활동가들의 과제가 아닐까 싶어요.

* 왜 광주에서 활동하세요?

제 친구들이 이런 말 많이 해요. 아직 늦지 않았다고, 서울로 가야 한다고요. 그럼에도 가지 않는 건 남들 가는 길 따라가고 싶지 않은 반골의 마음이 있고요. 여기 사는 게 여유롭기 때문인 것도 있어요. 12년 동안 교육을 받으면서 서울로 가는 길 따라 열심히 했는데, 저는 행복하지 않았어요. 하지만 저는 이 도시에서 살면서 만족했거든요. 더는 저를 힘들게 하고 싶지 않아요. 약간의 여유가 있는 이 도시가 좋고, 시민사회라는 기반이 있기 때문에 광주에 있는 게 아닌가 싶어요. 광주에는 5·18이라는 운동의 역사도 있기 때문에 다른 선택을 할 때 조금은 열려 있는 지방 도시인 거 같아요. 그리고 제 삶의 터전이기도 하고, 앞으로도 계속 주변 사람들과 함께 살아갈 도시잖아요. 저는 저의 터전에서 제 사람들과 함께 행복하게 살고 싶어요.

* 앞으로 하고 싶은 활동이 있다면요?

청지트를 통해 주식에 대한 이야기를 해보고 싶어요. 최근 청년들이 주식이나 비트코인을 많이 하잖아요. 물론 충분한 지식을 가지면 주식시장에서 스스로를 지킬 수 있겠지만, 그렇지 않은 청년들이 많거든요. 단편적인 정보를 통해 결정을 내리거나, 여윳돈이 아닌 대출로 투자에 뛰어드는 경우가 많아요. 본인이 한 달 동안 사용할 용돈, 비상금도 마련되어 있지 않은 상황에서 투자를 하면 장기적 투자를 하기 어렵고, 수익을 낼 수 없다고 생각해요. 그런데 언론이나 뉴스에는 성공한 사람들의 이야기만 나오고, 그렇게 투기적 분위기가 조성되는 거 같아요. 내 속도로 결정하지 못하고, 안 하면 뒤떨어지는 것처럼, 어떤 환상이 만들어지는 거죠.

그래서 다른 목소리를 내는 활동을 하고 싶어요. 아예 주식 하지 말아야 한다는, 단순하고 전략적인 목소리가 필요하지 않나 싶기도 하고요.

지금은 조금 무뎌졌지만, 예전에는 계급을 강조했잖아요. 다시 계급성을 강조해야 하는 게 아닌가 싶어요. 평등하다는 이유로, 인간의 자유를 이유로 마치 계급의 차이가 없는 것처럼 되어 있어요. 청년이라는 단어에도 딜레마가 있죠. 청년으로 이야기되는 사람들 사이에도 차이가 큰데, 그게 드러나지 않잖아요. 그래서 저는 계속 다른 목소리를 내는 활동을 이어나가고 싶어요.

* 세연님이 바라는 광주는 어떤 광주인가요?

1등만 쫓는 광주가 아니었으면 좋겠어요. 더 크게 생각하고, 유니크해지면 좋겠어요. 서울을 쫓지 않고, 광주다운 광주만의 매력이 있었으면 좋겠어요. 외국에 있는 도시들은 저마다의 노래가 있고, 색깔이 있는데요.

한국의 도시들은 각자의 색깔로 남지 않고, 서울을 따라가고 있다는 생각이 들어요. 광주가 다른 길을 걸으며, 다른 모습을 만들었으면 좋겠어요. 그래서 언젠가 광주라서 가능하다는 이야기를 듣고 싶어요. 시민사회의 역량이 큰 도시였으면 하고, 시민들의 역량도 잘 발현되었으면 해요. 물론 경제 논리도 중요하지만, 이 도시는 그 이상의 것들을 보여줄 수 있지 않을까요?

* 세연님이 바라는 사회는 어떤 사회인가요?

이 사회를 함께 살아가는 시민들 개개인이 풍요롭게 살 수 있는 사회였으면 좋겠어요. 이 풍요는 꼭 경제적 풍요를 말하는 건 아니고요. 문화적으로도 생활이 다채로웠으면 좋겠어요. 또 하나의 답이 아니라 다양한 답을 이야기할 수 있는 사회였으면 좋겠어요. 이 세상에는 돈으로 할 수 없는 일이 되게 많잖아요? 돈 이상의 가치를 만들어낼 수 있는 사회적 활동도 많아요. 저는 우리 사회가 저마다의 관심이나 역량을 가지고 살아가면서, 그것들이 잘 발현되는 사회였으면 좋겠어요. 시민사회의 역량이 많이 드러나는 사회면 좋을 거 같고요. 아, 그리고 누구나 악기 하나쯤 다룰 수 있는 사회였으면 좋겠어요.

* 세연님이 하시는 운동의 목표가 있다면요?

결국에는 복지국가를 꿈꾸고 있는 거 같아요. 개인들이 홀로 버려져 있는 사회가 아니라, 사회의 든든한 안전망이 작동하고, 개인이 자유롭고 행복하게, 풍요롭게 살 수 있었으면 좋겠어요. 그런 사회로 나아가는 길에 제가 하는 일이 보탬이 되면 좋겠다고 생각하면서 일하고 있어요. 진정한 무상교육만 되어도, 사람들의 삶이 많이 달라질 수 있지 않을까요?

광주에서
행정감시운동
하기

이상석

세금도둑잡아라

* 간단한 자기소개를 부탁드려요.

안녕하세요. 저는 예산감시 활동을 통해 지방권력을 감시하고 있는 이상석입니다. 광주에서 시민운동을 하고 있습니다.

* 1981년부터 활동하셨다고 들었어요. 어쩌다 활동가가 되셨나요?

제가 고등학교 3학년 때 5·18을 겪었는데요. 광주시민들이 제가 사는 순천에 와서 증언하는 걸 들었어요. 이전부터 사회에 대한 불만은 있었는데, 제 삶에 결정적으로 작용한 게 5·18이에요. 우리 연배는 거의 다 그럴 거예요. 그 이후부터 책도 보고 공부도 했던 거 같아요. 하지만 본격적으로 활동을 시작한 건 군대 다녀온 이후라고 봐야겠죠.

제가 군대를 해병대로 갔는데요. 제대를 1주일 남겨놓고 휴가를 나가는데, 그 길로 체포돼서 휴가증 뺏기고 보안대로 끌려가요. 죄목이 국가보안법 위반이랑 군사기밀누설죄였어요. 그래서 감옥에서 14개월을 살고 나왔어요. 제가 왜 제대를 남겨둔 상황에서 끌려갔는지 궁금했는데, 나중에 알고 보니까 녹화사업의 일환이었다고 하더라고요. 5공 시절에 대학생, 청년들이 반정부 투쟁을 하니 빨간 물 들었다고, 파란 물 들게 하자고 진행한 사업이 녹화사업인데요. 활동가들을 강제로 징집했고, 군대에 온 이들을 조작 사건을 통해서 사상을 개조할 생각으로 작업을 쳤죠.

제 사건이 거의 마지막에 있었던 작업이었어요. 나중에 이걸 과거사위원회에서 조금 특이한 사건으로 보고 실미도 사건이랑 같이 조사했는데요. 제가 남산에서 조사받는 과정에서 제대를 해서 민간인 신분인데, 군

감옥에서 지낸 점을 이상하게 봤어요. 해병대는 날짜가 차면 저절로 제대하는 시스템이거든요. 이 사건은 10년쯤 전에 법정에서 무죄를 받았고, 사면, 복권도 되었는데요. 풀려난 직후에는 취직도 안 됐고, 사람들이 저한테 접근 자체를 안 했죠.

저는 대학도 나오지 않았어요. 그래서 광주에서 전남대, 조선대로부터 굉장히 자유로운 사람이에요. 저는 순천공고 출신이거든요. 조금 독특하기도 하죠. 대학도 안 나온 사람이 운동판 말석을 차지하고 있다는 게요.

* 대학을 나오지 않았다는 이유로 겪었던 차별이 있었다면요?

말도 못 하죠. 이건 뭐 지금도 조금은 그런 게 있지요. 예전에는 만나면 몇 학번인지부터 물어봤어요. 안 나왔다고 하면, 갑자기 분위기가 싸해졌어요. 특히 제가 1990년대 중반부터 시민운동을 했는데, 시민운동판에서는 대부분이 대학 나온 사람이거든요. 당시에는 비상식적인 일이 보편화되어 있었어요. 학연, 학벌주의, 말도 못 할 정도였어요. 심지어 제가 앞에 있는데도 본인들 대학 때 이야기를 해버리고, 성질나죠. 하지만, 이게 오히려 저에게 지금까지 운동을 하게끔 한 동력이었던 거 같아요. 광주에서 전남대, 조선대 등 대학 운동권에서 자유로운 사람이 많지는 않을 겁니다. 그런 의미에서 저는 최소한 학연에서는 자유로우니까, 오히려 저에게 압력을 행사하는 게 어려운 거죠.

* 원래 순천에서 활동하셨다고 들었는데요. 어쩌다 광주로 오시게 되었나요?

제가 하는 활동이 지방행정, 지방권력을 감시하는 활동인데요. 정보공개 청구를 통해 예산을 들여다보는 게 핵심이에요.

저도 예전에는 쇠 파이프 들고 싸웠어요. 카데라 통신으로 성명도 많이 냈죠. 근데 언제부터인가 사람들이 조금씩 멀어지는 걸 느꼈어요. 그래서 확실한 운동을 찾다가, 정보공개 청구를 통해 가까운 지방권력을 들여다봤어요. 당시에는 서류를 근거로 한 시민운동이 드물었어요. 빛나는 일이 아니잖아요. 하지만 중요한 일이에요. 예산은 실생활과 관련되어 있는데, 우리 동네 예산을 모르는 동네 운동을 동네 운동이라고 할 수 있을까요?

제가 예전부터 '진지론' 이야기를 많이 했어요. 동네가 바뀌지 않으면 세상이 바뀌지 않는다. 똑똑한 사람들은 중앙권력을 바꾸니까, 나는 내 동네 바꾸겠다고 한 거예요. 그래서 시작하게 된 일이고요. 순천에서 예산감시를 하고 있는데, 2006년도에 광주 사람들이 모여서 새로운 운동을 해보겠다고 저를 불렀어요. 그래서 광주에 와서 강의를 했는데, 그분들이 딱 이 운동을 광주에서 하고 싶다고 저를 스카우트하고 싶다고 했어요.

그분들 제안이 순천에서 하는 이 방식을 광주에서 전국으로 확산시켜보자는 거였어요. 그래서 제가 딱 2가지 조건을 걸고 광주로 옵니다. 첫째, 월급날 밀리면 나는 바로 떠난다. 둘째, 난 돈 못 만든다. 이렇게 해서 조직이 생겨났어요. 그게 '시민이 만드는 밝은세상'이고요. 2017년 이후에는 '세금도둑잡아라'라는, 광주에 본부를 둔 단체를 통해 전국 일을 하고 있어요. 지금도 충청도 예산 추적하고 있고, 서울도 뉴스타파랑 같이 국회의원들 업무추진비 추적해서 민주언론시민연합(민언련) 상도 받았는데요.

최근에는 예산감시 전국 네트워크를 설립하기 위해서 움직이고 있어요.

이 운동에 대해서 어렵다는 편견이 있어요. 법은 어렵다. 세금은 어렵다는 잘못된 교육 때문이에요. 실제로 기득권층이 세금을 어렵게 만들어 두기도 했고요. 근데, 어렵다는 생각은 무관심으로 이어지거든요. 이번에 광주에 재난 수당이 얼마 안 나왔잖아요. 광주와 부산의 재난 수당이 왜 다를까? 광주 재난 수당은 적절할까? 따져봐야 돼요. 민주주의에는 공부가 필요해요.

* 그동안 행정감시 운동을 하며 기억에 남은 일이 있다면 무엇일까요?

기억에 남은 일 하니까, 광주터미널 문제, F-1 대회 문제 등 그동안 활동하면서 겪었던 여러 황당한 일들이 떠오르네요. 그중 하나를 꼽자면, 제가 박광태 광주시장이랑 박준영 전남도지사를 고발한 적이 있었어요.

고발장을 낸 게 2009년 5월이었는데, 검찰이 그해 12월 31일에 두 사람을 기소해요. 근데, 법원에서 이듬해 2월 4일에 판결을 하더라고요. 광역단체장 2명이 걸린 사건이 이렇게 빨리 판결된 전례가 사법 역사에 다시 없을 겁니다. 12월 마지막 날에 기소되었고, 2월 초에 판결이 나온 거잖아요? 사실상 한 달 만에 나온 거예요. 판결도 어이가 없는 게, 벌금 100만 원 이상부터는 직위가 상실되잖아요? 근데 판결이 둘 다 벌금 90만 원으로 나와요. 그리고 검사가 항소를 아예 포기해서 사건이 끝나버렸죠.

* 그 사건은 어떻게 시작하게 되었나요?

언론 기사 한 줄 보고 시작했어요. 박광태 씨 비서가 업무추진비로 카드깡을 했다는 기사였어요. 그래서 그걸 추적해보니까, 문제가 보이더라고요. 박광태 씨 형이 현대백화점에서 일하고 있었는데, 거기서도 카드를 긁었더라고요. 그것 외에도 기자들이랑 골프 칠 때 요금도 내고, 관사에서 일하는 분 월급도 주고, 별짓을 다 했어요. 그래서 제가 노동절 다음 날에 고발을 하게 된 거죠. 나중에 알고 보니까, 뒤에 전관 변호사가 있더라고요. 퇴임한 지 한 달도 안 된 고등법원장 출신 변호사가 사건을 맡았어요.

여담이지만 박광태 시장은 저 때문에 두 번이나 기소가 됩니다. 농담 같은 이야기로 저녁에 보면 트럭으로 확 밀어버리고 싶은 사람 중 하나가 저였을 겁니다(웃음). 제가 박광태 시장의 '20억 카드깡'을 고발해서, 박 시장이 7년 동안 선거 출마를 못 했거든요. 이건 박 시장이 업무추진비로 백화점 상품권 20억 원어치를 구매한 후, 그걸 수수료 10% 주고 현금으로 바꾸는 과정에서 시에게 2억 원의 손실을 끼쳤다가 적발된 사건이에요.

* 그동안 활동하면서 가장 큰 사건은 무엇이었나요?

2015년에 광주에서 하계 유니버시아드 대회가 열렸잖아요. 유니버시아드 대회 관련 사건이 제일 컸죠. 저희가 유니버시아드 대회 유치활동비를 공개하라고 정보공개 청구를 넣었는데, 시에서 정보공개를 거부하더라고요. 그래서 소송을 걸었죠. 근데, 법원에서 광주시의 정보공개 거부가 형식적으로 잘못되었다고 판결을 내려요. 그래서 저희가 다시 정보공개 청구를 넣었고요. 3번의 소송 끝에 대법원에서 정보를 공개해야 한다고 판결합니다. 승소한 거죠.

이 유치활동비라는 게 국제 대회를 개최하겠다고, 유치를 위한 활동에 사용하는 돈인데요. 광주시 세금 27억 원이 유치활동비로 쓰였어요. 근데 이 중 인건비, 유지비 제외한 10억 원이 로비에 사용돼요. 유치활동비 내역을 자세히 살펴보니까. 국제대학스포츠연맹(FISU) 위원들에게 세금으로 구입한 아르마니 핸드백을 로비용으로 주었고, 몽블랑 만년필은 그냥 볼펜 나누어주듯이 나눠줬어요.

2015년에 치러진 광주 하계 유니버시아드 대회, 이거 사실상 돈 주고 로비해서 유치한 거예요. 이후에 몽블랑이나 이런 것들에 대해서 경찰청에 공유했는데, 이게 법적으로 특수 뇌물 공여죄에 해당이 되더라고요. 그때 일망타진할 수 있었어요. 근데, 법원에 가니까 판사가 물어봐요. 뇌물 받은 국제대학스포츠연맹(FISU) 위원들을 공개해도 좋겠냐고? 말이 안 되는 소리잖아요. 뇌물 받은 놈들한테 당신 뇌물 받은 거 공개해도 되냐고 물어보면 공개하라고 하겠어요? 상식적이지 않은 일들이 버젓이 일어난 거죠. 사실 요새는 국제 대회를 로비해서 유치하는 곳이 없어요. 국제 대회 할 때마다 지역 경제 유발 효과가 있고, 일자리 창출이 된다고 하는데, 사실 그거 안 되잖아요. 근데, 이 싸움을 하는데 시민사회도 언론도 별 관심이 없더라고요.

* **그렇다면, 그동안 행정감시 운동을 하며 아쉬웠던 일이 있다면요?**

아쉬웠던 게 정말 많은데, 전남도지사가 F-1 대회를 유치하겠다고 해서 전남도지사를 소환하려고 순천에 사무실을 낸 적이 있어요. 내려가기 전에 같이 싸워 달라고 시민사회, 노동계에 사발통문을 돌렸는데, 딱 한 조직 왔어요. 지역에 신세계랑 금호로부터 자유로운 사람이 없더라고요.

제가 2008년에 광주터미널 1층이 신세계백화점 영업장으로 쓰이고 있는 문제를 지적했는데요. 그러니까, 광주터미널에서 내려서 7번 게이트로 나오면 신세계백화점인 거예요. 그러면 안 되는데, 광주시가 방관한 거죠. 그래서 싸움을 시작했는데, 시민사회에서 싸우지 말라는 전화가 오더라고요. 광주에 비겁한 사람들이 많아요. 금호가 호남의 삼성이잖아요. 그래서 이후에 1인 시위하고 국세청 뒤져가면서 조사하고 별짓을 다 했죠. 터미널 1층에 들어와 있는 비밀 창고도 찾아냈어요. 거기에 매대를 불법으로 숨겨두었더라고요. 그거 고발하고, 계속 이야기하니까 신세계에서 광주터미널 1층에서 영업하지 않게 되었죠.

* 그동안 활동하면서 부족한 자원이라고 느끼셨던 게 있다면요?

돈이에요. 이번에도 아름다운재단에서 2000만원 지원사업 안 해줬으면 예산감시 전국 네트워크 만들기 어려웠을 거예요. 돈을 만들려면 회원 모집을 해야 하는데, 제가 돈 만드는 제주가 없어요. 돈을 받으려면 어떤 반대급부를 주어야 하잖아요. 다른 곳에 뭘 해준 게 없다 보니, 돈을 못 만들어요. 사무처장들 고민이 다 그럴 거예요. 시민사회 쪽으로 돈이 안 들어와요. 그러다 보니까 돈 있는 몇몇 사람들이 재정을 독점하다시피 해요. 저는 싸움하는 것보다 돈 만드는 게 더 어려워요. 지금도 간사님만 상근하지, 저는 상근 안 하거든요. 내 월급 챙겨버리면 간사님 월급 못 드려요. 그래서 저는 약간의 활동비만 받아요. 오늘 인터뷰하러 오신다는데, 몇 분이나 오실까 걱정되더라고요. 사회적 도의상 제가 밥을 사야 하는데, 많이 오면 못 사드릴까 봐요(웃음). 밥 사드리려면 허튼짓을 해야 하는데, 그렇게까지 해서 좋은 사람 되기는 싫어요.

시민사회가 소방관도 아닌데, 평상시에는 무책임하게 있다가 일 생기면 무임승차하는 시민들이 많아요. 자녀가 고3 되면 골목에 나가서 자녀들 기다리잖아요? 그럴 때면 도로가 밝았으면 좋겠다고 생각하는데, 그 시기에만 안전하면 된다고 믿는 게 무임승차예요.

* **'불독'이라는 별명처럼 한번 물면 끈질기게 싸우신다고 들었는데요. 그 원동력이 무엇인가요?**

크렘린, 불독, 별의별 별명이 다 있어요. 저에게도 세상을 바꾸겠다는 불타는 사명감이 있었어요. 그게 목적이고 원동력이었어요. 그래서 끝까지 갈 수 있도록 원칙을 정했어요. 정보공개 청구를 넣은 후에 정보를 안 주면 고발하고, 주면 조사해서 고발하기로 한 거예요. 마지막에 마지막까지 가기로 한 거죠. 시민사회에서 뭘 하다 보면 끝까지 못 가는 경우가 있어요. 저희는 끝까지 가기로 했어요. 그래서 시민사회랑 불화했죠. 지금도 사이가 안 좋아요. 심지어 교육 의뢰도 잘 안 해요.

저희가 주로 하는 게 정보공개 청구 넣고, 안 준다고 하면 법원에 행정소송 넣어서 줄 수밖에 없게 만드는 건데요. 이 소송이 처음 하는 게 어렵지, 몇 번 해보면 일반화되어 있어서 그렇게 어렵지 않아요. 그래서 항상 조급해하지 않고, 직장에서 일하듯이 정보공개 던지고, 분석해서 발표하는, 일하는 패턴을 만들어 둔 거죠.

* 지방 활동가로서 힘든 점이 있다면요?

여러 가지 있죠. 전국적인 사안임에도 전국화 못 시키는 경우가 많고요. 여기 있다는 이유로 은연중에 무시당하는 것도 있어요. '세금도둑잡아라'에 대해서 서울에서 취재 잘 안 해요. 개인에게 전화가 오는 거죠.

* 광주가 어떤 도시가 되었으면 하나요?

할 말이 많은데요. 우선 염치를 알고, 상식이 통하는 도시가 되었으면 좋겠어요. 광주가 정치에 대해서는 굉장히 과잉된 반응을 보이잖아요. 이게 나쁘다는 게 아니라, 사회, 경제, 문화 같은 다른 영역에 대해서도 좀 반응을 보였으면 좋겠어요. 최근에 있었던 광주시립극단 사건도 그렇고, 시의회 집행부를 감시하기 위해 열심히 공부하면 좋겠다는 거죠. 2020년 5월에 광주 하남공단에서 김재순 노동자가 산업재해로 세상을 떠났잖아요. 이런 것들을 부끄러워할 줄 알고, 책임감을 느낄 줄 아는 기업체 사장들이 있었으면 해요. 그런 시민들이 많아졌으면 좋겠어요.

그리고 지금의 광주에게 5·18은 무엇인지, 시민들이 생각해 봤으면 좋겠어요. 광주에는 유례없는 사건 5·18이 있잖아요. 민주, 인권, 평화 이것만 잘 풀어도 할 수 있는 게 엄청나게 많은데, 허튼짓들을 하고 있죠. 뭐

하는 짓이야. 도대체. 광주에서도 5·18은 행사 치르고 나면 끝나요. 요즘엔 그 찬란한 유산에 대해서 논문도 안 나오고, 제대로 연구하지도 않아요. 왜곡하고 거짓말하는 뉴스들이 왜 나오겠어요? 광주가 예전으로 치면 소도와 같은 역할을 해야 돼요. 억압받고 핍박받는 사람들이 도망 올 수 있는 곳이어야죠. 5·18 재단에서 상 주는 거 보면 화가 나서 죽겠어요. 한동안 상 안 줘도 될 사람들한테 상 줬잖아요. 광주가 광주답게 갔으면 좋겠어요. 언제까지 발전만 이야기할 거예요. 어떻게 살 것인지, 고민하며 살아야죠.

처음에 제가 5·18 때 광주시민들이 순천에 와서 증언하는 걸 들었다고 했잖아요. 그 이후부터 시민사회에서 활동했던 사람들이 지금은 다 정치로 갔어요. 근데, 그 사람들이 어떤 생각을 가지고 살까요? 누가 이 일을 하라고 등 떠민 게 아니니까. 사람들이 보상심리를 안 가졌으면 좋겠어요. 평소에 떠드는 이야기 들어보면 진보정당 가야 하는 사람들이 다 민주당 가요. 예전부터 정상적으로 돈 벌어보지 않고, 직장 생활해보지 않은 사람들이 정치가가 되니 이런 문제가 벌어지는 거 같아요. 모 국회의원 같은 경우에도 주택 원가 공개를 주장하다가, 국회 들어가고 나니까 안된다고 하더라고요.

광주를 이야기할 때, 민주당을 빼놓을 수 없어요. 광주는 굉장히 배타적이고 단결력이 강한 동네예요. 보수가 갖고 있는 특징이죠. 뭘 보면 아느냐, 2021년도 예산 편성하는 거 보면 알아요. 말로만 기후위기, 코로나 팬데믹 이야기하지, 우리 동네 이야기가 아니에요. 기후위기에 예산을 편성하지 않아요. 그래놓고 토건사업에 거대한 돈을 쓰는데, 이 도시가 진보적인가요?

시민사회가 제대로 기후위기에 대처하려면, 중앙정부, 지방정부와 불화해야 맞아요. 부동산 문제도 똑같아요. 주택이 부의 축적 수단이 되었잖아요. 이 정부가 어떻게 나를 위한 정부예요? 우리를 위한 정부는 없다고 계속 이야기해야죠. 사회적 약자, 여성, 어린이, 노인, 심신미약자를 위한 정부는 없다고 목소리를 높여야죠.

요새는 5·18이라는 게 이미 박제화되어 버린 게 아닌가 싶어요. 그래서 불만이에요. 운동권이라고 하는 것이 어떤 의미일까요? 대학 때 돌 한 번 던져본 게 운동권일까요? 지금 어떤 모습으로, 어떤 철학을 가지고 사느냐가 중요한 거 아닌가요? 물론, 그들의 지난 삶을 존중할 수는 있겠지만, 그것이 그들의 현재에 어떤 영향을 미치는 것 같지는 않아요. 현재가 중요한 거죠.

행정과 싸우면서 가장 곤혹스러운 순간이 대학 시절에 운동했던 사람들 만나는 순간이에요. 다들 평론가예요. 첫 마디가 주로 "나도 해봤는데"로 시작해요. 속된 말로 뭣도 안 한 것들이 나도 해봤는데, 하고 말이 많아요. 제가 60살이 되고 나니, 대학교 1, 2, 3, 4학년 때 운동한 게 무슨 의미일까 자주 생각해요. 예전에 선배들이 그랬어요. 운동한다고 하면, "너 결혼하고도 그 소리 하는지 보자"라고요.

또 선거철이 다가오는데요. 아마 또 모일 거예요. 전대, 조대, 무슨 서클, 무슨 서클. 선거에 승차해서 뭐라도 해보고 싶은 건데, 이게 다 운동 팔아먹는 거죠. 광주는 정치적으로 진보가 아니에요. 정말 진보였으면, 진보정당들 표가 이렇게 나오겠어요?

* 시민사회에는 어떤 문제점이 있을까요?

시민사회가 신뢰를 잃으니까 조직을 유지하기 급급해요. 조직은 가장 좋은 게 병렬로 분화한 조직이에요. 옛날의 백화점 방식으로는 문제가 생기게 돼요. 우리 같이 예산만 보는 곳도 있고, 가로수, 출장비, 보도블록만 보는 조직이 따로 세분화되어 있어야 돼요. 때로는 모여서 네트워크로 움직이면 되죠. 지금의 참여연대, 경실련, 환경운동연합이 잘못되었다는 게 아니라, 그 방식대로 갈 곳은 가더라도, 다른 방식도 많이 나와야 한다는 거죠.

그나마 최근에 광주에서 세월호 3년 상을 치르는 시민상주 모임이나, 지하철 2호선 반대모임에 일반 시민분들도 많이 들어왔고, 전통적인 방식과 조금 다른 느낌을 받았어요. 이제는 시민들이 들고나오는 거죠. 건강한 시민들이 많아요.

특히 이만 불 세대부터는 환경 문제에 정말 관심이 많아요. 그들이 내가 낸 세금이 잘 쓰이고 있는지 걱정해 주었으면 좋겠어요. 내가 만들지 않은, 참여하지 않은 나라는 허상이에요. 우리는 다른 나라 철학책 보고 공부했거든요. 우리 교육제도에는 중요한 게 두 가지 빠져있어요. 노동법과 철학에 대한 강의에요. 아르바이트를 하는 분들이 자기 권리를 알았으면 좋겠어요. 최근에 젠더 문제가 터지잖아요. 이것도 철학에 대한 문제에요. 우리가 이런 걸 교육받은 적이 없어요. 사람에 대한 배려를 교육해야 돼요. 그걸 안 하니까 사회문화가 이렇게 가죠. 왜 설거지도 못 하고, 요리도 못 할까요? 먼저 온 사람이, 시간 나는 사람이 일하면 되는 건데 그걸 안 하죠. 설거지거리 있으면 2030 여성들이 팔 걷어 올리고, 4050 남성들은 저쪽 보고 있어요. 한 번도 교육받은 적이 없는 거죠. 화장실에 비누칠을 안 해봤거든요. 청소, 분리수거를 안 해본 거예요. 운동판에서도 여성이 대표나 사무처장을 맡는 경우가 드물어요. 일반적인 시민단체에서 아직도 그래요. 대단히 웃긴 일이죠.

* '광주를 생각한다' 공부모임에 대해 듣고 싶어요.

숫자로 광주시를 한번 살펴보자는 기획이에요. 재난 수당과 관리 기금이 적절한지 함께 고민해보는 거죠. 놀고 있는 돈을 찾고 발상을 전환하는 게 목표예요. 공무원, 정치인들이 손해가 없다고 수당을 안 주겠다고 하고 끊임없이 토건사업을 진행하잖아요. 기후위기와 관련해서 제일 먼저 움직여야 하는 게 정부와 지자체예요. 진보정당이나 기후위기 시민행동이 앞장서야죠. 정부와 지자체를 움직인 다음에 기업이 따라오도록 견인해야 돼요.

물론, 아무것도 안 하는 것보다는 100번 낫겠지만, 환경부가 지금 수소 생산 이야기하고 있잖아요. 전기차에 보조금 주고 있잖아요. 이렇게 하면 안 돼요. 기후위기 비상행동이 중앙 행정이랑 싸워야 해요. 자동차를 사라고 지원금을 준다는 게 말이 되는 일이에요? 물론 석유차에서 전기차로 바꾸면 좋지만, 자전거 타는 시민, 걸어 다니는 시민이 있잖아요. 이들의 삶을 더 편하게 만드는 데 돈을 써야죠. 석유차를 규제하는 방향으로 가야죠. 비건에게도 더 지원해야 돼요. 축산업과 관련해서 동물에게서 엄청난 탄소가 나와요.

또 정부가 전기료를 비싸게 올리고, 태양광을 지원해야 돼요. 근데, 관공서 건물에 태양광도 지원 안 하면서 신안 앞바다에 풍력 만들잖아요. 기업들이 전기를 가장 싼 값에 쓰고 있어요. 여천공단에 가면 불빛이 환하고 도로가 너무 많아요. 기후위기 비상행동이나 환경단체들이나 진보정당들이 이런 문제를 두고 싸웠으면 좋겠어요.

앞으로 '광주를 생각한다' 모임을 통해서 이런 문제들을 숫자를 통해 살펴볼 생각이에요. 한쪽에서는 내연기관차가 없어지고 있는데, 우리는 더 만든다고 광주형일자리 만들었잖아요.

아, 재난 수당에 대해서 조금 덧붙이자면, 외국인 노동자에 대해서 지원 안 해주는 건 미친 짓이에요. 세금은 직접세뿐 아니라 간접세도 있잖아요. 숨 쉬는 거 빼고는 다 세금이 들어가요. 그런데, 외국인 노동자들도 부가세 10% 내고 있는데 왜 지원을 안 해줘요. 이걸 지적하는 정치인이 없어요. 시민사회가 악을 써야죠. 시민사회가 영향력을 발휘할 수 있는, 어젠다 세팅을 못 하고 있어요. 저희라도 한 번 해보려고요.

* 우리 사회가 어떤 사회가 되었으면 하나요?

평화로운 사회, 그리고 법을 어기면 누구라도 처벌받는 사회가 되었으면 해요. 전쟁 반대, 통일보다 더 큰 개념이 평화거든요. 평화 안에는 여러 의미가 있을 것인데, 우리만 잘 산다고 평화가 이루어지겠어요? 주변하고 같이 잘 살아야죠.

* 앞으로 이루고 싶으신 목표가 있다면요?

특별한 목표는 없어요. 근데, 저 같은 사람이 광역별로 한 명씩은 있어야 하지 않을까 싶어요. 그래서 네트워크를 만드는 거예요. 책도 내고 강연도 하고 유튜브도 찍어요. 제가 1세대니까 그만두기 전에 조직은 만들어둬야죠. 전국 네트워크를 만들고, 활동하는 사람들을 만들어내는 게 목표예요.

이 일이 지난한 일이고, 월급을 줄 수 없어서 그렇지, 정말 필요한 일이고 블루오션이에요. 20년 전에도 블루오션이었는데요. 사람들이 어려워서 안 하려고 할 뿐이에요. 행정이건 경영이건 이쪽에서 예산으로 보기 시작하면 재밌을 거예요. 동네의 수준이 정치의 수준이에요. 욕하지 말고 나서서 바꿨으면 좋겠어요. 시민들이 본인들이 낸 세금에 대해 조금 더 관심을 가져주었으면 좋겠어요.

또, 동유럽에 오토바이 여행을 가는 게 꿈이에요. 제가 예전에 한 달 동안 유럽여행을 한 적이 있어요. 10년쯤 전에요. 제가 오토바이를 좋아하거든요. 그때 거기서 팁을 얻었어요. 한국 민박에 갔는데, 알려주더라고요. 들어올 때 중고로 오토바이를 샀다가, 팔고 나가면 된다. 우리는 서유럽으로 많이 가는데 동유럽에 좋은 곳이 많다고 하더라고요. 오토바이를 타고 동유럽 일주를 한 번 하면 참 좋겠어요.

광주에서
청년정치
하기

문정은

(전) 청년센터 센터장
(전) 정의당 부대표
2014 상반기 재보궐선거
2016 총선 광산을 지역구 출마

* **간단한 자기소개를 부탁드려요.**

안녕하세요. 저는 정의당에서 활동하는 정치인 문정은입니다.

* **어쩌다 정치인이 되셨나요?**

어린 시절의 기억을 떠올려보면, IMF가 가장 먼저 떠올라요. 1997년 IMF 당시 아버지가 다니던 직장에서 구조조정을 당하셨어요. 그날 이후의 삶은 이전의 삶과 달랐어요. 이때의 경험 때문에 마음 안에 작은 응어리를 지닌 채 살아왔던 거 같아요. 그러다가 제가 뒤늦게 성공회대학교에 진학했는데요. 등록금 투쟁 천막을 보고 며칠 동안 마음이 불편했어요. 등록금을 내리겠다고 공약한 총학생회는 많지만, 실제로 등록금을 내리는 데 성공한 총학은 거의 없었거든요. 당시 저는 학자금 대출을 받아서 등록금을 내고 있었어요. 이 돈은 바로 갚아야 하는 돈이 아니다 보니까 부담이 덜한 측면이 있어요. 그런데 곰곰이 생각해 보니까 등록금이 너무 비싸더라고요. 저는 2021년 현재에도 학자금 대출이 남아있어요.

이런저런 복잡한 생각을 하면서 투쟁 천막을 바라보다가, 문득 투쟁만으로는 안 되겠다는 생각이 들었어요. 그런데 하필 이즈음이 등록금 심의위원회라는 게 도입돼가던 시점이었어요. 그러니까, 등록금을 논의해서 결정할 수 있는 제도가 도입되고 있었던 거죠. 그래서 제가 우리 대학에도 등록금 심의위원회를 설치해야 한다고 건의했고요. 이후에 총학생회장이 되면서 학생 대표로 위원회에 참여하게 되었어요. 대표가 된 이후에 등록금 심의위원회 구성을 살펴봤는데요. 9명 중 5명이 우리 편이면 표결에서 이기는 거잖아요? 학교 측 빼고 우리 편으로 삼을 수 있는 사람부터 찾아봤어요. 동문회장은 대학 발전을 위해서 등록금을 올려야 한다고 했어요. 구성이 만만치 않더라고요.

그래서 어떻게 할까? 고민하다가 모 외부위원께 연락을 드렸어요. 이분은 학교에 1억 원이 넘는 돈을 기증해 주신 분이었어요. 이분께 "저희 대학을 위해서 기부를 해주신 건 정말 감사합니다. 하지만 솔직히 등록금 전문가는 아니시니까 외부위원직에서 물러나시면 감사하겠어요"라고 말씀을 드렸어요. 제 말을 듣고, 이분이 "참 당돌하다. 하지만 네 말이 맞다"라고 하면서 외부위원직에서 물러나 주셨어요. 그래서 제가 그 자리에 등록금 대책을 위한 시민사회단체 네트워크(등록금넷)에서 활동하던 안진걸이라는 분을 추천했어요. 이분이 대한민국 최고의 등록금 깎기 전문가였거든요(웃음). 이후에도 여러 노력을 통해 등록금 심의위원회를 움직였고, 그 결과 등록금 5% 인하가 결정되었어요. 등록금을 납부한 성공회대학교 학생 전원에게 20만 원씩 돈을 돌려줄 수 있었죠.

어떻게 보면, 이때의 경험이 구체적인 정치를 고민하게 된 시작점이지 않았을까 생각해요. 비록 작은 대학에서 있었던 작은 승리의 경험이지만 정치를 통해 변화를 만들 수 있다는 걸 알게 되었어요.

또, 제가 성공회대학교에서 총학생회장을 지냈는데요. 그러다 보니 자연스럽게 여러 사회운동에도 참여했어요. 2009년 당시에는 용산참사나 쌍용자동차 투쟁에도 연대했죠. 용산참사가 일어났던 남일당 아래서 자고, 쌍용차 노동자분들과 시간을 보냈어요. 이 과정에서 변화를 위한 정치를 해야겠다는 생각이 커졌던 거 같아요. 결국 정당, 그중에서도 진보정당을 통한 변화가 필요하다고 생각했어요. 그래서 진보신당 선거 캠프에도 참여했어요. 제가 2010년에 한 학기 휴학을 했는데요. 2010년 지방선거 당시 성공회대가 있던 구로 지역의 진보신당 구의원 후보를 위해 일했어요. 2011년 통합진보당 창당 이후에는 구로구위원회에서 사무국장으로 일했고요.

그러다가 얼마 못 가서 통합진보당이 둘로 나누어지게 되는데요. 당시 저는 여러 사람들과 함께 통합진보당 혁신을 요구하며 집단 탈당에 참여했어요. 직후에는 진보정의당 창당 발기인으로 참여했고, 진보정의당이 정의당으로 당명을 개정하게 되면서 현재까지 활동해 온 거죠.

* 정의당에서 부대표로 활동하셨다고 들었어요.

제가 진보정의당 창당 발기인으로 참여한 이후에 진보정의당의 첫 청년학생위원장을 지냈는데요. 이때 당에서 조직을 개편하면서 청년 부대표를 선출하자는 이야기가 나왔어요. 청년 부대표를 20대로 한정하자는 주장과 만 39세까지로 하자는 주장이 상존했고, 결과적으로 만 39세 미만의 청년 부대표를 지도부의 일원으로 선출하게 되었어요. 제가 이때 부대표 선거를 준비하면서 사람을 모았는데요. 캠프 구성원만 열 명이 넘었어요. 저와 함께하는 사람들 여럿이 전국을 돌아다녔죠(웃음). 되게 재미있었는데요. 제가 경선 준비를 마치고, 후보 등록을 했는데, 원래 출마를 고민하셨던 다른 분들이 출마하지 않기로 결정하면서, 무혈입성하게 됐죠. 지금와서 생각해 보면 '경선'이라는 것도 되게 중요한 거 같아요. 이 과정을 통해서 매우 많이 성장하게 되고, 본질적으로 생각해 보면 건강한 경쟁도 하고, 함께 성장하고 싶은 좋은 라이벌도 찾게 되는 거잖아요.

* 첫 출마는 어떻게 결정하게 되셨나요?

제가 정의당 부대표였던 2014년에 광주에서 재보궐선거가 열렸어요. 광주 광산을 지역구 국회의원을 선출하는 선거였어요. 광주는 제가 초등학교부터 고등학교까지 유년 시절을 보낸 곳이에요. 당시 저에게는 정당을 통해서 성장해야겠다는 생각이 있었어요. 그래서 직접 후보가 되어 선거에 출마하기로 결심했어요. 짧은 기간이었지만 광주에서 열심히 선거운동에 임했죠. 이때의 경험 덕인지, 2년 뒤에 같은 지역구 국회의원 선거에 다시 출마했어요.

2016년 총선 때에는 선거 과정이 많이 힘들었어요. 좋아하는 사람들과도 멀어지게 되었고, 선거 과정에서 떠나간 사람들이 있어서 다른 의미에서 기억에 많이 남아요. 제가 너무 힘들다 보니, 주변 사람들을 함께 살뜰히 챙기지 못했는데, 그러면 안 되겠다는 생각이 들었어요. 다시 생각해봐도 아팠던 경험이네요. 노회찬 대표님이 돌아가셨을 때의 기억도 그렇고… 최근에는 조금 슬펐던 기억들이 많네요.

* 2020년 총선에도 출마하셨다고 들었어요.

제가 광주청년센터에서 센터장으로 활동했는데요. 센터 활동을 마무리하고, 2020년 총선에 출마했어요. 이때 정의당에서 비례대표 1, 2, 11, 12번을 청년 후보로 공천하기로 했어요. 저는 3등으로 비례대표 11번을 받아 당선되지 못했어요. 돌아보면, 이때의 선거가 제 인생에서 가장 중요하면서도 힘들었던 도전으로 남을 거 같아요. 저는 실패했고, 너무 많은 사람들에게 신세 졌어요. 매일매일 반성문을 쓰는 심정으로 지내고 있어요. 선거를 함께 준비하고 함께 도전해 주었던 사람들에 대한 반성문, 지지를 보내주었던 사람들에 대한 반성문을 쓰고 있어요. 단순히 국회의원이 되지 못했기 때문에 문제인 건 아니고요. 국회의원이 되었다면 무엇을 할 수 있었는지가 중요하잖아요? 우리 당이 전국의 청년들은 모아내고 조직하고 세상의 변화를 위한 새로운 의제를 던져야 하는데, 그 역할을 잘 못 하고 있다는 생각이 들어요. 이렇게 중요한 순간에 책임 있는 자리에 있지 못하다는 것, 저에게 주어진 벌이라고 생각하고 있어요.

저는 정치를 통해 어떤 식으로든, 세상의 변화를 가능하게 할 수 있다고 생각해요. 물론 중대재해기업처벌법과 같은 법률이 저희들이 원하는 대로 만들어지지 않을 수 있고, 정치가 만들어내는 변화가 항상 긍정적이라고 낙관할 수는 없겠지만요.

* 광주에서 해 오신 다양한 활동들에 대해서도 자세히 듣고 싶어요.

제가 서울에 있을 때 청년유니온 활동을 했었는데요. 청년유니온은 청년세대의 노동권을 위해 청년들이 만든 세대별 노동조합이에요. 제가 성공회대에 다니던 시절에 친하게 지내던 친구가 "청년 단체가 새로 만들어진다는데 한 번 가보자"라는 제안을 해왔어요. 그래서 따라가 보니까 영등포에 있는 허름한 사무실이더라고요. 이후에 이 단체가 청년유니온이 되었고요. 나중에는 '백수노조'라는 별명도 생겼어요. 만 15세에서 39세 청년이라면 취업 여부와 관계없이 누구나 가입할 수 있거든요. 이후 청년유니온은 유명 커피숍으로부터 주휴수당을 받아내거나, 모 피자가게의 30분 배달제를 폐지해내는 등의 일을 하며, 한국 사회에 상당한 돌풍을 일으켰어요.

광주에 돌아온 직후에 광주청년유니온을 찾아갔는데, 당시 위원장이던 분이 LG전자 서비스 기사로 일하셨어요. 이야기를 들어보니까, 생업 때문에 제대로 활동할 수가 없었어요. 당시에 저는 출마를 위해 광주에 내려온 상황이어서 광주청년유니온에서 활동할 생각은 없었어요. 하지만 상황이 너무 처참하다는 생각이 들었고, 그래서 6개월이든 1년이든 조합원들을 만나는 일부터 해보기로 했어요. 그렇게 조합원들을 만났고, 총선이 끝난 직후인 2016년 6월에 광주청년유니온 위원장으로 선출되었어요. 당시 위원장 활동비라고는 고작 25만원이었는데요. 여전히 별반 달라지지 않아 굉장히 미안하고, 앞으로도 열악한 상황을 바꾸기 위해 더 노력해야 돼요.

광주청년유니온에서 여러 활동들을 했었는데요. 당장 생각나는 걸로는 배달 노동자 실태조사가 있네요. 2016년에 배달 노동자들이 4대 보험에 가입되어 있지 않다는 사실을 알게 되었어요. 특히 청소년, 청년들이 배달 일을 많이 하잖아요? 그래서 새벽이나 밤에 노동자들 쫓아다니면서 실태 조사 해서 결과 발표했죠. 유니온에서 2년간 위원장으로 활동한 이후에는 광주청년센터에서 센터장으로 일했어요.

제가 10년 만에 광주에 돌아온 시점이 딱 윤장현 시장 때였어요. 윤 시장님이 광주를 청년도시로 만들겠다고 선언했거든요. 그래서 조금의 기대감을 가져보고 싶었어요. 그런데, 시청 홈페이지에서 '청년'을 검색해보니까 가장 먼저 나오는 것이 '청년인턴' 선발이었어요. 자세히 보니까 4개월 정도 일하면서 매달 120만 원 정도 받는 행정인턴이었는데요. 시장이 청년도시를 표방한 상황에서 최저임금 받는 단기 일자리이면서 공무원 시험에서도 경력이 인정되지 않는 청년인턴을 이런 식으로 선발하는 건 문제가 있다는 생각이 들었어요. 왜 항상 청년들에게는 최저 수준의 일자리를 제공할까요? 그래서 광주청년유니온에서 성명을 냈어요. 활동이 뜸했던 '청유'에서 오랜만에 성명서를 내니까 지역에서 상당히 주목하더라고요. 반응을 보니, 이 도시는 문제제기를 불편해한다는 감이 잡혔어요. 지역에서 청년정책과 관련해서 어떻게 움직일지, 포지션을 정리할 수 있었던 계기가 되었죠.

제가 광주광역시에 '광주청년 일경험드림사업'이라는 걸 제안했는데요. 공공기관, 기업, 청년창업기업, 사회복지, 사회적 가치 등 5개 유형에 속하는 일터(드림터)와 협약을 맺고 청년들에게 일자리를 주는 사업이에요. 임금은 생활임금(2021년 시간당 10,520원)으로 정했고, 기간은 6개월이에요. 드림터 입장에서는 시에서 청년들에게 줄 임금을 지원해 주니까 좋고, 드림청년 입장에서는 일 경험도 쌓고 임금도 받으니까 좋아요. 체험 대신 경험으로 하고, 그에 따르는 임금도 정확히 받도록 한 거죠. 물론 아쉬움도 많지만, 현재까지 3,750명의 드림청년이 2,298개의 드림터에서 경험을 쌓았어요.

* 팟캐스트를 진행해서 상도 받으셨다고 들었어요.

제가 오늘의 광주 팟캐스트(오.광.팟), 굴까는 방송 같은 팟캐스트들을 진행했었는데요. '오.광.팟'은 지역의 60대 선배 활동가들과 20대 활동가들이 함께 진행했던 팟캐스트였어요. 지역 현안도 다루고, 옛날이야기도 하고 철학적인 이야기 나눴죠. 재미있었고 많이 배웠는데요. 이번에는 또래 사람들이랑도 수다를 떨고 싶더라고요. 제 또래 사람들이 뭘 하고 사는지 궁금했어요. 평생 광주에서 살아온 찐 광주 사람들이 느끼는 정서 같은 게 있는 거 같았어요. 그래서 강경필, 나연준, 강경남, 임명규와 함께 다섯이서 편안한 분위기로 광주에 대해 이야기는 방송, '굴까는 방송'을 하게 됐죠. 제가 설명할 수 없는 광주의 시간들이나 사건들에 대한 이야기가 재밌었어요. 이걸로 광주전남민주언론시민연합에서 민주언론상 특별상도 주었고, 지역사회에서 주목을 많이 받았어요. 지금은 끝나긴 했는데, 나중에 다시 하고 싶네요.

* 그동안 활동하면서 힘들었던 일이 있었다면요?

어떠한 변화를 위해 많은 공을 들였는데도 변화가 체감되지 않을 때, 같은 마음이라고 생각했던 사람들이 떠나가거나, 떠나보낼 수밖에 없게 될 때, 쿨한 척, 태연한 척하지만 마음 안에 상처가 남는 거 같아요. 내가 잘못해서 그들이 떠난 것 같은 느낌을 받을 때가 있잖아요? 저는 주로 무언가를 제안하는 위치에 많이 있어요. 그래서 원망을 받기도 하는 것 같아요. '언니 때문에, 누나 때문에, 네가 하자고 해서…' 감내해야 한다고 생각하지만, 가끔 마음이 아파요. 그래도 늘 시대를, 사람을, 환경을 원망하지 말자고 다짐해요.

* 최근에 있었던 기뻤던 기억도 듣고 싶어요.

최근에 개인적으로 기뻤던 일이, 정의당 광주시당에 김현인이라는 당원이 있는데요. 15년 넘게 택시 운전을 했던 오빠예요. 평소에 친하게 지내면서 자주 통화했는데요. 어느 날 이 오빠가 저한테 그러는 거예요. 우리 당에 당원 가입시키고 싶은 사람이 있어서 '슈퍼 빵' 말고 '파리바게트 빵'을 사 들고 가서 당원 가입시켰다고요. 이때의 기억이 자주 떠올라요. 잊을 수 없는 목소리인 거 같아요. 현인 오빠 같은 사람들에게 정의당은 뭐지? 나는 어떻게 해야 할까? 생각해 봐요. 시민단체에 비해 정당은 시민들의 삶에서 멀잖아요. 그런데도 손수 빵을 사서 사람들을 찾아가는 당원들이 있어요.

최근에 우편으로 구구절절한 편지를 받았는데요. 일터에서 피해를 입은 분의 편지였어요. 아직도 해결되지 않은 일인데요. 정의당의 정치가 이분들의 삶을 구체적으로 가까이서 살펴야겠다는 생각이 들었어요. 우리에게 더 많은 힘이 있었으면 좋겠어요. 저희가 바쁘다고 지나쳤거나, 소홀했던 일들이 얼마나 많겠어요. 제가 2016년 총선 이후에 광주에 와서 광주청년센터 센터장으로 일했는데요. 문제를 해결해 주지 못했음에도 불구하고 단순한 연결이나 사소한 도움을 주었을 때도 변화는 시작되는 거 같아요. 어느 날 청년센터에 찾아와서 그때 고마웠다고, 박카스를 놓고 간 청년이 있었어요. 저희 센터에서 심리 상담을 오랫동안 받았던 분이었는데, 그동안 고마웠다고 이번에 취업에 성공했다고 알려주고 싶었다고 하더라고요. 작지만 이런 일들이 다시 털고 일어서게 하는 오래 남는 기억 같아요.

* 그동안 활동하면서 부족한 자원이라고 느낀 것이 있다면요?

저는 사람이 가장 고파요. 돈과 시간을 비롯한 다른 자원들은 어떻게든 마련할 수 있는데, 함께할 수 있는 사람을 찾는 건 훨씬 어려운 일이에요. 이 길에 대한 저의 확신은 명확하기 때문에 돈과 자원을 요청하는 건 쉽다고 생각해요. 하지만 이 길을 함께 걸어달라고 하는 건 정말 무거운 일이거든요.

* 광주에서 활동하면서 힘든 지점이 있으시다면요?

제가 광주에서 활동하면서 느낀 건데요. 지역 활동가들은 본인들이 서울이나 다른 지역 활동가들에 비해 경험이나 자원이 부족하고, 실력이 뒤처져 있다고 생각하는 경향이 있는 거 같아요. 실제로 그런 측면이 없지 않아 있을 수 있죠. 당장의 기회, 자원, 네트워크의 차이가 있기는 할 거예요. 하지만 그렇다고 해서 지역의 실력이 부족한 건 아니라고 생각해요. 제가 성공회대학교라는 작은 대학에서 총학생회 일을 해봤지만, 규모는 작아도 원리나 생리는 똑같기 때문에 다른 대학에서 총학생회 일을 한 것과 같은 수준의 경험을 한 거라고 생각해요. 그런데 스스로 작은 대학이라, 작은 도시라 뒤처진다고 생각한다면, 그것이야말로 우리들을 갉아먹는 생각인 것 같아요. 사람들의 마음속에 은연중에 존재하는 이 생각이 가끔 저를 힘들게 하는 것 같아요. 막연하게 광주에 있는 사람들이 뒤처져 있다는 생각이 있어요. 이 생각을 없애야 할 것 같아요.

* 정은님이 생각하는 광주는 어떤 도시인가요?

저는 광주시민들만큼 자기 도시에 대한 자부심을 가진 사람들을 만나보지 못한 거 같아요. 저에게 광주는 태어난 고향은 아니에요. 저는 서울에서 태어났고, 전남 영암 출신이었던 어머니가 광주로 일터를 옮겨 온 덕에 겸사겸사 광주에 오게 되었어요. 광주를 사랑하는 사람들의 마음이 전염된다는 느낌을 받을 때가 있어요. 꼭 안 먹어본 음식을 먹어보고 싶은 느낌 같아요. 이 도시가 진짜 그래? 그렇게 정이 많은 도시야? 의구심을 품고 있다가도, 정말 그렇다는 걸 확인하게 되는 도시예요. 그래서 이 도시에서 오래도록 살고 싶다는 마음이 들었어요. 이제는 이 도시를 떠날 이유가 전혀 없는 것 같아요.

하지만, 저는 광주의 자긍심을 사랑하지만 광주 역시 도전의 시기에 직면해 있다고 생각해요. 1980년 5월 당시 이 도시를 위해 목숨을 걸고 싸웠던 분들, 그들이 40년 후의 광주를 어떤 도시로 만들고 싶었는지 묻고 싶은 심정이에요. 물론 그 몫은 우리 것이지만, 당신들이 만들고 싶었던 광주가 진정 이 모습이 맞느냐고 묻고 싶어요. 그들이 흔쾌히 그렇다고 하지는 않을 것 같아요. 광주는 또한 변화의 토대를 만들어낼 수 있는 도시인 것 같아요. 서로가 서로의 명분이 되는 도시잖아요. 주먹밥을 나눌 수 있는 도시잖아요. 누구나 이 도시에 오면 밥을 굶거나 길가에서 얼어 죽는 일이 없도록, 그렇게 많은 사람을 품어낼 수 있는 도시였으면 좋겠어요. 민주화운동의 영향 때문에 민주당계 정당이 오랫동안 광주의 정치를 독점해왔어요. 하지만 저는 정의당이라는 정당이 경쟁자로서 의미 있는 정치적 변화를 만들어낼 수 있다고 생각해요. 독점의 정치가 아니라, 진짜 경쟁을 통해 시민들이 효능감을 느낄 수 있는 정치를 만들어 가고 싶어요.

* 앞으로 하고 싶은 활동이 있다면요?

당분간 지방선거 준비에 집중하고 싶어요. 지방선거에서 한 명이라도 더 많은 의원을 당선되게 하고 싶어요. 그래서 광주라는 도시 안에서 정의당이 운영하는 정부, 정의당이 함께하는 의회를 통해 시민들이 맘 놓고 정의당을 지지할 수 있게끔 하고 싶어요. 이 지역을 거점으로 시민들이 체감할 수 있는 변화를 만드는 일에 정당과 시민사회를 넘나들며 노력해보고 싶어요. 구체적으로는 유튜브 같은 대안 미디어를 운영해보고 싶은 생각도 있고, 정치 살롱처럼 시민들과 소통하는 공간을 만들어보고 싶다는 생각도 있어요. 또 지방자치연구소처럼 지역의 현안을 가지고 정책 보고서도 만들고, 실천하는 액션 그룹도 만들고 싶어요. 우리 동네의 자원 순환을 고민하고, 녹색 기본수당도 검토해 보고, 자전거 타고 광주 구석구석을 돌아다닐 수 있도록 하고 싶어요. 시민 모두의 삶의 만족도가 높은 쾌적하고 순환적인 '적정 도시'를 고민하고 있어요.

* 광주가 어떤 도시가 되었으면 하나요?

저는 광주가 민주주의의 최첨단을 달리는 도시가 되었으면 좋겠어요. 가장 비건 지향적인 도시라거나, 차이가 차별되지 않는 도시, 민주주의를 생활에서 체감하며 배워갈 수 있는 도시, 기후위기 시기에 친환경생태도시를 만드는데 주저함이 없는 도시였으면 좋겠어요. 그렇게 시민들이 여기는 선진 민주주의 도시라는 걸 체감할 수 있었으면 해요.

또 적어도 이 도시에서는 사람들 사이의 삶의 격차가 크지 않고 비슷했으면 좋겠어요. 누구나 광주에 오면 밥을 먹을 수 있고, 잠잘 곳도 있고, 실패해도 다시 일어설 수 있는 기반이 있다고 느꼈으면 좋겠어요. 사실 광주시가 복지 지출이 많다는 것을 허물로 여기거든요. 우리는 돈도 없는데, 복지 지출도 높다고 이야기해요. 저는 광주가 사람들의 삶의 격차가 크지 않은 도시가 될 수 있도록 하는데 더 관심을 기울였으면 좋겠어요.

* 우리 사회가 어떤 사회가 되었으면 하는지?

어떤 부모에게서 태어났는지, 어떤 환경에서 태어났는지, 또 어떤 기회나 교육이 그에게 주어졌는지에 따라 삶이 결정되는 사회가 아니었으면 좋겠어요. 무언가를 결심하면, 그것을 시작할 수 있는 사회가 되었으면 해요. 언제든 리셋 버튼을 누를 수 있는 사회였으면 좋겠어요. 다시 시작할 수 있는 여유가 주어졌으면 좋겠어요.

* 이루고 싶으신 목표가 있다면요?

정의당이 시민들에게 의미 있는 정치세력으로 자리 잡았으면 좋겠어요. 광주의 정치를 정의당의 이름으로 운영해보고 싶어요. 저는 휴식과 노는 거, 정말 좋아하고 중요하다고 생각하는데, SNS에 그런 걸 올리면 옆에서는 누군가가 죽어가고 있다는 소식이 들려오잖아요? 그게 싫어서 정치 시작했어요. 불행하고 안타깝지만 바꿀 수 있는 현실을 모른척하고 싶지 않았어요. 제가 좀 더 즐겁고 행복한 것도 좋지만, 다른 사람들이 불행하다면 그 행복은 온전치 못하다고 생각해요. 그렇게 시작한 정치가 빨리 끝날 것 같지는 않은데요(웃음). 스스로의 행복을 위한 정치니까, 원치 않았던 어려움을 마주해도 잘 이겨내고 앞으로 나아가고 싶어요.

그래서 저의 목표는 시민들이 바라고 원하는 정의롭고 평등한 광주정부를 위해 일하는 것이에요. 광주라는 도시가 오래도록 품고 있던 정의로운 대동세상, 공동체 정신이 도시의 비전으로 발현될 수 있도록 이 도시를 가장 사랑하고 아끼는 사람으로서 계속 활동을 이어나갈 생각이에요.

광주에서 5·18 활동하기

김동규

페이스북 페이지 '광주의 오월을 기억해 주세요' 운영자
광주홍콩연대회의 활동가

* 간단한 자기소개를 부탁드려요.

안녕하세요. 저는 광주 활동가 김동규입니다.

* 어쩌다 활동가가 되셨나요?

저는 고등학교 2학년이던 2013년에 청소년 단체에서 활동을 시작했어요. 굉장히 열심히 했는데, 돌이켜보면 5·18로부터 받았던 영향이 컸던 거 같아요. 그날의 아픔에서 비롯된 분노의 마음을 해소할 수단이 필요했어요.

* 5·18에 관심을 가지게 된 계기는 무엇인가요?

1990년대 중반부터 지금까지 광주에서 살아온 저에게 5·18은 피할 수 없는 사건이었어요. 비록 그날을 직접 경험한 건 아니지만, 그날 이후 지금까지 광주에 사는 그 누구도 그날로부터 자유롭지 않다고 생각해요. 어린 시절, 해마다 오월이 되면 광주 전역에서 뭐라 말로 표현할 수 없는 음울한 분위기가 느껴졌어요. 도시에 슬픔이 깔려있다고나 할까요? 거리를 걷기만 해도 느껴지는 강렬한 감정이 있었어요. 아마 초등학교 시절 오월이 되면, 1교시 시작 전에 방송실에서 다큐멘터리 5·18을 틀어주었기 때문에 제가 감각했던 것들이 도시의 풍경에서 느껴졌던 건 아닐까 싶어요.

5·18에 대한 고민을 시작한 게 딱 그즈음이었어요. 정확히 기억나지는

않지만 5·18 묘역에서 당시의 사진들을 봤어요. 군인들이 시민을 곤봉으로 때리는 사진, 대검이 장착된 총을 든 군인이 시민을 쫓아가는 사진, 그리고 거리 곳곳에 쓰러져있는 시민들의 모습이 담겨 있는 사진을 봤어요. 특히 그곳에는 사망한 시민들의 시신을 촬영한 사진도 있었는데, 이 때문에 큰 충격을 받았던 거 같아요. 돌이켜보면, 그런 사진들을 전시하는 건 세상을 떠난 이에 대한 예의도 아니고, 분노의 감정을 위해 그들을 이용하는 것이기 때문에 동의하기 어려워요. 하지만 폭력에 대한 감수성이 민감하지 않았던 당대에는 저와 같은 경험을 한 이들이 상당해요. 그날 이후 광주는 제가 평생에 걸쳐 마주해야 하는 질문이 되었어요. 저는 광주의 아픔과 소외감에 빠르게 동화되었어요.

* 5·18 관련 활동은 언제부터 시작하게 되셨나요?

청소년 시절이던 2013년에 '안녕들 하십니까?' 대자보가 전국 각지에 붙었던 적이 있어요. 철도 민영화, 불법 대선 개입 등을 비판하는 내용의 대자보에 많은 시민들이 호응해서 릴레이 대자보를 붙인 것인데요. 저도 제가 다니고 있던 고등학교에 대자보를 붙였어요. 조금 다른 게 있었다면 저는 당시에도 활동가였기 때문에 후속 행동을 고민했어요. 그래서 동료 활동가들과 함께 페이스북에서 '광주는 안녕들 하십니까?'라는 이름의 페이지를 만들었어요.

이때가 페이스북의 전성기였는데요. 페이지 팔로워가 며칠 만에 5천 명까지 늘었고, 어떤 글을 올려도 좋아요가 최소 3천 개는 붙었어요. 대자보를 처음 붙인 주현우 씨가 조직한 '안녕들' 팀에서도 연락이 왔는데요. 안녕들 전국 나들이 일정에 광주를 넣고 싶다는 연락이었어요. 그래서 2013년 12월 26일에 안녕들 '광주 나들이'를 전남대학교 후문에서 진행했어요. 이후에도 광주에서 안녕들 이슈를 통해 사람들을 조직하고 열심히 활동했죠.

그러다가 2014년 5월이 되었는데요. 이때 5·18에 대한 왜곡과 비방이 전국적으로 확산되었어요. '일간 베스트'를 비롯한 인터넷 사이트에서 그날의 아픔을 희화화했어요. 군인이 쏜 총에 맞아 거리에 쓰러져 있는 시민들의 모습을 '일광욕 중인 광주시민'으로 비하하는 게시물도 있었어요. 며칠 뒤, 무거운 마음을 안고 5·18 묘역에 갔어요. 입구에 현수막이 하나 걸려 있더라고요. 그 현수막에는 "오월의 정신을 훼손하는 자들이여. 이곳에 잠든 오월의 영령들이 두렵지 아니한가"라고 쓰여있었어요. 하지만 그 현수막은 너무도 외롭게, 홀로 펄럭이고 있었어요.

그날 집에 돌아와서 페이스북 페이지를 하나 만들었어요. '광주의 오월을 기억해주세요'라는 이름의 페이지였어요. 이때부터 '광주는 안녕들 하십니까?'를 운영하며 터득한 기술을 이용해서 열심히 5·18을 알리는 활동을 했어요.

1980년 5월 20일, 광주시민들이 3일째 시위를 이어가고 있다는 사실이 언론에 보도되기 시작했어요. "극렬한 폭도들에 의해 상황이 악화되고 있다"는 왜곡보도가 자행되었어요. 분노한 시민들이 진실을 알리기 위한 활동에 나섰어요. 유인물 '투사회보'를 만들어 배포하기로 한 거예요. 들불야학에서 활동하던 박용준, 전용호를 비롯한 이들이 등사기를 통해 유인물을 인쇄했어요. 프린터가 없었던 시대였기 때문에 등사기가 쓰였어요. 100

장을 인쇄하고 나면, 새롭게 원고를 적어야 했어요. 5·18 기간 내내 글씨를 쓰는 일을 했던 박용준은 1980년 5월 27일 최후의 항전 당시 YWCA에서 머리에 총을 맞고 세상을 떠났어요.

저는 이 시대의 투사회보 배포자를 자임하고 싶었어요. 그래서 2014년부터 지금까지 정말 다양한 방법을 통해 광주를 이야기해 왔어요. 현재 '광주의 오월을 기억해주세요' 페이지는 54,000명의 팔로워들을 통해 여전히 많은 분들께 광주의 이야기를 하고 있어요.

* 8년 동안 꾸준히 운영할 수 있었던 이유가 있다면요?

저에게는 의지를 가지고 시작하는 일이 적다는 단점이 있어요. 대신, 어떤 일을 시작하게 되면 멈추지 않아요. 과할 정도로 몰입해서, 집요함으로 승부를 봐요. 오늘까지 '광주의 오월을 기억해주세요'에 올린 사진이 7,492장이에요. 오늘도 저는 이 페이지에 오월의 소식을 전했어요. 그동안 페이스북의 세계에서 수많은 페이지들이 흥망성쇠를 거듭해왔지만, 8년간 꾸준히 특정 이슈를 전달해온 페이지는 언론사가 운영하는 페이지를 제외하고는, 많지 않을 거예요. 금전적 보상을 받지 않는 개인이 운영하는 페이지로는 정말 손에 꼽히지 않을까 싶네요.

* 5·18을 소재로 한 카드뉴스도 만드셨다고 들었어요.

'카드뉴스로 보는 5·18 민주화운동'이라는 콘텐츠를 만들었던 적이 있어요. 그런데 그 콘텐츠를 페이스북 페이지에 공유하니까, 상당히 많은 분들이 좋아요를 누르고 카드뉴스를 공유해가셨어요. 몇 명에게 전달되었는지 보니까, 약 200만 명에게 전달되었다고 하더라고요. 이후에 청년문화 허브에서 이 카드뉴스를 인쇄해서 배포하고 싶다고 연락을 주셨어요. 그래서 지난해에 2천 부를 제작해서 배포했고요. 올해는 3천 부가 제작되어서 5·18 행사 기간에 광주 전역에 배포되었어요. 오월 주간에 광주항쟁과 관련된 장소에 배포하니까, 호응이 좋아서 금방 소진되었다고 해요.

* 청소년 단체에서 활동하신 이후의 삶은 어떠셨나요?

2015년 말에 제가 활동하던 단체에서 부당한 폭력이 있었다는 사실을 알게 되었어요. 1980년의 광주가 그러했던 것처럼, 그 어떤 억압도 용납하고 싶지 않았기 때문에 비판의 목소리를 냈어요. 그날 이후, 그 단체의 어느 누구도 저를 만나주지 않았어요. 혼자가 되었죠.

얼마 후, 친하게 지내던 지인에게서 만나자는 연락이 왔어요. 이야기를 들어보니까, 특성화고 현장실습생으로 취업한 휴대폰 가게에서 폭행과 폭언을 당하고 임금 205만 원을 체불 당했다고 하더라고요. 그 가게는 광주에서 대리점 10여 개를 운영하고 있었고, 당시 연 매출이 50억 원에 달했어요. 하지만 어떤 일을 겪게 되더라도, 맞서 싸워야겠다는 생각이 들었어요. 그래서 SNS를 통해 사건을 폭로했어요.

회사 대표는 "현장실습생에게는 최저임금을 주지 않아도 된다"고 주장했어요. 물론 사실이 아니었죠. 2011년 기아차 광주공장에 현장실습생으로 파견되었던 영광실고 학생이 장시간 노동 끝에 뇌출혈로 쓰러지는 사건이 있었어요. 직후에 정부에서 '현장실습생이라고 하더라도 사업장 노동자와 똑같이 일할 경우 노동자로 인정하고 권리를 보호한다'는 내용의 대책을 발표했어요. 제 지인은 매일 11시간씩 사업장 노동자들과 똑같이 일했기 때문에 당연히 노동자성이 인정되었고요.

며칠 뒤, 이 사실을 파악한 회사 대표가 제 지인을 따로 불러냈어요. 그 자리에는 제 지인이 재학 중이던 특성화고의 교사들도 동석했어요. 사업주는 체불임금 64만원을 건네며 합의를 요구했어요. 기초생활수급자였던 제 지인은 당장 돈이 급했기 때문에 그 요구를 수락했어요. 합의문에는 "회사(갑)는 제 지인(을)에게 체불임금 64만원을 지급한다. 제 지인(을)은 회사(갑)에게 더 이상의 민·형사상 이의를 제기하지 않는다"고 명시되어 있었어요. 교사들은 제 지인에게 "김동규는 이상한 새끼니까 앞으로 만나지 말라"고 이야기했어요.

합의 직후 회사 대표가 저희 둘을 경찰에 고소했어요. 광주 남부경찰서에서 정보통신망법상 허위사실 유포에 의한 명예훼손죄로 피소되었으니, 출석해서 조사를 받으라는 연락이 왔어요. 법조문에는 이 법률을 위반할 경우 7년 이하의 징역, 10년 이하의 자격정지 또는 5천만 원 이하의 벌금형에 처해질 수 있다고 쓰여있었어요. 회사 대표는 제가 쓴 글 때문에 제지인이 근무했던 지점이 폐업을 결정했다고 했어요. 나중에 보니까, 실제로 폐업했더라고요. 이 때문에 대표가 저에게 5천만 원의 손실이 발생했다고, 민사소송을 제기하겠다고 했지만 실제로 하지는 않았어요. 아마, 협박이었겠죠.

한동안 그 교사들이 했던 이야기가 맴돌았어요. 가슴이 타들어 가는 듯한 분노감이 느껴졌고, 이후에는 그냥 슬프고 우울했어요. 심리적 정당화를 위해 사건 내용을 매일 복귀하면서 힘든 시기를 보냈죠. 기댈 곳이 필요했는지, 이때 친하게 지내던 친구에게 전도를 당해서 신천지 교리교육까지 받았어요. 다행히 신천지라는 사실을 알게 된 직후에 빠져나왔고, 이때의 경험을 토대로 책도 썼으니까 좋은 경험이었던 것 같네요(웃음).

돌이켜보면, 이때 마음속에 작은 응어리가 남은 거 같아요. 분명 저에게는 잘못한 게 없었지만, 그 누구도 그렇게 이야기해주지 않았거든요. 이때 느꼈던 고독감을 비롯한 강렬한 감정이 만들어낸 오기 같은 게 있다고 생각해요. 5·18에 대해서도 자주 생각했어요. 그날 이후 광주라는 도시가 감내해온 것들에 대한 생각이 이어졌어요.

다행히 사건은 검찰에서 무혐의 처분을 받고 종결되었어요. 이후에는 사건 당시 도움을 줄 수 있는 단체를 알아보는 과정에서 만나게 된 광주청년유니온에 들어가서 활동했어요. 다시 한번 칼을 쥐고 제대로 싸워보고 싶었어요.

* 광주청년유니온에서는 어떤 활동을 하셨나요?

기억에 남는 건 역시 '싸움'인데요. 2017년 말에 전남 모 식당에서 일하던 청소년 노동자 18명이 임금 수천만 원을 체불당한 사건이 있었어요. 도저히 지면에 옮길 수 없을 만큼 심각한 폭언과 폭행도 있었어요. 이 사건을 두고 광주청소년노동인권네트워크라는 시민단체가 식당 측에 맞섰는데요. 말이 식당이지, 연 매출이 수십억 원에 달했기 때문에 중소기업에 가까웠어요.

저희 광주청년유니온 역시 네트워크에 가입 단체였기 때문에 자연스럽게 연대했어요. 제가 당시 SNS를 통해 상당히 저돌적으로 움직였는데요. 사건에 대한 카드뉴스를 만들어서 배포했고, 이게 페이스북 페이지에서만 20만 명 넘는 사람들에게 전달되어서 식당 측이 상당히 큰 타격을 입었어요. 네트워크 관계자에게 해당 식당에 식자재를 납품하는 업체에서 연락이 오기도 했었는데요. 식당 측이 주문을 넣지 않고 있다고, 언제쯤 사건이 끝날 것 같냐고 물어보는 연락이었어요. 당시 식당 측 관계자가 2천만원 넘는 손해를 봤다고 주장하더라고요.

물론 여기서 그친 건 아니고요. 네트워크 활동가들이 매일 식당 앞에서 1인시위를 했어요. 네트워크는 10개 단체로 구성되어 있는데요. 각 단체 활동가들이 매일 손님이 가장 많은 점심시간에 1인시위를 했어요. 이렇게 하니까, 식사를 하러 온 시민들이 혀를 차며 돌아섰어요. 저도 1인시위에 참여했는데요. 시위를 하면서 가게의 특성을 관찰해봤어요. 상당히 큰 건물에서 '단체 손님'을 받아 영업을 하더라고요. 그래서 단체 손님의 방문을 끊어내야겠다고 판단했어요.

살펴보니까, 전화로 예약하는 연령대가 높은 손님들이 주요 고객이었어요. 무등산에서 등산하고, 40인승 버스 타고 식당에 오는 거죠. 주차장도 넓으니까요. 이날부터 항의 전화를 조직했어요. 한 사람이 여러 번 연락하면 영업방해죄가 성립할 수 있으니까, 상당히 많은 사람들에게 딱 한 번씩만 전화해 줄 것을 부탁했어요. 그래도 10개 단체에 소속된 활동가들의 그물망을 타고 상당히 많은 항의 전화가 걸렸을 거예요.

하루 만에 식당 전화가 불통이 되었어요. 직후에 식당 측이 네트워크에 체불임금을 지급하겠다고, 합의하자고 연락해왔어요. 결국 사업주가 개별적인 합의가 이루어지지 않고 있던 청소년 노동자 14명에게 체불임금 4천만원을 지급했어요. 이때는 운 좋게 고소도 안 당했는데요. 네트워크 운영위원 중 한 분이 식당 측에서 저를 고소할 수도 있으니까, 합의문에 "더 이상의 민형사상 이의를 제기하지 않는다"라는 문구를 넣자고 제안했고, 그대로 관철되었어요.

사실 2016년 휴대폰 가게와의 싸움 이후 자포자기의 심정이 있었던 거 같아요. 제 안위는 어떻게 되어도 상관없으니까, 대신 온몸을 불태워 제대로 싸워보자는 생각이 있었어요. 사건 직후인 2017년 12월에 광주청소년노동인권네트워크 사무국장으로 취업했어요. 전남 모 식당과의 싸움에 열심히 임했고, 현장실습 문제에 대한 이해가 있었기 때문이었던 것 같아요. 네트워크는 주요 사업 중 하나로 광주에 있는 중학교, 고등학교, 대안학교에서 노동인권 수업을 하는데요. 이때부터 네트워크 강사로서 학교에 나가서 노동인권 수업을 했어요.

* 명예훼손죄로 여러 차례 수사를 받으셨다고 들었어요.

제가 지금까지 명예훼손죄로 6차례 수사를 받았거든요(웃음). 아까 이야기한 2016년 휴대폰 가게 사건이 처음이었어요. 2018년 지방선거 당시에는 광주 광산구청장 선거를 준비하던 모 후보의 성희롱 사건을 폭로했어요. 이 때문에 광산구 선거관리위원회에 출석해서 공직선거법상 허위사실공표 혐의로 조사받았어요. 선거범죄의 수사권한은 선관위에 있기 때문에, 선관위에서 1차 조사를 하고, 선관위 측이 검찰에 사건을 송치하는 구조예요. 이 사건은 상대측이 선거 출마를 포기하고, 소를 취하함에 따라 무혐의 종결되었어요. 전남 모 식당 사건이나 신천지 관련 활동처럼 명예훼손을 저질렀지만 고소를 당하지 않은 사례들도 있어요.

2021년에는 광주 명진고등학교를 운영하는 비리사학 '도연학원'에 맞서 싸웠는데요. 자세한 사건 내용은 앞서 등장하는 가영님 인터뷰에 나와 있어요. 저 같은 경우에는 가영님의 요청을 받고 명진고 정문에 현수막을 걸었어요. 이후에 SNS를 통해 사건을 알렸고요. 오마이뉴스 측에서 사건에 대한 릴레이 기사를 써달라고 요청해주셔서, '명진고 저항자들'이라는 시리즈로 15편 정도 사건을 알리는 기사를 썼어요.

여기에 대해 도연학원 측에서 현수막 게시 행위를 출판물에 의한 명예훼손죄로, SNS 게시글과 오마이뉴스 기사를 정보통신망법상 명예훼손죄 및 일반 명예훼손죄로 고소했어요. 또 명진고 행정실장이 본인에 대한 언급을 따로 정보통신망법상 명예훼손죄로 고소했어요. 저는 이 때문에 경찰서에 거의 출근하다시피 하면서 조사받았어요(웃음). 이후에는 도연학원 측이 저의 행동들로 인해 큰 피해를 보고 정신적 충격을 받았다고 주장하면서 위자료 1억 원을 요구하는 내용의 민사소송을 제기했어요.

하지만 검찰에서 도연학원 및 명진고 행정실장의 형사고소 4건을 차례로 무혐의 처분했고요. 민사소송 역시 1심에서 원고(도연학원) 패소 판결이 나왔어요. 이 판결은 도연학원 측이 항소를 포기함에 따라서 확정되었어요. 결국 저는 도연학원 측이 제기한 형사소송 4건과 민사소송 1건 모두에서 승리하여, 도연학원과의 모든 법적 분쟁에서 승리했어요.

저는 지난 5년간의 활동 과정에서 일반 명예훼손죄, 출판물 명예훼손죄, 인터넷 명예훼손죄, 선거법상 허위사실공표죄, 명예훼손을 이유로한 민사소송을 모두 겪었는데요. 사실상 명예훼손계에서 그랜드 슬램을 달성한 셈이에요. 국민의힘 이준석 대표가 '0선 의원'으로 불리잖아요? 선거에서 당선된 적은 없지만, 최고위원, 당대표 등 당의 주요 요직을 역임해서 그렇게 불린다고 해요. 저는 요새 '전과 0범'으로 불리고 있어요(웃음).

* **유니온 사무실 1층, '오월의숲'에서도 활동을 하신다고 알고 있어요. 그곳에 대한 이야기도 들려주세요.**

저희 광주청년유니온은 '오월의숲'이라는 공간 3층을 사무실로 사용하고 있어요. 1층에는 들불열사기념사업회와 합수 윤한봉 기념사업회가 운영하는 '작은 도서관'이 있어요. 최근 6년간 이곳에서 정말 많은 일들을 했던 거 같아요. 그중 하나가 5·18 청소년 캠프였어요. 전국의 청소년들을 대상으로 1박 2일 5·18 캠프를 진행하는 거예요.

교육청을 통해서, 들불을 통해서 다른 학교 청소년들이 섭외되면, 저를 비롯한 '들불지기'들이 일정을 짜고 캠프를 운영해요. 현재 광주청년유니온 위원장을 맡고 있는 김설님이나 주세연님, 고창운님 같은 분들이 특히 열심히 했어요. 청소년 캠프는 1년에 10차례 정도 있었어요. 경남 양산의 효암고등학교에서 청소년 30명이 오면 조를 5개로 나누고, 들불지기 활동가 5명이 각 조의 이끔이가 되어요.

그리곤 함께 광주를 돌아다니는 거예요. 전남대학교에서 5·18의 시작점이자 사적지 제1호인 정문을 방문하고, 윤상원과 박관현을 기념하는 공간을 함께 걸어요. 5·18 기록관과 전남도청, 상무관에 가고, 5·18 묘역을 참배해요. 오월 사적지에 가면, 각 조 이끔이들이 1980년 5월에 이곳에서 어떤 일이 있었는지 설명했어요.

청년들을 대상으로 캠프를 진행한 적도 있었는데요. 제가 광주청년유니온 노동상담팀장이었던 2019년에 청년유니온 전국 조합원들을 대상으로 5·18 캠프를 진행했어요. 이때 광주청년유니온 집행부에서 정말 열심히 준비했어요. 제가 맡았던 업무 중에 자료집 제작이 있었는데요. 청년유니온 캠프를 위해 110쪽가량의 자료집을 제작했어요. 이 자료집은 지금도 들불열사기념사업회에서 요긴하게 쓰이고 있어요.

5·18 청소년 캠프 때에는 서른 명이 함께 광주를 돌아다녔는데요. 2019년 청년유니온 캠프 때에는 조금 새로운 방식을 시도해봤어요. 6개의 조를 편성한 후 조별 코스를 마련해서 기행을 진행한 거예요. 코스별 테마에 따른 기행이 끝난 후에는 오후 5시에 5·18 묘역에서 모였어요. 이때 저희가 준비한 코스가 박현순, 윤상원, 박관현, 박금희, 박영순, 무명자 코스였어요.

박현숙은 5·18 당시 시신 수습과 장례를 도왔던 고등학생이에요. 이후 장례용품을 구하기 위해 전남 화순으로 향하는 버스에 탄 박현순은 그 버스에서 세상을 떠났어요. 계엄군이 그 버스에 탔던 승객 18명 중 17명을 살해했기 때문이에요.

윤상원과 박관현은 1970년대부터 사회운동에 참여했던 청년들이었어요. 윤상원은 5·18 당시 최후의 항전이 있었던 전남도청에서 세상을 떠났고, 박관현은 1982년에 감옥에서 단식투쟁을 하던 중에 세상을 떠났어요.

박현숙과 마찬가지로 5·18 당시 고등학생이었던 박금희는 헌혈을 호소하는 방송을 듣고 헌혈에 참여했어요. 하지만, 얼마 못가 계엄군이 쏜 총에 맞고 헌혈에 참여했던 병원으로 실려왔어요. 박금희는 그곳에서 세상을 떠났어요.

박영순은 5·18 마지막 방송 진행자예요. 많은 시민들이 떠난 도청에서 지금 계엄군이 광주로 쳐들어오고 있다고, 도청으로 와달라고 방송했어요. 뜬눈으로 밤을 지새우던 시민들은 마지막 방송을 듣고 눈물을 참을 수 없었다고 해요. 마지막 무명자는 여전히 5·18 묘역에 묻혀 있지만, 신원이 확인되지 않은 이들이에요. 5·18 묘역에는 여전히 시신은 있지만 신원이 확인되지 않는 시민 4명이 묻혀 있어요.

저희는 각 코스를 상징하는 인물이 되어 편지를 썼어요. 80년 5월 그 길 가운데에서 쓴 편지였어요. 그분의 삶을 살펴보고, 상상해 보고 그의 입장에서 2019년의 광주를 찾아준 사람들에게 편지를 썼어요. 그렇게 함께 오월을 걷고, 1박 2일 캠프를 마쳤던 순간을 잊을 수가 없네요.

* 홍콩민주항쟁에 연대하는 활동에도 참여하셨다면서요?

2019년 11월에 홍콩 시위를 지지한다는 내용의 현수막을 광주 전역에

게시했어요. 홍콩의 소식을 접하는데, 광주가 겹쳐 보였기 때문이었어요. 보고 듣고 배워온 오월 광주의 모습이 홍콩에 있었어요. 현수막을 게시한 후에 사진을 찍어서 페이스북 페이지 '광주의 오월을 기억해주세요'에 포스팅했어요. 이걸 보고 전남대에 '레논 월'을 설치하고 싶다면서 함께하자는 연락이 왔어요. 다음날 전남대 김남주 기념홀 뒤편에 '레논 월'을 설치했어요.

그런데 '레논 월'을 게시한 직후부터 중국인 유학생들이 모여들어서, 한동안 심각한 대치 상황이 벌어졌어요. 소식을 듣고 현장에 달려온 모 학교 관계자는 "대자보 게시는 민주적으로 해야 한다"는 황당한 주장을 펼치기도 했어요. 낮부터 시작된 대치 상황은 밤까지 이어졌어요. 저희는 전남대 총유학생회실에서 중국인 유학생들과 상당히 긴 논쟁을 벌인 후에야 집에 갈 수 있었어요.

그래도 현수막과 '레논 월'이 한동안 유지되었는데요. 며칠 뒤에 현장에 가보니까, 저희들이 게시한 현수막은 찢겨 있었고, 레논 월은 바닥에 떨어진 상태였어요. 목격자를 찾아보니까 누군가가 커터 칼로 현수막을 찢는 장면을 목격했다는 증언이 나왔어요. 표현의 자유가 억압적인 방식으로 짓밟힌 거예요. 그래서 저희가 이것들을 회수해서 전남대학교 박물관에 기증하고, 관계 당국을 비판하는 성명을 발표했어요.

2019년 12월 10일, '재한 홍콩활동가 초청 강연회'가 전남대 이을호 기념강의실에서 진행될 예정이었어요. 저는 '레논 월' 설치를 함께했던 사람들과 이 강연회 때 다시 만나자고 약속해두었어요. 그런데, 강연을 며칠 앞둔 상황에서 전남대 철학과 학과장이 강연 실무자에게 연락을 걸어왔어요. 해당 실무자는 저와 함께 전남대 '레논 월'을 지켰던 사람이었어요.

이때 학과장이 "중국 총영사 측이 전남대 총장에게 항의를 했다"고 하면서 강연회 대관 취소를 통보했어요. 외세의 압력을 받아 대학에서 개최될 예정이었던 강연회를 취소한 어이없는 일이 5·18 민주화운동의 발상지에서 벌어진 거예요.

강연 주최 측인 '광주인권회의'는 빠르게 차선책을 수립했어요. 강연 장소를 구 전남도청 별관으로 변경한 거예요. 그런데, 강연을 하루 앞두고 구 전남도청 별관을 관리하는 국립아시아문화전당(ACC) 측에서 대관 허가를 취소해요. 이때 ACC 측이 처음에는 "외교적인 문제가 있을 수 있어서 윗선에서 불가 방침을 내렸다"고 통보했다가, 언론의 비판이 쏟아지니까 "공식적인 대관 요청이 들어오지 않아서 그 어떤 행정처분도 진행되지 않았다"고 말을 바꿔요. 전남대 측도 "사실 총영사 측 항의는 없었고 임기응변식으로 대응하다 보니까 거짓말을 하게 됐다"고 말을 바꿨는데요. 광주 MBC에서 전남대 측이 실제로 중국 총영사 측 압력을 받았다는 사실을 파악해서 보도했어요.

결국 '재한 홍콩활동가 초청 강연회'는 광주 YMCA에서 진행되었어요. 이날 강연회가 끝나고, 전남대 '레논 월'을 지켰던 사람들과 뒤풀이를 했는데요. 다들 무언가 마음속에 풀리지 않는 매듭 같은 게 있었던 거 같아요. 그래서 앞으로 더 본격적인 홍콩연대 활동을 하기로 하고, '광주홍콩연대회의'라는 단체를 만들었어요.

이때 당시 전남대는 '민주길' 조성 공사를 하고 있었어요. 김남주, 윤한봉, 윤상원, 박관현 같은 5·18 관련 활동가들의 공간을 연결하는 공사였어요. 그런데, 전남대 정병석 총장은 김남주 기념홀에서 열릴 예정이었던 재한 홍콩활동가 초청 강연회를 사실상 금지했어요. 민주길은 금지와 통제에 맞서 싸웠던 사람들을 기념하는 공간인데, 그 길을 만들고 기공식을 주최한 이들은 여전히 금지와 통제에 갇혀있었어요. 이것이 그 관료들의 한계라면, 저와 제 동료들은 활동가들의 최선을 보여주기로 했어요.

'광주홍콩연대회의'는 일반적인 시민단체처럼, 홍콩연대와 관련된 다양한 일들을 했어요. 2020년 2월에는 직접 홍콩에 가서 홍콩 활동가들을 만났어요. 이때 데모시스토당의 조슈아 웡이나 홍콩직공회연맹(HKCTU) 관계자들을 만났고, 퀸 엘리자베스 병원 총파업 집회에 참여해서 연대 발언을 하기도 했어요. 광주, 홍콩 시민교류회도 진행했는데요. 상당히 많은 분들이 참석해주셨고, 광주와 홍콩 서로의 이야기를 주고받았어요. 5·18에 대해 모르는 사람이 없더라고요. 그 이후의 시간들을 어떻게 버텨왔는지, 내부 갈등은 어떻게 해결했는지 이야기했어요.

교류회를 마치며 마지막으로 그분들께 "40주년을 맞이한 2020년 5월, 광주에 방문해달라"고 요청했어요. 당시 많은 홍콩 시민들이 광주 방문을 준비하였는데요. 그 자리에 있었던 분들도 흔쾌히 광주에 와주시겠다고 했어요. 저희들은 '임을 위한 행진곡'을 제창하고, 광주에서 다시 만나기로 약속하고 헤어졌어요. 물론 3월 이후 한국과 홍콩의 코로나19 상황이 급격히 악화됨에 따라, 실제로 방문이 이루어지지는 않았죠.

그날 이후 홍콩의 상황은 계속 악화되어 왔어요. 국가보안법이 제정되었고, 홍콩에서 만났던 여러 활동가들이 수감 생활을 하고 있어요. 얼마 전에는 지미 라이가 운영하는 빈과일보마저 폐간을 결정했어요. 지금 홍콩은 1980년 5월 27일 이후의 광주와 닮아있는 거 같아요. 광주가 그러했듯, 홍콩에도 더 나은 내일이 기다리고 있었으면 좋겠어요. 저는 언젠가 홍콩의 친구들을 다시 만날 날이 올 거라고 믿고 있어요.

* 오마이뉴스 시민기자로 언론상도 받으셨다고 들었는데, 기자로서의 동규님은 어떤 이야기를 하고 계시나요?

제가 예전에는 페이스북에 상당한 공을 들였는데요. 페이스북은 휘발성이 높은 공간이잖아요? 그동안 업로드해둔 사진이나 글을 다시 보는데 상당히 많은 품이 드는 게 단점이더라고요. 그래서 요새는 오마이뉴스나 브런치에 데이터를 쌓고 있어요. 저는 활동이란 데이터를 쌓아가는 일이라고 생각해요. 미래의 누군가에게 영감이나 원동력을 남기고 싶어요. 구글 검색창에 특정 키워드를 검색했을 때, 제가 쓴 글이 노출되었으면 좋겠어요. 누군가에게 진실과 상상력을 전할 수 있는 일이잖아요.

그런 의미에서 명진고 사건 이후부터 오마이뉴스 시민기자로 활동하고 있어요. 제가 지금까지 운 좋게 언론상을 두 번 받았는데요. 페이스북 페이지 '광주의 오월을 기억해주세요' 운영을 이유로 5·18 기념재단과 광주전남기자협회에서 주는 5·18 언론상을 수상했고요. 명진고 사학비리 관련 연속보도를 이유로 광주전남민주언론시민연합에서 민주언론상 대상을 받았어요. 정식 기자가 아님에도 과분한 상들을 받은 건데, 활동의 영역과 언론의 영역에 겹치는 부분이 있어서 가능했던 일인 거 같아요. 어떤 활동을 하든, 알리는 일이 빠질 수는 없거든요. 앞으로도 계속 광주에 대한 데이터를 쌓아갈 생각이에요.

최근에는 오마이뉴스에서 세연님과 함께 '청년금융소외시대'라는 기획 연재를 시작했어요. 광주 청년들의 경제적 현실을 전달하는 기획이에요. 평범한 청년들이 부채를 얻게 되고, 경제적 위기에 빠지는 이야기를 통해 사회적·제도적 문제를 짚어내고 있어요.

* 왜 광주에서 활동하세요?

저에게 '광주사람'이라는 정체성이 있으니까요. 운명이라고 생각해요.

* 동규님에게 광주는 어떤 도시인가요?

영혼 어딘가에 남겨진 상처를 안고 살아가는 사람들의 도시에요. 물론, 새로운 세대에게는 덜하지만 선명했던 폭력과 길었던 차별의 경험이 남긴 상흔이 아직은 치유되지 않았어요. 광주시민들의 정치의식을 한 마디로 줄이면 '흩어지면 죽는다'일 거예요. 아픔과 소외감을 다독이기 위해 외부 세계와의 교류를 줄이고, 더욱더 굳건히 뭉쳐온 결과에요. 광주에서는 지난 30년간 민주당 1당 독점이 이어졌어요. 90%를 넘나드는 몰표에는 시민들의 서러움이 고스란히 담겨 있어요.

* 어떤 광주가 되었으면 하나요?

조금 이상한 이야기인데요. 광주를 살아가는 이들에게서 느껴지는 따뜻함이 있어요. 다른 사람을 위해 조금 더 희생하고, 헌신하는 마음을 느낄 때가 있어요. 요새는 이것이 광주의 집단 경험에서 비롯된 게 아닐까 싶어요. 저희들은 그날, 우리 모두가 연결되어 있음을 확인했어요. 학생들을 향한 군인들의 폭력을, 광주시민들은 참지 않았어요. 모든 시민들이 함께 경험했기 때문에 그날의 기억은 강렬해요.

시간이 많이 흘렀지만, 여전히 많은 이들의 기억 속에 저마다의 오월이 남아 있어요. 중년의 사람들에게 광주 이야기를 토대로 한 배려를 받을 때가 있어요. 의식적으로 하는 행위이지만 광주 사람이 아니었다면 하지 않았을 행동이에요. 그날 이후 태어난 이들도 그날로부터 알게 모르게 상당한 영향을 받아왔어요. 저는 광주가 따뜻함을 잃지 않는 도시였으면 좋겠어요.

* 어떤 사회가 되었으면 하나요?

진보정당이 강한 사회가 되었으면 좋겠어요. 사람들의 삶의 질이 높은 국가들을 살펴보면, 강력한 진보정당의 역사가 있어요. 한국 사회는 보수 양당 구도가 굳어지면서 새로운 가능성과 상상의 영역이 닫혀가고 있는 것 같아요. 우리 사회가 더 나은 세상을 상상할 수 있는 사회가 되었으면 좋겠어요. 그 누구도 차별받지 않는 사회가 되었으면 좋겠어요.

* 동규님에게 5·18 정신이란 무엇인가요?

광주에는 5·18을 역사상 가장 위대한 일로 해석하는 경향이 있어요. 심지어는 세계 어디에서도 유례를 찾아볼 수 없는 사건이었다거나, 진리가 계시된 절대적 사건이라는 시각도 있어요. 5·18 정신에 본인들의 세계관이나 욕망을 투영하는 이들도 많아요. 5·18을 반공 민주화운동으로 해석하는 보수 일각의 시선이나, 시민들이 과잉 주체화되었다는 진보 일각의 시선, 러시아 혁명의 연장선이었다거나, 자주·민주·통일을 위한 운동이었다는 주장도 있어요. 저는 5·18이 인류 역사상 가장 위대한 일이었는지는 모르겠지만, 인류가 나아가야 할 보편의 길 한복판에 놓여 있는 사건임은 분명하다고 생각해요. 민주주의와 인권, 부당한 폭력에 대한 저항과 같은, 세계인이라면 누구나 공감한 보편의 가치가 1980년 5월의 광주에 있었어요.

제가 아주 오랫동안 5·18을 통해 느낀 감정은 분노와 증오였어요. 저는 언젠가 강한 사람이 되어서 오월의 가해자들에게 복수하고 싶었어요. 그날의 아픔과 소외감을 저 자신의 것으로 여겼기 때문이에요. 저는 그날의 사건들을 끊임없이 복기하며 스스로의 분노와 증오감을 고양시키기 위한 수단으로 동원했어요. 하지만 저는 5·18 정신을 오해하고 있었어요. 1980년 5월 27일, 최후의 순간까지 전남도청을 지켰던 시민들이 진정으로 위대했던 이유는, 증오와 적대감에 있지 않았어요. 그들이 남긴 긍지와 낙관에 있었어요. 그날 도청을 지킨 이들은 내일의 어느 날, 나 자신이 존재하지 않는 세상을 내일의 누군가가 더 나은 곳으로 바꾸어 줄 것임을 신뢰했어요. 그토록 아프고 힘들었던 광주였지만, 시민들은 마지막까지 포기하지 않았어요.

* 활동에 목표가 있다면요?

여전히 세상에는 부당한 것들, 불합리한 것들, 우리들의 마음을 아프게 하는 것들이 있어요. 하지만 저는 저희들이 함께 살아갈 내일의 광주가 분명 지금보다 더 좋은 세상일 거라고 생각해요. 활동가로 살아간다는 건 세상이 나아지고 있음을 좀 더 가까운 곳에서 느끼는 일이에요.

저는 죽는 날까지 저만의 싸움을 계속하고 싶어요. 작은 소망이 있다면, 건강하게 오래 살아서 2080년을 맞이하는 거예요. 그때가 되면 모두에게 열린 축제가 되어 있을 5·18 100주년 기념식에 사랑하는 사람들과 함께 참석하고 싶어요. 저는 그 자리에서 비로소 지난 삶을 되돌아보고, 추억들을 회상하고, 후회되는 일들을 마음껏 후회하고 싶어요. 가끔 백발 노인이 되어 5·18 100주년 기념식에 참석한 제 모습을 상상할 때가 있어요. 혹여나 제가 먼저 세상을 떠난다면, 지금 저와 함께하고 있는 이들 중 누군가 그 자리를 지켜줄 거예요.

* 마지막으로 〈광주에서 활동가로 살아가기〉에 대해 하고 싶은 말이 있다면요?

이 책에는 각자의 영역에서 고군분투하고 있는 광주 활동가 17명의 목소리가 담겼어요. 물론 이 책에 담긴 모든 이야기에 동의하는 건 아니지만, 최대한 말씀해주신 부분들을 그대로 반영했어요. 어찌 보면 기록이고, 어찌 보면 스토리텔링이에요. 기획 과정에서 '공통 질문' 10가지를 마련했는데, 이야기의 흐름에 따라 자연스럽게 읽히도록 편집했어요.

그럼에도 강조하고 싶었던 질문이 있다면, '그동안 활동하면서 자랑할 만한 일이 있었다면요?'라는 질문이에요. 인터뷰 요청을 받은 세연님이 가현님에게 말씀하셨던 것처럼 "그래도 잘하고 있다"는 걸, 서로가 서로에게 확인받았으면 했어요. 평소 쑥스러워서 이야기하지 못했던 자랑거리가 담긴 책이 되길 바랐어요. 그리고 정말, 저희가 준비한 질문처럼 이 책에 등장하는 모든 분들은 충분히 긍지를 가질 만한 활동을 하셨어요. 모두가 섬세하고 따뜻한 시선을 통해 더 나은 미래를 상상하고 포착하고 있었어요. 저는 이분들의 이야기를 듣고, 광주에 다가올 내일을 기대하게 되었어요.

1979년, 광주에는 노동자들과 함께 세상을 공부하던 '들불야학'이 있었어요. 이 야학에서 활동하던 이들은 모두 각자의 영역에서 세상의 억압에 저항했어요. 들불야학을 만든 박기순, 5·18 당시 시민군 대변인을 맡은 윤상원, YWCA에서 투사회보를 제작하던 박용준, 전남대 총학생회장을 맡아 시위를 주도한 박관현, 과로로 세상을 떠날 때까지 사회운동을 했던 신영일, 광주 광천동 주민들을 대상으로 마을 운동을 전개했던 5·18 부상자 김영철, 5·18 이후 〈금희의 오월〉을 비롯한 예술 작품을 통해 광주를 알리던 박효선.

이들은 모두 1980년 5·18 민중항쟁을 전후로 길지 않았던 삶을 마감했어요. 저는 광주 서구 치평동에서 평생을 살았는데요. 그래서 어린 시절부터 5·18 자유공원에 위치한 들불열사 추모비를 보아왔어요. 추모비에는 '북두칠성'이 새겨져 있고, 각 별의 위치에 들불야학 일곱 열사들의 얼굴이 순서대로 새겨져 있어요. 북반구에서 1년 내내 관측되는 별, '북두칠성'처럼 갈 길을 몰라 헤맬 때 이곳에서 삶의 좌표를 찾아보라는 의미라고 해요.

이 책을 기획하고, 인터뷰를 하고 편집 작업을 하면서 들불열사 추모비 생각이 났어요. 이미 그날로부터 40년이 넘는 시간이 흘렀지만, 여전히 광주에는 삶의 좌표를 찾게 해주는 이들이 있어요. 여전히 굳건히 세상의 억압에 맞서고, 변화를 위해 행동하는 이들이 있어요.

지면의 한계, 역량의 한계로 담지 못한 목소리와 활동들이 있다는 지점이 못내 아쉽지만, 그런 '모든 억압에 맞서 싸우는 이들'과 함께 나아가고 싶어요.

가현, 닫는 말

　광주에서 살아가는 건, '광주사람'이란 무엇인지 잘 모르게 되는 일인 것 같다. "광주에서 살면 어때?"라는 질문을 받으면 대답하기 어렵다. "어쩌다 비건이 되셨어요?"라는 질문을 들으면 종차별에 대해서 30분가량 떠들 준비가 되어 있는데, 광주 청년으로 사는 건 내게 너무 당연한 일이라 그런지 모른다. 공기의 향이 어떤지 물으면 대답하기 어렵듯, 내게 광주에서 산다는 일은 그랬다.

　하지만 광주를 떠나면 '광주사람'이란 무엇인지 체감하게 된다. 뿌리 깊은 지역 차별과 호남 혐오는 물론이요, 5·18을 간접적으로나마 경험하지 않은 이들의 무지를 마주하게 된다. 그래서 나는 광주에서 태어난 사람으로 사는 것에 대해 고민하게 되었으며 내 몸에 새겨진 광주의 시간을 들여다보았다. 광주에 돌아오자 예전과 다른 것들이 보였다. 누구보다 치열하게 지역의 문제를 고민하며 살아가는 평범한 광주 시민들을 알게 되었다.

　광주는 내게 답답한 곳이었다. 하지만 다시 돌아온 광주에서는 안온함이 느껴졌다. 일상을 지켜내기 위해 애쓰는 사람들이 있었기 때문이었다. 어떤 사람들이 변하지 않으려 했기 때문에, 다른 사람들은 더 많이 변하려고 했다. 어떤 이들은 지금 이 순간 여기 존재한다는 이유만으로 광주를 바꿔나가고 있었다. 운동판은 좁고, 문제가 없다고 말할 수는 없겠으나 그것을 인식하고 바꿔 나가려 노력하는 사람들이 있음을 알게 되었다. 어느덧 광주에 산다는 사실은 나의 자랑이 되었다.

나에게 사회란 사람들이 함께 만드는 무언가다. 어떤 꿈을 꾸는 사람들이 모여 있느냐에 따라 사회는 달라진다. 그래서 광주를 조금씩 바꿔나가고 있는 열일곱 활동가들을 만나는 순간마다 마음이 울렁거렸다. 지금 우리가 사는 광주에 이런 사람들이 있다는 것을, 이곳이 우리가 함께 살아가고 있는 광주라는 것을 여러분께 보여드릴 수 있어 기쁘다.

동규님과 인터뷰를 하고 돌아가던 길, 우리는 조선대학교 사회과학대학에 갔다. 그곳의 야경은 굉장히 근사했다. 조선대에서 20분 떨어진 곳에서 평생을 살아왔으면서도 그걸 몰랐다. 사람들이 어울려 이야기를 하고 있었다. 그 높은 언덕에서는 광주 시내가 전부 들여다보였다. 그런데 동규님이 문득 이런 말을 했다.

"저는 2080년을 기다려요. 5·18 100주년이 되는 그날, 이제는 모든 시민들을 위해 열린 행사가 되어 있을 5·18 기념식에 참석하고 싶어요."

동규님은 그날 백발의 노인이 되어 지나온 과거를 돌아보고, 남아 있는 이들과 함께 먼저 간 이들을 추억하고 싶다고 했다. 그때의 젊은이들이 단상에 올라 발언할 모습이 기대된다고 했다. 이상하게도 그 말은 무엇보다도 희망적이었다. 어두운 풍경 아래로 빛이 가득한 도시를 보며 이 말을 오랫동안 음미했다.

집에 가는 길, 우리는 소녀시대의 '다시 만난 세계'를 들었다. 그래야만

했다. '민중가요'를 들으며 새벽 드라이브를 즐기는 우리가 아니었어도 그 래야 했을 것이다. '다시 만난 세계'는 2016년 이화여대 학생들의 시위 현장에서 불린 노래다. 모두가 알만한 노래가 없었기 때문이었다. 그 사실이 이 노래를 우리 세대의, 우리 시대의 민중가요라고 생각하게 한다. 어린 시절의 추억과 연대의 뭉클함이 남아 있는 이 노래의 "사랑해 널 이 느낌 이 대로"라는 가사를 들으면 꿈을 꾸게 된다. 이 노래는 언제, 어떤 순간에 터져 나오든 내 마음을 울렁거리게 한다. 그래서 미래를 생각하고 기대함은 내게는 '다시 만난 세계'를 듣는 마음과 같다.

나는 이 책의 독자들이 '다시 만난 세계'를 기억해주기를 바란다. 우리는 지금 우리가 선 자리에서 조금의 비껴나감도 없이 이 세계를 똑바로 응시해야 한다.

이 노래를 아는 모든 사람들이, 이 노래에 내가 품은 열망을 읽어주길 바란다.

광주에서
활동가로
살아가기

펴낸날 2021년 9월 13일

엮은이 김동규, 이가현
펴낸이 주계수 | **편집책임** 이슬기 | **꾸민이** 전은정, 이가현 | **표지** 행면

펴낸곳 밥북 | **출판등록** 제 2014-000085 호
주소 서울시 마포구 양화로 59 화승리버스텔 303호
전화 02-6925-0370 | **팩스** 02-6925-0380
홈페이지 www.bobbook.co.kr | **이메일** bobbook@hanmail.net

© 김동규, 이가현, 2021.
ISBN 979-11-5858-811-3 (03330)